森岡清美著

近代の集落神社と国家統制

―明治末期の神社整理―

日本宗教史研究叢書

笠原一男 監修

吉川弘文館

はしがき

本書は、表題に掲げたとおり、明治末期における神社整理の問題を中心に、近代の集落神社の展開を国家統制との関連において考察した研究の成果である。

神社整理の研究に私が手を染めることになったそもそものきっかけは、本書第一章第二節（神社整理研究史）で述べるように、昭和四十年、学位論文作成のために日本へ調査にきていたW・M・フリーデル氏の訪問を受けたことであった。しかし、それから二〇年以上もこのテーマとつきあうことができたのは、この主題にかかわる少年時代の体験があり、体験のいわばルーツを探る意欲が働いたからではないかと思われるのである。

合祀激甚県の一つ三重県の、伊勢と境を接する伊賀の山村が私の郷里であるが、小学校六年生の頃、近所の老人が訪ねて来ていうには、今度新しく建てられた金刀比羅社に賽銭箱を寄進したい、ついてはここに用意した木箱に「賽銭箱」と書いてもらえまいか、という依頼であった。その字は結局のところ私が書くことになり、金刀比羅社が鎮座する集落の背後の丘に登る度毎に、賽銭箱の表面を埋める自分の稚拙な字を見つけて、ひどく面映ゆく感じたことである。この小祠は、明治四十年に他の無格社とともに大字の中心社・郷社阿波神社に一旦合祀されたが、昭和十年に事実上復祀されたことは、本書第八章第四節（復祀と祭礼復興の実態）でふれている。私はたまたま復祀の一局面に立ち会ったことになるのである。

また、欝蒼たる樹林を背負う阿波神社の昼なお暗い本殿の周辺には、山神の石体がいくつも横たえられているのを、夏休みなど地区の小学生が境内の清掃奉仕をしたさいに、よく見かけたものである。祠もない石体だけの山神も、無格社山神社として、明治四十年に阿波神社に合祀されたが、山神祭は昭和に入って復旧された。一月九日の鈎引き神事には私も毎年のように参加し、十二月七日の「しゅうし」(神前での共同飲食)の席に度々連なったことは、今なお記憶に新しい。断片的ながら私の体にしみついた、子ども時代のこうした体験の歴史的社会的コンテクストを明らかにする作業が、積もり積もって本書を構成したといってもよいだろう。

神社整理の研究において、全国的および府県別の神社行政史的ならびに神社法制史的考察は不可欠である。しかし、その全貌はこうした歴史的研究だけでは到底捉えきれない拡がりと深さをもっている。少なくとも、合祀の結末と復祀の実態にかんする民俗学的な調査結果を援用しなければならないのである。では、これらの学際的な研究の成果を総合するにはどうしたらよいのだろうか。それぞれ豊富な成果を挙げているだけに、総合の方法論が問われるのである。

ここにおいて私は、神社整理の発端から終熄までの全過程を、複数の運動体の相互作用過程と把握する社会学的視点を採用した。相互作用する複数の運動体としては、神社整理の推進体(官僚制的権力機構)、被推進体(氏子・地域住民)、媒介体(神職・有識者)の三つを想定したが、この三つのどれ一つとして一枚岩ではなく、その内部に対立する意見や態度を含みつつ、大きく捉えるならば、推進体と被推進体との対抗関係において事態が進展したのである。本論中で「運動体」の語を用いることは多くはないけれども、右の視点が一貫していることを慧眼な読者は見抜いてくださるに違いない。しかし、果たしてどの程度この視点が有効であったか。これは本書の学術的価値に直接かかわるところであって、読者諸賢から率直なご批判をたまわることを切望するものである。

補論として関係論文を二つ掲載した。第一のものは、明治末期の神社整理の前提となる諸条件を創出した明治初年の改革を、郷村社体制の形成と崩壊という側面から捉えた論文であり、第二のものは、神社整理の歴史的背景のなかで生起した大正期の神社創建問題を具体例について検討した論文である。前者は資料の関係で神社行政史的研究に止まったのに対して、後者はほぼ本論の視点を踏襲することができた。そのいずれもが、「近代の集落神社と国家統制」という共通テーマを追求することにより、明治初年と大正期の両時点から、明治末期の神社整理を照らし出すことを意図している。

研究に手を染めてから二〇余年をへて、漸く書物の形で成果を世に問うことができた私の喜びは大きい。その間、度々文部省の科学研究費補助金を受け、また多くの知友からご教示とご援助をいただいた。その一端は本文のなかで、ならびに各論文の末尾の付記に録して、感謝の意を表させていただいた。とりわけ、昭和六十一年度後期に大学から研修の機会を与えていただいたことは、この書物の刊行を実現する上で大きな助けとなった。また、成城大学特別研究助成（近代神社行政と村落祭祀）の交付を受けたことも、ここに銘記して関係各位のご配慮に感謝の意を表する次第である。

本書が日本宗教史研究叢書に加えられるために笠原一男先生のご高配をたまわり、出版業務については吉川弘文館出版部の諸氏が行き届いたお世話をしてくださった。末尾ながら厚くお礼を申し上げたい。

一九八七年三月一六日

東京西郊富士見文庫にて

森　岡　清　美

目次

表目次

第一章　神社整理の研究

第一節　問題意識・基本概念・分析枠組

この書物で「集落神社」というのは、村落や町の集落生活と結びついた神社のことであって、近代の社格でいえば府県社以下無格社に至る大小各種の神社（民社）を広く包含している。官国幣社（官社）とても多かれ少なかれ地元の集落社会に足場を下しているが、第二次大戦中まで国家神道の中核をなすものとして、直接に国の神社行政によって掌握され、またその面が強調されもした。そこで、これら大社の研究においては、国家権力が神社のあり方にどのように関与しているかの視点が見失われることはなかった。他方、集落神社の場合には、神社を集落社会の機関として、またその祭祀組織を集落社会の下位組織として機能的に説明することに努力が払われる余り、神社を集落社会のなかに埋没させ、国家権力がこうした末端神社をどのようにとらえたかを見逃すことになりかねなかった。肥後和男が宮座の研究を推進した頃は、政治権力との関連を主軸とする祭神中心の神社研究から村落との関係に焦点をおく氏子中心の神社研究へ転回する時代であり(1)、この新しい視座がいかに豊かな業績を学界に送ったかはわれわれの記憶に新たなところである。しかし、もしこの新しい視座が神社を集落内的存在に終始させ、また集落を閉鎖的孤島的境位におし止めて、神社を集落社会との関連においてのみ説明しようとするものであるなら、その企ては必ずしも成功しうるものでない。なぜなら、神社と集落との関係を集落外からの作用が無視しえない力で規定するからである。そして集落外からの作用として重要なものの第一が、全体社会の政治構造による規定である。神社が集落社会の一機関であることを前提とする考察においても、国家神道の廃止に至るまで国家権力が神社と集落のかかわり方を強く規定していたことを、看過することができないのである。

このように考えきたるとき、集落神社の研究視角にはつぎの三つのものが識別されることがわかる。すなわち、①政治権力との関係を主眼とする祭神中心の神社研究、②集落の社会構造との関連に焦点をおく氏子中心の神社研究、③全体社会の政治構造との関連に注目する社会史的な神社研究、以上三つである。この三つは並列して存在しうるが、出現の時期は異なる。①はすでに明治末期にあらわれ、長く神社研究の主流を占めた。②は昭和十年頃本格化したといえようか。そして学界の関心の焦点は①から②へ移り、②は多くの新鮮な業績を世に送った。しかし、この社会人類学的な、機能主義的アプローチは、ややもすれば神社を集落社会との関連において説明することに急で、さきにふれたように神社が集落外からの作用によって規定されている側面を忘れがちとなる。そこに③が登場しなければならないのである。

この点は、有賀喜左衛門によって早くから着目された。(2)それは二つの問題の立て方として提出されている。一つは、「氏神鎮守」が村落内部の政治・経済構造といかなる関連をもつかの究明であり、他は、全体社会の政治構造と村落の「氏神鎮守」との関連の追究である。神社の村落内的意味を問う前者は②に当り、その全体社会的意味を問う後者は③に相当する。私が②を軽視するものでないことは、私の最初の神社研究が「村落の階級構造と宮座」(昭29)と題する論文であったことでもわかるが、③は②ほど究明されていない。そこで、具体例について③を明らかにしておくことはとりわけ大切だと考え、そのような接近方針を具体化させうる最も効果的な一つの場面として、明治末期における集落神社の整理をとりあげたのである。すなわち、神社の合廃という大事件が集落構造の変化を動因とすることなく、専ら権力の介入によって生起したその過程を辿り、氏子崇敬者の側、したがって集落の社会構造の側がこの改革にどのような対応を示したかに論及するのが、私の研究課題である。

以上、問題意識と課題について述べたので、つぎに基本概念の解説が必要であるが、「集落神社」についてはすでに冒頭で示した。もう一つの基本概念は「神社整理」である。

ここで「神社整理」とは、既存神社の廃止・合併あるいは他の神社の境内への移転を総称する。合祀ともいうのは、廃止の場合でも神体は他の神社に合祀し、移転もがんらい離れて存立した社殿を同一境内に合わせるからである。したがって、神社整理と合祀の両語は全く同じ意味で相互交換的に用いられる。

第三に、本研究は社会学的視座にたつ歴史研究であることを明らかにしておきたい。明治末期に起きた神社整理を、その発端から、本格化しついに終熄するまでの全過程にわたって追跡するのであるから、紛れもなく歴史研究であるが、社会学的分析枠組に依拠してこの作業を推進しようとしている。私が用いる分析枠組とは、争点をめぐる複数の運動体の相互作用過程として考察対象の歴史事象を捉えるものである(3)。相互作用する運動体としては、争点となっている事柄(issue)との関わりにおいて三つのものが識別されよう。第一は、推進体である。神社整理を政策課題として推進した運動体の中枢は内務省とりわけ神社局ならびに地方局であるが、出先機関としての府県知事とその下僚まで含めた官僚制的権力機構が推進体であった。推進が相手側の事情を考慮して実施されるとき、つまり指導にとどまるときは指導推進体であり、強権によって強行されるときは強制推進体である。第二は、推進させられる側であるからこれを被推進体とよぶ。整理の対象となる神社の氏子崇敬者、地域住民であって、運動体の形をとらないことが多いが、推進体側の働きかけ方やその強度によっては、一時的な、もしくは一定期間持続力のある運動体を地域毎に結ぶことがある。推進にたいして順応する限り順応被推進体であり、抵抗するときは抵抗被推進体である。推進体が指導推進体にとどまる間は順応被推進体であったものも、強制推進体になればこれに対応して抵抗被推進体となる傾向があることだろう。運動体の形をとりやすいのは抵抗被推進体である。第三は推進体と被推進体を取り巻いて両者を媒介するものである。これを媒介体という。神社整理の場合は神職や有識者がこれであった。運動体をなさぬことが多いけれど、全国神職会などは蓋し運動体をなした好例であろう。以上三種の運動体の相互作用をリードするのは推進体であるが、被推進体や媒介体が推進体のリードをどのように制約するかによって相互作用過程の具体相が描かれ、またどの程度制約しえたかによって異なる帰結がもたらされる。相互作用の過程で、媒介体は推進側につくものと被推進側につくものとに、両極分解する傾向があり、その点からみても、媒介体が広範な運動体を形成しえないことが理解されよう。このように、集群化、組織化さらには制度化の度合を異にする三種の運動体が神社整理問題にかかわり、相互作用のなかから事態が展開していった。運動体の相互作用過程として神社整理の展開と終結をとらえようというのは、以上の意味においてである。

第二節　神社整理研究史

ここで研究史を概観しておこう。集落神社の整理は、すでに同時代の識者によって「明治初年の神社改正を第一維新とすれば、此度の事は神社に取て存亡の分るゝ第二の維新と云べき也」、あるいは「今回の神社整理は維新当初に於ける神仏分離以来の大改革也[4]」と判断されているとおり、近代の神道史上最も重要な大改革の一つであったが、第二次大戦前には、神社制度を論じた書物[5]が神社整理の法制面の大綱を叙述するに留まり、研究らしい研究は出現しなかった。例外的に、西川順土が昭和十七年に「神社整理問題の史的考察」なる論文[6]を発表したけれど、先駆というには後続の影すら見えず、戦後になっても、昭和二十九年の『明治文化史・宗教編』は末尾の年表で神社整理に言及するに留まり、僅かに同年刊行の同じシリーズの『風俗編[7]』が一頁余りを割くのみで、いかに長らくこの問題の研究が看過されてきたかが理解されよう。

神社整理の問題が研究者の関心を惹くようになったのは、昭和三十年代とくにその後半以降のことであった。まず、土岐昌訓[8]が先人の制度史的な考察の流れに沿うて神社関係の法令を中心に神社整理の経過を跡づけ、萩原龍夫[9]は明治初年の神社整理から説き起こして序論的考察を試みるとともに、愛媛県宇和地方の神社合祀についての興味深い観察を報告し、桜井徳太郎[10]は合祀によって廃社の悲運に見舞われた地区では斎忌習俗の脱落衰退が顕著であるとして岡山県美作地方の例を挙げ、楠本慎平(11)は和歌山県西牟婁郡旧富田郷における合祀の経緯を叙述し、原田敏明(12)は三重県名賀郡神戸村について合祀による宮座行事の変化を報告し、千葉正士(13)は宮城県など東北諸県下における実態調査に基づいて合祀の政治的意義を論じた。かように、神社史、祭祀組織の歴史、民間信仰史あるいは地方行政制度史に関心をもつ研究者によって、明治末期の神社整理の経過とその効果ないし影響が概説的あるいは一地域の特殊研究的に考察され、その成果が散発的に世に問われたのである。

昭和三十九年から四十年にかけて、神社整理の研究史上特筆すべき事件が起きた。それは、基督教宣教師として一一年間日本に派遣された後、昭和三十五年志を立ててカリフォルニア大学（バークレー）の大学院に入って日本近代史を専攻したフリーデル（Wilbur M. Fridell）が、指導教授ブラウン（Delmer A. Brown）の示唆のもとに博士論文のテーマとして日本の神社合祀問題を取り上げ、フルブライト研究補助金を受けて昭和三十九年に来日し、一年間精力的に資料調査を実施したことである。

昭和四十年六月十四日、東京教育大学社会学研究室の私のところにフリーデルから電話が入り、ミシガン大学のビアズレー（Richard K. Beardsley）教授の紹介でお会いしたい、明治末期の神社整理の研究をしているので、差支えなければ学位請求論文の要旨を読んでコメントしていただけないだろうか、との要請を受けた。そして、The Religious Policy of the Japanese Government, 1900–18. with Special Reference to Shrine Shinto at the Village Level と題した原稿が早速送達されてきた。私は六月十七日から十八日午前にかけて読了し、興味をそそられる余り、彼が取り上げた三重県下の私の郷里大山田村について、『三重県神社誌』第二巻に依拠して合祀経過を追跡してみたところ、一村一社のほか一村二社もあり、また合祀の手順に一段型・二段型・三段型があって、いかに合祀が三重県下では強行されたか、その具体相が窺われる思いであった。同月二十四日午後、約束によりフリーデルが私の研究室を訪れた。フリーデルは一村一社を目標に合祀させ、合祀が成った上でその神社を幣饌料供進社に指定したと見ているが、私は事前に行った多少の準備作業に基づいて、むしろ一村にまず一、二社幣饌料供進社を指定し、そこに他の神社を合祀させたと見るほうがよいのではないか、こう見るとき合祀強行の全容が明瞭に浮かび上がるので、この見方のほうが合祀全体の理解を貫く基本的視角となるのではないか、という意味のコメントを与えたのであった。フリーデルにはこの見方は衝撃的であったらしく、あなたにもっと早くお会いしておくべきだった、不日帰国するがそれでも滞日中に間にあってよかった、と謝辞を述べて去った。

私は、フリーデルに示した右の仮説が果たして妥当するかどうか、これを確かめる責務めいた思いに駆られ、早速資料収集にとりかかった。その年は、創設後間もない社会保障研究所を拠点として開始された「児童養育費の研究」に代表者中鉢正美慶応大学教授を補佐するため参加が要請され、また九月十四〜二十日にわたり東京で開催された第九回国際家族研究セミナーの事務局担当者として多忙をきわめていたが、その中を何とかやりくりして資料を探索し、三重県下の合祀過程とその結末に焦点を合わせて十月五日から書き始め、十一月十三日に脱稿した。その直後機会をえて三重県神社庁および三重県庁総務課文書係において資料を補足し、十一月末には東京大学の小口偉一東洋文化研究所長のご配慮により、『東洋文化』に掲載されることが決定した。この論文は「明治末期における集落神社の整理」と題して、同誌四〇号（昭和四十一年三月）の巻頭を飾る光栄を与えられた。(14)

昭和四十一年六月二十八日、『東洋文化』四〇号および四一号の合評会が東洋文化研究所で開かれ、席上福島正夫教授が、神社合祀という大事件に着目してそれを現地に即して考究した点に、特筆すべき学術的価値ありとされた。これに力を得たこともあるが、何よりも神社整理を全国的視野から捉えなおす必要を痛感していたので、四十二年と四十三年の両年にわたって資料の発掘収集に努め、四十三年十一月二十八日、整理の全国的経緯を論じた「明治末期における集落神社の整理(2)」を脱稿した。この論文は東京教育大学文学部紀要『社会科学論集』一六号（昭和四十四年三月）に掲載され、[15]幸い、四十一年の小稿とあわせて多くの研究者の目にとまった。

他方、フリーデルの学位論文は、*Japanese Shrine Mergers 1906–12: State Shinto Moves to the Grassroots* という標題で昭和四十八年に上智大学 *Monumenta Nipponica* の一冊として刊行された。[16]彼は四十一年の小稿をよく読んで吸収したらしいが、四十四年のは短い時間で流し読みをし、とくに大きな点で訂正の必要がないことを確認するだけに終ったようである。フリーデルの研究は日本の学者の間ではほとんど知られていないようであるが、この問題に私が手を染めるきっかけになったのが、彼との出会いであったことを銘記し、問題特定における彼のプライオリティに敬意を表したい。しかし、あえていえば、私は彼のアイデアに導かれてこの問題に取り組んだのではなく、彼の発想とは別の地平から問題を捉えなおしたことが私の出発点であった。そのことは、彼と会ったさいの私のコメント要旨に明らかだと思う。

小稿が発表されたあと、神社整理の問題が若い研究者によって取り上げられるようになり、米地実、[17]孝本貢、[18]桜井治男、[19]沼部春友、[20]岸本昌良、[21]鈴木通大、[22]田中宣一、[23]山本悠二[24]らが、特定県の県庁文書等地方の史料による合祀過程の史的分析や合祀結果の局地的民俗調査の成果をつぎつぎと報告し、資料の全国的精査のために意義ある貢献が蓄積された。そこで、小稿以後の諸研究に学びつつ、私自身集積した資料を付け加えて、旧稿二篇を書き直したのが以下の文章である。私の研究の歩みとしては、まず三重県下の合祀にかんする特殊研究を実施したのち、視野を全国に拡大して合祀の経緯を追跡したが、両者を一冊の書物に収めるにあたって順序を逆にしたのは当然の配慮であった。ただしこの組替えのために大幅な改稿が必要になり、その作業によって分析の展開がより理解しやすいものになったと思うが、この点を含めて読者の厳しいご批判を仰ぎたい。

第三節　神社整理の概況と研究資料

集落神社の整理は明治三十九年頃から着手され、実施に数年間を要した。そこで、着手の前に当る明治三十六年（一九〇三）末の神社数と、整理が大体すんだ大正三年（一九〇四）半ばの神社数とを比較すれば、どの程度整理されたかが明らかになろう。この点を府県別に示したのが表1である。神社数は一九万から一二万へとこの約一〇年間に七万社も減じているが、減少の実数も明治三十六年を一〇〇とした減少率も、ともに府県によって大いに異なっていることを知ることができる。減少僅かに三三社という青森県のような例がある一方で、減却六一八〇社に達した三重県の例もあり、減少率四％弱の青森県に対して、それが八九％弱に上る三重県があるのである。このような府県による著しい差は何に基づくものであろうか。

表1　道府県別，府県社以下神社数の減少（明治36年～大正3年）

	明治36年12月末日現在						大正3年6月末日現在						10年間の変化	
	府県郷村社(A)	境外無格社(B)	合計(A+B)	現住戸数(C)	$\frac{C}{A}$	$\frac{C}{A+B}$	府県郷村社(A)	境外無格社(B)	合計(A+B)	現住戸数(C)	$\frac{C}{A}$	$\frac{C}{A+B}$	神社数(A+B)の減	1社当り戸数$\left(\frac{C}{A+B}\right)$の増
北海道	284	287	571	201,606	709.88	353.08	249	180	429	329,914	1,324.96	769.03	142	415.95
青森	775	63	838	99,814	128.79	119.11	755	50	805	114,921	152.21	142.76	33	23.65
岩手	496	706	1,202	113,316	228.46	94.27	473	534	1,007	121,211	256.26	120.37	195	26.10
秋田	769	4,195	4,964	127,751	166.13	25.74	631	773	1,404	136,013	215.55	96.88	3,560	71.14
山形	1,046	2,150	3,196	124,421	118.95	38.93	972	1,577	2,549	136,967	140.91	53.73	647	14.80
宮城	953	1,729	2,682	132,204	138.72	49.29	699	666	1,365	146,211	209.17	107.11	1,317	57.82
福島	1,208	3,598	4,806	165,974	137.40	34.53	1,196	3,004	4,200	182,599	152.67	43.48	606	8.95
茨城	1,686	2,764	4,450	203,030	120.42	45.62	1,622	1,357	2,979	218,396	134.65	73.31	1,471	27.69
栃木	1,160	4,815	5,975	135,329	116.66	22.65	1,134	2,751	3,885	151,585	133.67	39.02	2,090	16.37
群馬	1,101	2,913	4,014	141,060	128.12	35.14	875	529	1,404	156,221	178.54	111.27	2,610	76.13
埼玉	1,914	5,449	7,363	194,987	101.87	26.48	1,518	1,032	2,550	210,148	138.44	82.41	4,813	55.93
千葉	2,319	4,808	7,127	222,753	96.06	31.25	2,221	2,835	5,056	231,209	104.10	45.73	2,071	14.48
東京	705	1,714	2,419	569,496	807.80	235.43	681	1,213	1,894	730,386	1,072.52	385.63	525	150.20
神奈川	820	1,810	2,630	168,779	205.83	64.17	758	768	1,526	202,543	267.21	132.73	1,104	68.56
新潟	693	7,469	8,162	294,603	425.11	36.09	583	5,095	5,678	309,311	530.55	54.48	2,484	18.39
富山	2,368	1,258	3,626	143,837	60.74	39.67	2,253	919	3,172	137,276	60.93	43.28	454	3.61
石川	1,893	1,047	2,940	141,361	74.68	48.08	1,667	314	1,981	151,940	91.15	76.70	959	28.62
福井	1,643	1,181	2,824	117,048	71.24	41.45	1,312	409	1,721	114,292	87.11	66.41	1,103	24.96
長野	2,050	5,091	7,141	245,259	119.64	34.35	1,716	1,827	3,543	256,259	149.34	72.33	3,598	37.98
岐阜	2,477	4,361	6,838	189,460	76.49	27.71	2,334	3,089	5,423	197,941	84.81	36.50	1,415	8.79
山梨	1,010	835	1,845	85,424	84.58	46.30	992	717	1,709	97,593	98.38	57.11	136	10.81
静岡	1,836	2,118	3,954	220,125	119.89	55.67	1,797	1,767	3,564	242,698	135.06	68.10	390	12.43
愛知	2,769	2,238	5,007	351,824	127.06	70.27	2,591	1,284	3,875	392,578	151.52	101.31	1,132	31.04

三　重	1,733	5,250	6,983	187,202	108.02	26.81	673	130	803	198,577	295.06	247.29	6,180	220.48
滋　賀	1,029	1,985	3,014	130,930	127.24	43.44	1,010	1,009	2,019	132,629	131.32	65.69	995	22.25
京　都	1,108	1,932	3,040	200,182	180.67	65.85	1,095	1,621	2,716	235,245	214.84	86.61	324	20.76
兵　庫	2,261	5,216	7,477	356,770	157.79	47.72	2,124	2,886	5,010	406,401	191.34	81.12	2,467	33.40
大　阪	1,234	740	1,974	378,834	307.00	191.91	620	92	712	499,913	806.31	702.13	1,262	510.22
奈　良	1,232	792	2,024	93,634	76.00	46.26	1,115	474	1,589	100,660	90.28	63.35	435	17.09
和歌山	680	3,158	3,838	127,206	187.07	33.14	365	134	499	139,912	383.32	280.38	3,339	247.24
鳥　取	762	847	1,609	81,476	106.92	50.64	721	691	1,412	79,674	110.50	56.43	197	5.79
島　根	1,176	2,064	3,240	148,218	126.04	45.75	972	624	1,596	148,328	152.60	92.94	1,644	47.19
岡　山	1,659	7,335	8,994	234,108	141.11	26.03	1,381	4,411	5,792	244,265	176.88	42.17	3,202	16.14
広　島	1,063	8,211	9,274	294,716	277.25	31.78	1,000	4,751	5,751	326,147	326.15	56.71	3,523	24.93
山　口	436	2,193	2,629	204,879	469.91	77.93	388	513	901	216,940	559.12	240.78	1,728	162.85
徳　島	768	3,683	4,451	125,725	163.70	28.25	747	2,633	3,380	130,298	174.43	38.55	1,071	10.30
香　川	326	3,236	3,562	135,029	414.20	37.91	331	2,457	2,788	137,280	414.74	49.24	774	11.33
愛　媛	976	4,491	5,467	195,656	200.47	35.79	844	687	1,531	200,355	237.39	130.87	3,936	95.08
高　知	1,593	4,982	6,575	124,766	78.32	18.98	1,494	3,479	4,973	123,408	82.60	24.82	1,602	5.84
大　分	1,560	1,685	3,245	155,551	99.71	47.94	1,382	838	2,220	157,704	114.11	71.04	1,025	23.10
福　岡	1,706	6,058	7,764	268,801	157.56	34.62	1,671	4,710	6,381	327,575	196.04	51.34	1,383	16.72
佐　賀	274	3,267	3,541	107,743	393.22	30.43	276	1,974	2,250	109,361	396.24	48.60	1,291	18.17
長　崎	438	1,219	1,657	171,418	391.37	103.45	430	1,134	1,564	182,866	425.27	116.92	93	13.47
熊　本*	1,000	3,925	4,925	215,968	215.97	43.85	1,049	3,362	4,411	219,472	209.22	49.76	514	5.91
宮　崎	529	359	888	89,882	169.91	101.22	490	263	753	99,687	203.44	132.39	135	31.17
鹿児島	623	1,698	2,321	213,674	342.98	92.06	524	1,081	1,605	234,121	446.80	145.87	716	53.81
沖　縄	—	698	698	93,715	—	134.26	—	7	7	101,406	—	14,486.57	691	14,352.31
全　国	56,180	136,947	193,127	8,725,544	155.31	45.18	49,731	72,691	122,422	9,720,436	195.46	79.40	70,705	34.22

資料：第24回および第34回『日本帝国統計年鑑』

＊熊本県の明治36年末社数が明らかに間違いであるので，便宜上，明治35年末と37年末との中間の数字を算出して修正した。

予想しうる一つの条件は、例えば現住戸数のような何か神社維持の基本的要件となしうべきものを基準にとって神社の密度を調べた場合、密度の高い府県の方が密度の低い府県よりも一般に整理の実績が上ったのではないか、ということである。(25)そのように言えることは、表1によって確かめることができるが、そればかりでないことも明らかだし、また、一社当り戸数の全国基準を政府が示して整理を督励したのでも実はなかったのである。政府が初め訓示などの形で示した基準は一町村一社ということであった。したがって、一社当り戸数が府県によって区々になるのは当然だが、更に、政府が直接に府県社以下の整理を命令したのではなく、単に強く奨励ないし要請したに止まり、また、根拠となる法律を制定したのではなく、整理を側面から推進するような勅令を公布したにすぎなかったのである。それであるから、実施の成果は、政府の意をうけた府県知事のこの問題に対する熱意の度合と、集落側の抵抗の度合によって、左右されるところが大きかった。減少社数も減少率も全国最多最高の三重県では、一社当り現住戸数は二六・八一戸と少なく、したがって神社は過密状況にあったことは確かであるが、高知県(一八・九八戸)や栃木県(二三・六五戸)のように三重県よりも一社当り戸数の少ない県を遙かに引き離す整理実績を上げたことは、県知事がとくに熱心にこの事業を推進したためと考えざるをえないのである。

全国的な展望を掘り下げるためには、合祀遂行の激しさを異にするいくつかの府県の事例研究を積み重ねるいわば帰納的な方法も一法であるが、この問題をめぐって中央から地方へ流された情報を分析する演繹的な方法のほうが、神社整理のように国家権力の意志で強行された事件の核心に迫る上に効果的だと思われる。私は情報源として、内務省神社局のPR誌ともいうべき『神社協会雑誌』(26)、および全国神職会の機関誌である『全国神職会々報』[27]に注目し、そこに掲載された論説や報告などを分析した。もちろん、その情報を前掲の個別研究が発掘した資料、および刊行された府県史等から私が集めた資料によって補充もしくは検討したが、前記二つの雑誌はとりわけ豊富な情報をもたらしたので、これによって全体の骨格を組み立てることができた。両者とも神社に関する雑誌であるのに、一方には神社行政の担当者の意見が率直に表明されやすく、他方には神社行政の客体たる神職の意見が表白されやすいから、両者を比較することによって妥当な理解に達しえたように思われるのである。

註

(1) 肥後和男『近江に於ける宮座の研究』(『東京文理科大学文科紀要』一六)昭13。同『宮座の研究』(弘文堂、昭16)、とくに一〜四頁。

(2) 有賀喜左衛門「封建遺制の分析」『新日本史講座』(中央公論社、昭24)二五〜二六頁ほか、同「村落における氏神祭祀組織と政治・経済構造との関連、調査目標及び経過」慶応義塾大学大学院『社会学研究科紀要』一(昭37・6)三八〜四三頁。

(3) このような史観は、「集団競争史観」の一変型ということもできる。村上泰亮・公文俊平・佐藤誠三郎『文明としてのイエ社会』(中央公論社、昭54)二五四〜二五六頁。

(4) 水青長記「幣饌料供進指定神社に就て」『全国神職会々報』一〇六号(明40・8)三八頁、「神社整理の方針」『神社協会雑誌』七年一号(明41・1)五三頁。

(5) 西野雄次『府県社以下神社法講義』熊本県神職会、明45。岡田包義『神祇制度大要』政治教育協会、昭17。

(6) 西川順土「神社整理問題の史的考察」『神道研究』三巻四号(昭17・10)四七〜六五頁。なお、戦後の西川に「神社合祀と祭神について——三重県の例を中心として——」『神道宗教』八八号(昭52・10)四一〜五三頁、がある。

(7) 柳田國男編『明治文化史・風俗編』(洋々社、昭29)四五四〜四五五頁(大藤時彦担当)。

(8) 土岐昌訓「明治以降に於ける神社整理の問題——神社法令を中心とした其の経過に就いて——」『神道宗教』一七号(昭33・8)三六〜四七頁。

（9）萩原龍夫「神社祭祀」和歌森太郎編『宇和地帯の民俗』（吉川弘文館、昭36）一六六～一七四頁、同『中世祭祀組織の研究』（吉川弘文館、昭37）七二九～七三五頁。

（10）桜井徳太郎「斎忌習俗の解体過程」伊東多三郎編『国民生活史研究』五集（吉川弘文館、昭37）三八四～三八五頁、同『神仏交渉史研究』（吉川弘文館、昭43）四六九～四七二頁。

（11）楠本慎平「明治末期の神社合併について――富田郷を中心として――」『田辺文化財』六号（昭37・11）二五～三三頁。

（12）原田敏明「神社合併と宮座の変化」同『村祭と座』（中央公論社、昭51）一八二～一九三頁。

（13）千葉正士「一市町村一神社の理念と総鎮守の制」『社会と伝承』八巻一号（昭39・4）一～一九頁。

（14）森岡清美「明治末期における集落神社の整理――三重県下の合祀過程とその結末――」東京大学東洋文化研究所『東洋文化』四〇号（昭41・3）一～五〇頁。

（15）森岡清美「明治末期における集落神社の整理(2)――その全国的経緯――」東京教育大学文学部『社会科学論集』一六号（昭44・3）一～一一八頁。

（16）Fridell, Wilbur M., *Japanese Shrine Mergers 1906–12: State Shinto Moves to the Grassroots*, Sophia University, 1973. Pp.142.

（17）米地実「明治末期の神社整理――長野県における通牒等を中心として――」慶応義塾大学『法学研究』四一巻九号（昭43・9）五六～九四頁、同「明治末期神社行政に関する覚書――いわゆる神社整理について――」『日本女子大学紀要・文学部』二二号（昭47）六三～一〇八頁、同「明治末期神社整理に関する一事例――長野県諏訪郡湖南真志野の場合――」『日本女子大学紀要・文学部』二三号（昭48）三七～五二頁、同『村落祭祀と国家統制』御茶の水書房、昭52。

（18）孝本貢「神社合祀――国家神道化政策の展開――」田丸徳善ほか編『近代との邂逅』（日本人の宗教・Ⅲ、佼成出版社、昭48）六七～一一二頁、同「神社整理と地域社会――神奈川県相模原市の事例――」笠原一男編『日本における政治と宗教』（吉川弘文館、昭49）三一三～三五二頁。

（19）桜井治男・森安仁「神社合併と村祭の変化――三重県度会郡穂原村――」『社会と伝承』一二巻四号（昭46・3）四五～五〇頁。桜井「神社合併と村祭の変化――北勢地方の事例――」『皇学館大学紀要』一四輯（昭51・1）二二四～二四一頁、同「神社合併と村祭りの変化――旧内城田村の事例――」『皇学館大学紀要』一七輯（昭54・3）二一九～二六七頁、同「神社合祀と山の神――参宮街道の事例――」『皇学館論叢』一二巻五号（昭54・10）一〜二一頁、同「神社整理と神社復祀」宗教社会学研究会編『宗教・その日常性と非日常性』（雄山閣、昭57）六六〜八六頁、同「明治末期の神社整理と御頭神事――三重県下の事例――」『皇学館大学神道研究所所報』二二号（昭57・12）五〜一〇頁、同「神饌幣帛料供進社の指定をめぐる諸問題」『神道宗教』一一七号（昭59・12）六一〜八九頁、同「神社整理と村落融合」『宗教研究』二六三号（昭60・3）二六二〜二六三頁。

(20) 沼部春友「神社合祀に関する一考察」『宗教研究』二一四号（昭48・3）一九五〜一九六頁。

(21) 岸本昌良「神社合祀・再考」駒沢大学大学院社会学研究会『ソキエタス』六（昭54・3）五一〜六二頁、同「神社合祀の論理」『ソキエタス』七（昭55・3）二八〜三六頁、同「神社合祀の実態」『史潮』新九号（昭56・9）一一九〜一二八頁。

(22) 鈴木通大「神社合祀後における〈分祀〉について――神奈川県下の民俗事例をもとに――」『神奈川県立博物館研究報告』一〇（昭57・3）二一〜二八頁。

(23) 田中宣一「一村落における明治末期の神社整理――神奈川県川崎市麻生区岡上の場合――」『成城文芸』一〇三号（昭58・3）三四〜五七頁。

(24) 山本悠二「宮城県における神社統合政策の展開」『歴史』六四輯（昭60・5）一七〜三七頁。

(25) 神社分布の密度は表1明治三十六年末の欄に示した通り府県により大差がある。密度は、神社分布の粗密を客観的に示すと同時に、神社と認定された社祠の分布の粗密を表現するものであるから、神社認定の基準が府県によって一様でなかったことも密度差をもたらした有力な原因であったといえる。とくに府県郷村社については、社格制定基準が府県によって区々であったことが明らかにされている。そこで、隣接県でありながら県郷村社の分布密度に大差のある富山と新潟、奈良と和歌山、徳島と香川、といった例もあるわけである（「神社の整理」『全国神職会々報』八七号〈明39・7〉八〜九頁）。同様に、どのようなものまでを無格社と認定するかの基準も、府県により一定でなかったと考えられよう。

(26) 明治三十五年三月発刊。以下、『雑誌』と略称。その発行母体である神社協会は「内務省神社局員と同図書課員とが発起して設立せる私立の有志団体」であって、神職会のように神職だけでなく、誰でも望みの者は広く入会させ、専ら神社のことについて研究するために設立された、と謳われている（『会報』三三号〈明35・4〉三八頁）。

(27) 明治三十二年八月発刊。以下『会報』と略称。全国神職会は明治三十一年十一月結成。

第二章　神社整理の発端

明治末期の全国的な神社整理が、政府によって発意された事業であるのはいうまでもないが、政府をして発意せしめた端緒は神社界の運動であった。神社界ではかねてから「国家の宗祀」[1]としての神社の制度的確立を不屈の執念をもって政府に迫っていた。明治三十一年十一月全国神職会を結成して運動の強力な担い手を組織するや、各府県下でも神職会を組織させて運動の浸透を図りつつ、まず神社に関する特別官衙設置の建議を内務省社寺局を廃して神社局と宗教局を新設させるという形で結実させ（明33・4）、ついで官国幣社経費の復旧と府県郷村社の公費支出による維持を目標として、第一六回帝国議会（明治34年度）以降議会を中心に盛んな運動を展開した。このうち、府県郷村社に対する公費支出がわれわれの問題に直接かかわっている。

明治の初め府県社神官の給禄は官給され、郷村社祠官祠掌の給料は、一郷氏子中に課されていたが（明5・2・25付太政官達）、間もなく郷村社祠官祠掌給料民費課出廃止（明6・2・22付太政官布告）、府県社神官月給廃止（明6・7・31付太政官布告）となって「人民ノ信仰ニ任セ適宜給与」されることになり、その進退は「氏子共帰依之者」に委ねられ（明8・5・15付教部省達）、さらにこれら神職の等級が廃されて身分取扱いは一寺住職同様となった（明12・11・11付太政官達）。祭典費用すら明治十七年以降民費課出を廃止されて、神社の公共的性格はその保証を全く失うに至った。こうした事態に立って、府県郷村社に対する公費支出を復活させ、国家の宗祀たるの名実を明らかにすることが念願されたのである。それは、神社界の悲願ともいうべきものであった。

第一六回議会に大津淳一郎が提出した法律案は、府県郷村社社費に関する法律案とよばれる。府県郷村社は従来社格の名義を存するだけでその実が伴わなかったが、社格に対応する地方団体との関係を、神饌幣帛料の支弁によって明らかにしようとするものであった。この主旨は、第一条　府県ハ府県社、郡又ハ市ハ郷社、市又ハ町村ハ村社ノ神饌幣帛料ヲ支弁ス、という条文に表明されている。本法案は、まず衆議院で大多数をもって可決され、貴族院でも委員会では可決をみたが本会議で反対され、委員再付託となった後再議に至らずして閉会となり、成立に至らなかった。その理由はいくつかあったらしい。まず第一に、「全国神社の数頗る多く、その神社に対し悉く神饌幣帛を供進するは民力の堪へざる所にして、而して法律を以て之を規定するは無用の事業なり」という点にあった。(2) 第二に、府県郷村社は式外の神社に相当するが、「これ等の神社に対しては幣帛神饌を供進せらるゝこと嘗て無かりき。総て神社の事は古へに則り新式を起さぬ方穏当なるべし」(3)、というのが某当局者の意見として挙げられている。そのほか、県社の場合には県社の鎮座しない郡から、郷社の場合は郷社のない町村から経費供進について異論が提起され、「必ずや紛議を生し反て神徳を汚すの言動なしとも保し難からん」(4) ということも考えうる理由とされた。

『全国神職会々報』の会説は、第一と第二の理由のそれぞれに反論している。まず第一の理由については、「府県社は一府県平均十社強に相当し、一社の幣帛神饌料金十円と仮定せば一府県に於て百円余の増額となり、郷社は一郡市平均五社弱に相当し、一社の料金五円と仮定せば一郡市に於て二十円弱の増額となる。又村社は一町村平均三社五分強に相当し、一社の料金二円と仮定せば一町村に於て七円余の増額となるに過ぎず、今日の財政上、一府県に百円余、一郡市に二十円弱、一町村に七円余の増額を見るも、豈民力に堪へざることあらんや。殊に町村の支出に係る村社幣帛神饌料は、今日と雖も現に供進しつゝあり。氏子の名義を以てするものを町村の名義に改めて支出するに過ぎざれば、本案の制定は府県郡市町村に対して何等の影響を及ぼす所なきなり」(5)と説く。つぎに第二の理由について、㈠式外の神社に幣帛神饌を供進せしこと無しとは大なる誤なり、㈡今の官国幣社は延喜式の官幣国幣に当り、府県郷村社は式外社に当るといへるも穏ならず、㈢その他延喜以後新に官社に列し、神階を授け、神領を寄せ奉りし神社、幾百なるを知らず、㈣徳川幕府より幾多の朱印地を附して幣帛神饌以下の料に充て、其他各藩にて同上の待遇をなしたるもの、全国を通じて幾千社に及べり、と切り返している(6)。そして、「元来府県郷村社は府県若くは地方の崇敬社にて、即ち公の宗祀たり。各祀るべき理由ありて之を祀り、礼すべき理由ありて之を礼し、政府既に相当の社格を附する以上は、相当の礼を尽すべきは当然の義務たり。然るに単に社格をのみ附して神饌幣帛をだに奉らざるは、甚不当の所置といはざるを得ず」(7)ときめつけ、かつ強い不満の意を表明した。したがって、『会報』の会説に示された全国神職会の正式の見解に関するかぎり、府県郷村社に対する神饌幣帛料の供進案は国家の宗祀たるゆえんを顕現しようとするに止まり、いささかもこれらの神社の整理と結びついていなかったことは明らかである。

しかるに新設後間もない内務省神社局は、神社合祀をその施策の一つに掲げた。明治三十四年第一次桂内閣成立直後の全国地方長官会議でそれが議案の一つとなったらしく、この会議を終えて帰県した知事が郡市長会議でなした訓辞に影を落としている。今日、資料的にこの点を確かめうるのは和歌山県である。曰く、

神社の合祀を誘導するの件(8)

明治四年府県郷村社の社格を定められ社費は町村の協議費より支弁し来りしも同六年其制を廃せられしより社格の名称のみを存し祭祀の実を失ひ為に崇敬の道を欠くもの少なしとせす、之れ畢竟一聚落に数神社あるに因り民力負担に堪へさるに出つるものなれは各町村神社の中社格由緒等著しく最も村民信仰の厚き神社を撰みて一町村内に一二神社を存置し其他維持法等確立せさる神社は最寄神社に合祀又は境内神社に移転合併を為し神社の維持方法を設けしめ神社崇敬の実を挙くるは最も時宜に適して人情に害なきものとす、各位宜しく之を誘導せられんことを望む

合祀の目的は、徒に狐狸の巣窟となっていたり、もしくは荒廃に任せてこれを修造する者のない叢祠小社を遷して、維持経営の確実な神社に合併し、祭祀式典等を正規に行わしめ、神祇崇敬の実を挙げるにありと説かれたのである。(9)

この景況を反映してか、当時の神社界の世論のなかにも村社・無格社を整理すべしとの声が聞かれた。しかし、それは神社崇敬の実を挙げるために整理を主張するもので、やがて公共団体からの社費供進を達成するための方途とはみなされておらず、社費供進の問題とは自ずから別であった。その一つの例は、『会報』に掲載された筑後の山北道人と称する人の「神社概報」と題する文章である。まず村社は、山北道人の地方では一村に二ないし

二〇社以上にも上るが、このように多数の神社の祭典修繕神職給その他の経費を少数の氏子で支出できるのだろうか。また少数の神職で多数の神社の祭祀を厳粛に奉行できるのだろうか。今日の状態では、祭祀不厳、社殿破損に至らないものは稀である。これを救うには合祀に若くものはない。もしこのままに捨ておくときは、神社は衰頽ついに救うべからざる状況に立ち至るであろう。無格社はどうかといえば、一町村数十社もあるが殆ど一小石祠で、山野あるいは路傍に散布し、せいぜい年一度の祭祀を奉仕するにすぎない。神社の数に加えられているけれども、その実一家の宅神のようなものが殆どである。これも本社に合祀または移転して貰いたい、という。要するに、合祀して神社の神聖を保ち、神職奉仕の実績を挙げるようにしたい、というのである。村社に対する町村からの社費供進の要請は、そこには全く認められない。(10)

社費供進との関連が感ぜられるのは『神社協会雑誌』寄稿の生川鉄忠である。彼は、「府県社以下をも国家の宗祀となすには（たとえ準宗祀にもせよ）現在の社を充分調査して真に国家の宗祀たるへき資格を備へさせねは不都合てある然るに五万以上の社を此儘国家に属し国庫経済となすことはとても出来ない相談にて好し地方経済となすにもせよ現在の儘にては維持も六ケしき有状に付き早晩改良を要するは既に輿論の認む所てある」(11)と述べ、改良の大方針の第一に、「神社の数を減すること」(12)を挙げている。その手続きはいうまでもなく移転廃合であり、理由はさきに掲げた山北道人の場合と全く同一である。しかし生川においては、合祀して社数を減らし、社費の公費支弁を受けられるようにせよというのではなく、神社の維持はやはり氏子組合の自治に任すのほかなし、という考えであった。なぜなら、「彼の学校の如き、能く町村自治の範囲に於て維持し得るも、神社は之れに反して、甲乙部落を異にすれば信仰の念も又自ら異なるものあり、されは之れを今の郡市町村の自治体に移して、維持することは到底なし能はさるもの也」[13]。したがって結論的には、生川にも社費供進実現のための神社整理という考え方はなかったとしなければならない。

『雑誌』掲載の筑前春山生の寄書もまたこの線に連なる。彼は一四万に垂んとする多数の無格社を整理すべしとし、その一方法として合祀を提唱する。合祀は社殿なる建物の廃棄であって祭神の廃祀ではない。合祀によって社数が減少すれば、「財用豊かに神職に人を得ること甚た難きにあらさるを知らん」。そして、合祀跡地は合祀先神社の飛地境内とすることの得策であることを強調している[14]。無格社は公認神社中最も格の低いものであるが、無格社類似のもので神社明細帳から脱落し、したがって公認されていない小社もある。無格社の整理は当然これら非公認社の整理に及ばなければならない。右の春山某は、これら脱漏神社をして明細帳編入を出願せしめ、あらかじめ合祀すべき神社をきめておいて、公認と共に合祀せしめることを提案する[15]。無格社および脱漏社合祀の理由は、山北道人が指摘したのと全く同じ。要するに、奉祀の道、維持の策を確立することにあった。

以上のように、明治三十五年頃の神社界には、府県郷村社に対する神饌幣帛料公費供進の実現を期す激しい運動があり、他方で、村社以下の整理を必至とみる世論があった。しかしこの二つは結びついたものではなかった。すなわち、整理は公費供進の獲得を意図のうちに含めて主張されたのではなかった。しかし、整理と公費供進とはまさに一方を目標、他方を前提とする関係において結合しうる。結合しうるばかりでなく、結合したときには整理も公費供進も実施される可能性が大いに高まる。したがってこの二つに対する要望が切実であればあるほど、結合は必然性を加えるのではあるまいか。整理の発端が神社界の運動や世論にあるとみるのは、この故である。

神社整理というも神饌幣帛料の公費供進というも、その大方針を決断するのは政府であった。したがって、神社界の要望を受けとめて、政府がこの二つの問題にどのようにとりくんだかが問われなければならない。

内務省は、明治三十五年春の地方長官会議でも神社合祀の誘導を指示したようである。そのための内務省示達の本文はまだ発掘されていないが、つぎに掲げる岩手県訓令と明35・10・7付長野県訓令八一号を比較対照することにより、それは岩手県訓令とほぼ同文のものであって、郷社以下神社の維持に関する件という見出しがついていたと考えられる。主旨は到底維持の見込みのない神社の廃止もしくは合併を出願させよというもので、神職を置くことができないような弱小の神社をその目安とすることを指令したのであった。

『全国神職会々報』には岩手通信として左の訓令が紹介されている。(16)

訓令甲第二十三号

郡役所

郷村社無格社ニシテ其所在町村ノ氏子若クハ信徒ニ於テ神職ヲモ置ク能ハス到底維持ノ見込ナキモノハ廃止若クハ他神社ヘ合併ノ儀出願セシムヘシ

明治三十五年七月二十六日

岩手県知事北条元利

『会報』はこれに神社維持に関する訓令というきわめて短い見出し的説明を付けるにとどまる。ところが、『雑誌』は同一の訓令をとり扱って神社廃合云云と題する岩手県神社行政担当官の長文の報告を掲げているのである。(17)同一の訓令に対するこの大きな取扱いの差異は、『会報』と『雑誌』の性格差を、また神社整理を指令する側と指令を受ける側との態度の差を示唆するものとして、看過することができない。

『神社協会雑誌』の報告は左のように述べている。

予過日(六月二十日より同月二十八日迄九日間)社寺上地官林境内編入出願箇所実地調査として本県管内紫波、稗貫、東磐井及び二戸の四郡へ出張を命ぜられたり而して其神社現状に関し実に概嘆(ママ)措く能はざるものありき其は他にあらず其の神社の社殿荒廃見るに忍びざるもの多数を占む斯の如き神社は到底神社の尊厳を維持する能はざるのみならず却て神威を瀆すものと云はざる可からず今之れが実況を挙ぐれば其の社殿たるや平素乞食等の宿所にして是等の乞食等は其の社殿の床板其の他天井等の建物の幾部を破壊して薪に代へ或は暖を取り或は炊事を為せしが如き形跡相見へ家根は雨漏りし神体等の尊像敢てあるにあらず是等神社は実に山野路傍の神祠と云ふも不可なし(中略)現今の神社明細帳を一目せば郷社にして氏子六七名のものあり又其の無格社の如き信徒僅か二三名に過ぎざるあり甚しきに至ては氏子信徒は単に明細帳に記載せるのみにして其の実際に於ては之れなきものあり是等は畢竟神社と土地と密接せしめざる現行制度の弊なり神社と土地と密接するとは字《アザ》に存在する無格社に対しては其の字の所在人民は尽く之が信徒として之を維持保存の義務あるものとし又一市町村大字に存在する郷村社は其の一市町村大字人民之が氏子たらざる可からず斯の如くするときは一字に数個の無格社あり又は一市町村に数個の郷村社ありて到底其の土地人民に於て之が維持保存の負担に堪へざる場合は或は合併し或は廃止し自然に神社の数を減じて完全に之を維持することを得るに至る予本年五月内務省より本県へ転任し幸に神社の事務に従事することを得るに至りしを以て爰に本県神社の員数並に神職の欠員を調査せしに県社以下の神社現在千二百二十四社の内其の神職の欠員五百二十四社あり（三十五年七月二十五日調査）実に驚く可きことならずや斯の如きは独り本県のみならず他県に於ても斯の如くならんと信ず何故に斯の如く多数の神職欠員を生ずるに至るか蓋し前記実況の如く僅かに一小建物の存在するのみにして何等収入あるにあらず其の信徒の如き僅々二三戸に過ぎざるに外ならざればなり故に予は斯の如き神社は之を廃止若くは合併し神社の数を減少せしむるを以て最良方法とす（下略）

つまるところ、北・中央・南の県下四郡視察の結果に基づき、神職を置くことができず、到底維持の見込みも立たない郷村社無格社を廃止もしくは他神社へ合併させようというのであり、前掲の訓令はこのことを令したものである。

右の引用文にも出ていたように、この報告の筆者山崎有信は明治三十五年五月内務省から岩手県内務部へ転任し、神社行政を担当することになって、六月下旬県下四郡を視察した。そして七月二十六日に上掲の訓令、神職の推薦方を郡長に委任する県令三五号、および両件にかんする県内務部長通牒を発し、『雑誌』の十月号にこの間の経緯を述べた報告を掲げたのである。この一連の事実はたまたま起こったのかもしれない。しかし神社廃合の訓令があまりにもタイムリーであったこと、内務省官吏→岩手県神社行政担当官→神社視察→訓令甲二三号→『雑誌』掲載とあまりにもスムーズな展開であることに思いを致すとき、山崎は神社廃合実施のために内務省から送りこまれたという推理が成立する。府県郷村社社費に関する法律案が不成立に終ったあと、将来必ずこの法律案が成立する日の来ることを予想して、内務省は神社整理を実験的に岩手県で試行したのではあるまいか。しかし、訓令が発せられてから明治三十六年十二月末までに無格社を二十数社減却したに止まった。これは、岩手ががんらい社数の少ない県の一つであったためと考えられるが、維持の見込みが立つか立たぬかの判断基準として、神職を置くことができるかどうかに注目したところにも問題があったのではないかと思われる。兼務神職をきめることで、この基準をすり抜けることができるからである。ともあれ、岩手県の企ては減却社数に関する限りでは見るべき成果とは評しえないが、神饌幣帛料供進と神社整理とが、内務省では目標と前提との関係においてすでに結合していたことを暗示する点において、興味津々たるものを覚えるのである。そのような素振りすらみせない全国神職会側でも、供進と整理との結合は暗に認めていたのであろうが、これにふれることはタブー視されたのではないかと思われる。(18) そう考えるとき、政府をして神社整理を発意せしめた端緒は神社界の運動であった、という本章冒頭の命題は、一層の根拠をもつことになるのである。

註

(1) この語は世襲神職の廃止を令した明4・5・14付太政官布告二三四号に初出し、国家神道時代の神社のあるべき姿を示すものとして、神社人の運動の論理的起点となった。

(2) 「会説・府県郷村社幣饌料供進」『会報』三八号(明35・9)一〜二頁、および『神社制度調査会議事録』(昭6・10第一八回特別委員会)一五頁記載の水野錬太郎委員の発言。

(3) 「会説・府県郷村社幣帛神饌料の供進」『会報』三一号(明35・2)一〜二頁。

（4）生川鉄忠「府県郷村社の制度に就て」『雑誌』一五号（明36・5）五一〜五五頁。生川が居住する三重県では県社一三社、二市六郡に所在し、他方県社のないもの九郡、されば「議場に於ける大勢推して知るべし」という。また第一点については、「一ケ村に付（村社）五社強の割りにて其維持の困難も推して知るべしである」としている。

（5）「会説・府県郷村社幣帛神饌料の供進」『会報』三一号（明35・2）五〜六頁。なおこの点については、衆議院における本法律案の説明のなかで、提出者大津淳一郎はつぎのように述べている。「旧慣に拠つて見ますれば府県郷村（社脱か）の経費も総て町村制の費用で負担して宜いと私は考へまするが併ながら今日政費多端のときに当つて町村の経費もなかなか増加をした今日に総て村社は村費県社は県費で持てと云ふことは少しく今日費用多端な所では誠に気の毒な場合だと思ひます故に名義ばかりを貽して置きたいと思ひまして斯様の通に神饌幣帛料を町村費若くは県費より支出することの義務を負ふと云ふだけのことにして聊か此名義を明に致して置きたいと思ふのでございます」「本会記事」『会報』三一号（明35・2）五二頁（傍点筆者、大津は一八五六年生、茨城県選出、憲政会に属す）。

（6）「会説・府県郷村社幣帛神饌料の供進」『会報』三一号（明35・2）三〜四頁。

（7）「会説・府県郷村社幣饌料供進」『会報』三八号（明35・9）四頁。

（8）『和歌山県史・近現代史料』四（和歌山県、昭53）二七六頁。

（9）楠本慎平「明治末期の神社合併について——富田郷を中心として——」『田辺文化財』六号（昭37・11）二五頁。

（10）山北道人「神社概報」『会報』四〇号（明35・11）四〇〜四一頁。

（11）生川鉄忠「府県郷村社の制度に就て」『雑誌』一五号（明36・5）五四〜五五頁。

（12）生川鉄忠「再び府県郷村社の制度を論す」『雑誌』一七号（明36・7）三一〜三四頁。

（13）生川鉄忠「再論府県郷村社制（承前）」『雑誌』一九号（明36・9）五六頁。

（14）筑前、春山生「無格社整理の一方法」『雑誌』一七号（明36・7）三四〜三六頁。

（15）筑前、春山生「明細帳に脱漏せる神社の整理に関する私議」『雑誌』二〇号（明36・10）三四〜四六頁。

（16）『会報』三七号（明35・8）四四頁。群馬県でも明治三十五年十一月神社整理に関する訓令を出している。『吾妻郡誌』（群馬県吾妻教育会、昭4）四四二頁。

（17）山崎有信「神社廃合及び神職推薦方に就て」『雑誌』八号（明35・10）三八〜四四頁。

（18）　神宮式年遷宮を機として明治四十二年十月四日第三回三重県神職大会が宇治山田市に開会された。ここに来賓として臨席した内務省参事官水野錬太郎は、講演のなかでつぎのような説き方をしているのがその一例である。「（上略）私が先に神社局長の折に、神社の数を調べましたが、十九万幾社ありました。併し決して数に於て多いといふのではない。私は寧ろ其多いのを悦ぶので、我国の神社の多いのは当然のことで驚くべきことではない。乍併実況を見ますると、神社の体面を備へざるのみならず、奉仕の神職なくして（下略）」『三重県神職管理所公報』三四五号（明43・3）（傍点筆者）。内務省当局者は、公けの席では多すぎるから整理するのだ、というようなことは言っていないことに注意。

第三章　神社整理の本格化

第一節　三重県下の神社整理と有松知事

府県郷村社社費に関する法律案が不成立に終ったあと、再提出は暫く見合されたが、可能なところから神社整理を実施させる努力は継続された。(1) 資料に残る岩手県に続いて、整理に着手した県のなかで注目すべきは三重県であろう。

三重県での事始めは明治三十六年に遡る、といわれる。(2) あるいは、明治三十七年四月郡市長会において神社整理の問題が提出されて以来ともいわれるが、(3) 整理の方針はおそらくその前年に示されていたのであろう。なぜなら、『神社協会雑誌』二八号（明37・6、六三頁）は、三重県下の神社状況として、

神職は何処も同じ適任者の少きは遺憾なるが為めに往々祭祀に支障を来すことある故特に各郡市長をして適任者を推薦せしむるも神社数の多きため意の如くならず因て各社合祀を奨励せられたる結果二十余社を減ずるに至れりといふ

と報じているからである。郡市長をして神職適任者を推薦せしめる制度、および神職を置けない神社には合祀を

奨励するという措置は、すでに岩手県が訓令したところと軌を一にしている。この点からも、また明治三十七年五月末頃には二十余社を減じたという成績からも、三重県における整理の発端を明治三十六年に遡らせるのが妥当と考えられる。

この時点における三重県の整理問題に対するとり組み方は、郡市長会において懇談研究の結果、神社の合併によりその数を減じて資力と崇敬をともに集中させるのが良策であると決し、さらに神職総会においてこの議を諮ったとか、合祀を奨励するとかの指導に止まり[4]、阿山郡や一志郡など一、二郡に実行の端緒を開いたものの[5]、結局はなり行きに任せるということであった[6]。そこで、境内無格社を除いて七〇〇〇に近い県下の神社のうち、明治三十七年の年末までに減却をみたのは、僅かに村社四、境外無格社五八にすぎなかった（表2）。

ところがこの頃までに、内務省でも三重県でも神社行政上の大きな変化が起こっていた。内務省では三十七年一月に水野錬太郎が神社局長の任に着いた。水野は、社寺局の時代に、参事官のままで一カ月ばかり社寺局長心得になったことのある人で、時に三六歳の若さであったが、神社行政については見識と抱負をもっていた[7]。その年四月、京都に出張したさい神職の会合で講演し、「府県社以下の整理に付ても、大に考を要します。私は常に此の事を考へて居ます」と述べたが、同月の三重県郡市長会において神社整理の問題が議されたのは、新局長の意向を何ほどか反映するものだったかもしれない[8]。他方、三重県では六八歳の高齢知事に代って、内務大臣の片腕と目されるポストの警保局長であった四一歳の有松英義が、三十七年十一月着任した[9]。後年になって水野が語ったところによれば、彼が神社局長になった当時、神社界において絶叫された根本的問題の一つに、府県社以下神社の神饌幣帛料供進の問題があった。[10] 水野はこれを内務省の政策として実現させるためにも、神社の整理を目途したことであろう。それには、訓令を出して勧奨するに止め、結局のところ成行きにまかせるということではいけない。どこかの県がモデル県となって、強力に合祀を推進するのでなければならない。有松知事は在職四年にしてもとの内務省警保局長に復するのであるが、そのように内務省の主流に属する高級官僚が三重県知事に転出するからには、モデル的な神社整理の実施が日程に上されようとしていたと考えられるのである。[11]

では、三重県が何故モデル県となったか。その決定的理由は有松が知事になったことであるが、なお二つの補足的理由が考えられるのである。まず第一に、「本県に於ける神社の数は頗る多数にして従て之れに要する費も亦少なからざるべく」[12]と知事有松が演説しているように、神社密度の高さが挙げられる。三重県が神社密度の最も高い県の一つであったことは、表1によって明らかである。第二に、三重県には神宮が鎮座し神宮皇学館があるから、神社については他の模範とならねばならぬとて、[13]県でも特別の関心を神社に寄せたことが推測されるのである。

さて、神社合祀にかんする有松知事の方策は、明治三十八年二月の郡市長会議において始めて示された。有松はまず神社の現況に言及して、社殿の荒廃に帰するものが多いこと、神職氏子信徒間に諸種の紛擾を醸し、延て累を村治に及ぼすような例が少なくないことを指摘し、荒廃の原因は氏子信徒の維持能力に比して神社の数が多すぎること、紛擾の原因は神社に資産なく経費を氏子信徒の寄付に仰がねばならぬことにありとし、これらの弊害を除去するため、左の二法の実施を訓示したのである。すなわち、一現在の神社を各町村内に於ける比較的境内広く社格の高き神社に合祀し可及的其の社殿等を壮厳にし域内を清浄にし以て一般人民をして益尊崇の念を高めしむることに勉め且つ其の祭典の如きも出来得る限り厳粛に執行せしむること

一前項神社の合祀を為すときは維持費祭典費等各般費用を節約し得へきに付是等の金員を以て神社基本財産造成の事を図り将来其の神社に関する費用は渾て其基本財産より生する利益を以て支弁し得るに自（至か）らしむることに勉むること(14)

こうして、全県的な神社整理が日程に上され、県下神社の半数以上を合祀することが目標とされた(15)。

さらに明治三十八年六月下旬には、被合祀社の旧境内地が官有地の場合これを荒蕪地に組替えた上で、許可の得られる限り払下げを受けて合祀先神社の基本財産とするよう、県第二部長から郡市長に対し照会があり、基本財産の造成を促進するための積極的な指導がなされた(16)。こうして、その年には村社二、境外無格社三二、計三四社（ほかに境内無格社二六）を整理した（表2）が、明治三十七・三十八年の日露戦争による国家意識昂揚の時運に乗じ、かつ県知事が本腰を入れていたにしては、整理の進捗は遅々たるものといわなければならない。

第二節　明治三十九年発布の二勅令

三重県が後世にまで記憶されるほどの整理を敢行したのは、表2に明らかなように、明治三十九年以降のこと

表2　三重県下社格別，神社数の減少（明治36年～大正2年）

	総数	官幣社	国幣社	県社	郷社	村社	無格社 独立のもの	無格社 他社の境内に在るもの	減少社数
明治36	10,524	1	1	14	46	1,699	5,126	3,637	8
37	10,473	1	1	16	45	1,694	5,068	3,648	51
38	10,413	1	1	17	44	1,692	5,036	3,622	60
39	9,851	1	1	18	44	1,676	4,645	3,466	562
40	5,908	1	1	17	44	1,435	2,225	2,185	3,943
41	2,048	1	1	17	43	803	454	729	3,860
42	1,630	1	1	17	43	708	281	579	418
43	1,415	1	1	17	43	659	223	471	215
44	1,272	1	1	17	43	629	187	396	143
大正 1	1,198	1	1	17	43	617	157	362	74
2	1,165	1	1	17	43	613	136	354	33

資料：『三重県統計書』明治40年，42年，43年，44年，大正3年（各年12月末日現在）

である。それは、この年の四月下旬に開かれた地方長官会議のさい、内務省は「地方事務ニ関スル注意参考事項」一一項目の冒頭に「神社合祀勧奨ニ関スル件」を掲げて議題とし、内務省が全国的に神社整理を推進することを表明した。[17] さらに会期終了前日の四月二十八日に府県社以下神社の神饌幣帛料供進に関する勅令（九六号）が公布され、追って同年八月九日には神社寺院仏堂合併跡地の譲与に関する勅令（二二〇号）が発布されて、合祀の推進を容易にする行政的法的基礎が固められたためであった。同年はまた、神社界懸案の官国幣社経費に関する法律（二四号）が公布された年であって、かように神社が国家の宗祀たるの実を充実させてきたことは、日露戦争の戦勝により国民一般に敬神の念慮が深まった世相を反映するものということができる。[18]

勅令九六号を明治三十四年の第一六回帝国議会に提出された法律案と比較すると、前者は後者を基礎においていることが明らかである。そして両者の相違点は、法律でなく勅令として公布されたことを除くなら、その第一条にあることが判明する。すなわち、

法律案第一条　府県ハ府県社、郡又ハ市ハ郷社、市又ハ町村ハ村社ノ神饌幣帛料ヲ支弁ス(19)

勅令第一条　府県ハ府県社、郡又ハ市ハ郷社、市又ハ町村ハ村社ノ神饌幣帛料ヲ供進スルコトヲ得

前項ニ依リ神饌幣帛料ヲ供進スルコトヲ得ヘキ神社ハ地方長官之ヲ指定ス

第一条の差を要約すれば、①支弁スと供進スルコトヲ得、②但書の有無、の二点になる。

第一点については、後年の神社制度調査会における水野錬太郎の証言が修正の理由を的確に説明している。曰く「府県社ニ対シテハ府県ヨリ幣帛ヲ供進スルコトヲ得トシタ、供進スベシトハシナカツタ、何故カト云フト府県トカ、市町村ノ費用ニモ影響スルト云フカラ、府県会ナリ市町村会ナリノ決議ニヨツテサウ云フコトヲスルノハ差支ヘナイ」(20)。つまり府県や市町村の財政を圧迫することを避けたのである。しかし、財政不如意のさいは供進しないでよいという含意ではなかった。そうなると、「町村ノ議決権ヲ重シタル文意ニシテ畢竟町村団体ノ行動ノ範囲ヲ拡張セラレタル主意ニ有之」、したがって「指定神社ニ対シ供進ヲ否決スルカ如キハ万々有リ得ヘカラサル筋ト存候条町村長ヲシテ深ク此旨ヲ体セシメラレ度」(21)ということになり、実質は供進すというのと異ならないが(22)、内務省の他の部局とくに地方局の反対を和げる上で、また信仰を強制するという非難を回避する上で効果的な表現であった(23)、といえよう。

第二点の但書は何を意図したか。当時神社局にあって考証の任に当っていた荻野仲三郎は、三五年後、問に答えてつぎのように言明している(24)。

問　明治三十九年に例の府県社以下に神饌幣帛料を供進することになりましたが、あの時に全部の神社にやらな

いで、一定の標準を設けて供進の範囲をリミツトしましたと云ふのはどう云ふ関係からでございませうか。
答　其の本は神社の整理です。整理をして府県社以下は地方自治団体の負担で維持すると云ふことを計画した訳です。それが経費を支弁する迄に行かなかつたものだからせめて神饌幣帛料を自治団体から供進させる。斯う云ふことになつたのです。一面にはそれをきつかけに神社を整理して、神社の設備を整備して敬神の実を挙げやうと云ふことが含まれて居た訳であります。それで最初は神社の合併を大いにやつて、理想は一応一町村一社と云ふことであつたのです。
問　其の整理に付て……全部に神饌幣帛料をやらないで、前提として一定の標準を設けて整理をして……。
答　それを予想して居るからでした。さうして整理させる為に一定の規格を決めて、そこ迄行けないのは神社としては止めやうと云ふのです。それであるから一面に神社と地方団体との関係を密接にさせると云ふのと同時に、一面には維持困難な、体裁を成さんやうな神社は合祀させると云ふ方針と相俟つて、神社の整理をすると云ふことであつたのです。
私は前章において、神饌幣帛料供進と神社整理とが内務省では目標と前提の関係で捉えられていたことを推測したが、右の問答はこの推測の誤りなきことを当事者が証言したものとしてきわめて興味深い。これほど直截な言明は神社整理の時代にはあまり見られないのである。(25)
私は、明治三十五年頃の内務省の捉え方がそのまま勅令九六号発布時のそれだとは考えないが、基本的には接続していることを想定し、基本的な接続とともに付加的な展開があったとみるのである。その展開とはつぎのようなものであろう。内務省は始め神饌幣帛料供進を実現する前提として、各地で神社整理を試み、知事を督励してこれを推進させたが、成績は遅々として挙がらない。しかし、神饌幣帛料供進を実現させて、集落神社に至るまで「国家の宗祀」たる意義を発揚する時機は熟した。そこで供進を実現させる一方、供進社を限定してそこに他の神社を合祀させる方策を選んだ。つまり、整理→供進実現の道から、供進実現→整理の道への転換である。転換にもかかわらず、整理と供進実現とを結合させているところは基本的に変化がない。そこで、展開とみるわけである。従来、神饌幣帛料供進の制度は府県社以下をも国家の宗祀として（あるいはそれに準ずるものとして）位置づけるために立てられ[26]、他方、神祇崇敬の実を挙げるには社殿・境内を整備せねばならず、それを実現するためには神社数が多すぎるから神社整理の事業が必至となった、というように供進と整理を切り離して論ずるか、せいぜい国家の宗祀＝神祇崇敬の概念を介して両者を関連づける考え方がしばしば行われ、また好んでそのように説明されたようであるが、実は、供進実現→整理と結びつく。さような意図をもって供進が実現されたのである。ただ、この供進は供進社を限定して実現されたのであるから、直ちに非供進社の整理へ結びつく論理的必然性はない。これを結びつかせるに当って先述の神祇崇敬の論理が用いられたが、そればかりでよく補強しえたのではない。少なくとももう一つの論理で補強されなければならなかった。そしてこれこそが特筆すべき重要な論理なのである。この点は次章であらためて取り上げることにしたい。

さて、勅令九六号発布の二カ月後にあたる六月二十八日に、内務省は省令一八号をもって明年一月一日からこの勅令を実施することを明らかにし、省令一九号をもって供進すべき神饌幣帛料の金額を定め[27]、さらに省令二〇号をもって北海道および市制町村制を施行せざる地方における神饌幣帛料に関する規定を示した。それと共に同日付の訓令四九五号等で、神饌幣帛料を供進せらるべき神社の指定標準および幣帛料供進の祭日と参向の官吏員につき、示すところがあった。(28) こうして、明治三十九年の後半は、供進社の指定、指定標準の充足など、勅令九六号実施の準備段階に入っていく。

ついで同年八月九日、合併跡地の譲与に関する勅令二二〇号(29)が発布された。神社境内には官有地が多いが、官有地である場合神社の合併と同時に借地権をも返上せざるをえず、合併は何の利益をもたらさないので、合併を躊躇する傾向があった。(30) そこに、前年六月に三重県が発した上記の荒蕪地編入・払下げ・基本財産増強を示達する通牒の意義と先駆性がある。(31) しかしその手順を履むのでは手数がかかるし費用もいる。ここで合併跡地の無償譲与を可能にする勅令が登場すれば、合祀を促進する効果をもつことは明らかである。(32) 勅令二二〇号がそのような意図をもつものであることは、程なく発せられた神社・宗教両局長依命通牒（明39・8・14付社甲一六号）(33)が最も雄弁にこれを告白している。

第三節　各府県における整理の進捗状況

このように、地方長官会議における神社合祀推進の指示、勅令九六号と勅令二二〇号、勅令に付随する省令・訓令・通牒によって、明治三十九年は全国的な規模で神社整理が着手されるのを見ることとなった。しかし、内務省は神社整理を直接に規定した法律も省令も出していない。そのなかで僅かに合併を令しているのは右にふれた八・一四両局長通牒であるが、これですら「神社ノ体裁備ハラス、神職ノ常置ナク、祭祀行ハレス、崇敬ノ実挙ラサルモノ」は「成ルヘク合併ヲ行ハシメ」というに止まっている。『朝日新聞』（明39・9・17付）に掲載された水野神社局長の談話によれば、「社寺合併は社寺の由来と地方の事情とに鑑むべきものなれば其管理の任にある地方長官の手加減に一任しつつあり且つ当局も強て合併に干渉するものにあらず(34)」というのが政府の姿勢であった。その理由は、「今日にありては、全国にわたりて整一的に廃合を励行せしめんとするには、余りに調査資料の欠乏を感ずるものあればなり(35)」といったところであろう。しかし、調査資料が整えば斉一的に廃合を令しえたかどうか。「どうも地方には地方の状況があって同じ村社でも東京其他繁華の地の村社と片田舎の村社とは経費に大変の相違がある。由緒等に至っても地方々々で種々の相違があるから本省から一定の規則を定めて斯うせよあゝせよと命令することは却て不都合を生ずる故に大体に於て合祀の必要を述べて地方は地方の状況に任せざるを得ぬのである(36)」、というのが当っていよう。ともあれ、こうして神社整理事業の実施程度は府県によって区々となった。地方の状況に任されたとき、実施度を左右する決定的な主体的要因がはいり込んでくる。それは知事のとりくみ方であった。神社局の考証嘱託であった荻野仲三郎は、当時を回想してつぎのような裏話を語っている。

（上略）三重県、大阪府、和歌山県が最も激しいので、大阪では盛にやりましたのに京都では殆どやらない。其の時の知事が大森鐘一さんであった。大森さんと平生から御別懇にして戴いてゐたものでありますから、御目に掛かつた時に「京都府は一向神社合併を御やりになりませぬがどう云ふ訳ですか」と言つた所が、大森さんは老巧の行政家と思ひました。「君、京都で手の著けられる社はどこか、京都の神社はどの神社を調べても由緒の深いものでうつかり手がつけられぬ、で私共の所は全国皆やつてしまつたら私の所もやる、それ迄待つて居る」と仰しやつたので、流石にえらいことを仰しやつたものだと斯う思ひました。(37)（下略）

大森のような老巧の知事は整理事業を急がず、若手気負いの知事は真正面からこの事業にとりくむといった、知事の態度が神社整理の徹底度を規定したであろうことは、右の逸話がよくこれを示している。三重県では、神職管理所総会に臨んだ知事が、「神社の合祀亦最も必要にして機宜に適せるものなりと信ず故に将来本県の方針として事情の許す限り合祀の実行せらるゝ様特に諸君の配慮を望む」と訓示している時に、京都府では、神職会の各支部総代会に協議事項一一項の第七項として神社合祀の件が上程されたが、「各支部に於て神社合祀に関する事項を調査し其意見を本部に開申する事」とし、末端の事情調査と意見聴取に止めていたのである。(38)

しかし、たとえ政策実施者側の態度に差はなくとも、もし対象である神社の分布に差があるときは、やはり整理事業は府県によって区々となる。事実はどうかといえば、神社の分布が不均等であった。その起原は、明治初年の社格制定の基準について相当な地方差があったことである。「たとえば甲の県にては、県社は一郡に一社、郷社は一大区に一社、村社は一小区に一社、その他は無格社と定めたるに、乙の県は、一郡に数個の県社、大小区内に数個の郷村社を設けしため、（社格）実施の当時既に非常の不平均であった」。(39)その後社格の昇進によって多少変動したが、なお不平均であって、社数の少ないのは東京・岩手・山口・香川・長崎・佐賀などであり、多

表3　三重県下社格別，神社合祀の展開（明治38年～42年）

		郷　社	村　社	境　外 無格社	境　内 無格社	計	累　計
明治38年1月～40年4月							1,619
40年	5月		14	100	87	201	1,820
	6月		1	61	31	93	1,913
	7月			60	30	90	2,003
	8月		4	88	24	116	2,119
	9月		9	228	92	329	2,448
	10月		25	312	207	544	2,992
	11月		45	497	295	837	3,829
	12月		105	505	427	1,037	(ママ) 4,858
41年	1月		190	530	456	1,176	6,034
	2月		46	202	122	370	(ママ) 6,405
	3月	1	130	444	338	913	7,318
	4月		99	210	193	502	7,820
	5月		46	95	111	252	8,072
	6月		32	39	88	159	8,231
	7月		20	54	45	119	8,350
	8月		7	22	10	39	8,389
	9月		11	65	31	107	8,496
	10月～12月		54	94	109	257	8,753
42年	1月～3月		21	49	45	115	8,868
	4月～6月		38	38	38	114	8,982
	7月～12月		35	85	64	184	(ママ) 9,169
明治40年5月から 42年12月まで合計		1	932	3,778	2,843	7,554	

資料：『三重県公報』『三重県神職管理所公報』
註：資料が異なるので表1の減少社数と一致しない。

いのは埼玉・千葉・栃木・長野・三重などの県である。(40) 少ない県では整理事業は緩やかとなり、多い県では激しくなって、自ずから地方差が生まれる。では、全国各府県ではどのように整理事業が進められたのであろうか。『神社協会雑誌』『全国神職会々報』などが記録する事例を中心として概観しておこう。

以下の概観をひとまず明治四十一年七月までに限るのは、勅令二二〇号公布以後二年ということもあるが、いわばモデル県として神社整理事業を推進した三重県知事有松英義が内務省警保局長のポストに復帰したのも、また時の神社局長水野錬太郎が内務省参事官に転じたのも、四十一年七月であって、この時整理事業に一転機が画されたかに思われるからである。(41) 少なくとも三重県については、表2が示すように明治四十年と四十一年が神社整理のピークであり、それも表3で判るように、四十年十二月と四十一年一月を頂点とする前後約九カ月間に一挙に事業が遂行された観がある。そこで、三重県を中心に神社整理の展開を論じようとする限り、四十一年七月をもって一応の区切りをつけることは妥当と考えられるのである。

まず、この間の主な法令およびたまたま目にふれた通牒などを一覧して、政府が府県社以下の神社制度の整備のためにどのようなことをしたかをみておこう（明治の年月日を三個の数字で示す）。

40・6・29　内務省告示七六号をもって、神社祭式行事作法を定めその標準を示す。

40・9・20　合祀後、遠隔の部落における遙拝所設置願を許可すべきや否やとの三重県知事の照会に対し、詮議あいなりまじき旨、神社局長より回答す（局六一号）。（三重県社寺兵事課、例規）

40・11・26　内務省宗教・神社両局通牒甲二五号をもって、飛地境内新設制限を令す。

40・12・25　三重県知事の照会に対し、神社局長より、合祀又は廃社は強制すべき限りにこれなし、と回答す（局九一号）。（三重県社寺兵事課、例規）

41・2・5　神社局長より各府県知事に対し、神社合祀につき通牒す（社甲一号）。（三重県社寺兵事課、例規）

41・3・23　法律二三号をもって、神社財産に関する件を公布す（明41・10・1施行）。

41・4・24　神社局長、移転神社の氏子の帰属に関する三重県知事の照会に対し回答す（社甲七号）。（三重県社寺兵事課、例規）

41・7・18　勅令一七七号をもって、神社財産の登録に関する件を定む。

41・7・20　内務省令一二号をもって、神社の財産登録および管理ならびに会計に関する件を令す。

さて、入手しえた資料は、文献に現われた時期的順序によらず、府県別に、専ら北から南へと機械的に配列することとする。それらは動向の一断面を示すにすぎない不十分な断片的資料であるが、なお大勢を洞察する一助として有益であろうと思う。

秋田県

40・1・11　県告示六号をもって、郡費により神饌幣帛料を供進しうべき神社を指定す。（『秋田県史資料明治編』一〇七二～一〇七三頁）

40・8・13　訓令甲五七号をもって、神社・寺院の合併標準を示す。（前掲、一〇七三～一〇七四頁）

40・11　秋田県神職会議において、神社合祀・神社財産管理等につき訓示あり。（『会報』一一一号〈明41・1〉八一頁）

41・3・24　訓令甲一九号をもって、県社以下神社会計規則を下令す。(『秋田県史資料明治編』一〇七五〜一〇七六頁)

岩手県

39・12・21　県第二部長、岩手県神職督務所評議員会に臨み、神饌幣帛料供進に関する件、神社維持資産造成の件、神社廃止合併の件等につき、訓示す。(『会報』一〇〇号〈明40・2〉九六〜九八頁)

宮城県

39・10・5　志田郡長、神職・町村長・氏子総代を召集し、一町村一社を目標に合祀の協議を遂げしむ。(『雑誌』五年一一号〈明39・11〉五五頁)

福島県

39・8・17　県第二部長、勅令二二〇号により神社・寺院・仏堂の合併奨励方を郡市長あて指示す。(『会報』九一号〈明39・11〉二七頁)

茨城県

39・12・19　猿島郡長、神職を召集し、神社の合併勧誘等につき訓示す。郡神職会において、県社以下神社基本金、予算額、神職俸給の最低度等を示さるるよう請願の件、決定す。(『会報』一〇一号〈明40・3〉七二〜七四頁)

40・5・1　茨城県神職大会において、県社以下神社の維持方法に関する規程、神職の俸給支給規則を発布さるるよう県へ請願の件、可決す。(『雑誌』六年五号〈明40・5〉六三頁)

40・7・11　県第二部長より各郡市長に対し、神饌幣帛料供進社指定方に関し、建物の整備と基本財産の造成、

もしくは合祀を勧誘するよう通牒す。（『会報』一〇六号〈明40・8〉五四頁）

群馬県

40・2　県令一五号をもって、県社以下神社神職に神社より俸給を給与すべきことを令し、訓令甲八号をもって、県社以下神社維持のため基本財産の標準額を示し、さらに神社・寺院・仏堂の整理につき訓令す。（『会報』一〇一号〈明40・3〉七四頁）

40・3　群馬県神職総会において、県社寺課長、神社廃合に関する注意事項等諭示す。（『雑誌』六年五号〈明40・5〉六五〜六六頁）

41・3・5　秘三第二三〇号通牒をもって、県社以下神社神職俸給規程を定む。（『雑誌』一二年八号〈大2・8〉六五頁）

埼玉県

39・9・5　南埼玉郡長、管下町村長にたいし、神社・寺院の合併推進を訓令す。（『八潮の地方改良運動史料』〈八潮市役所、昭59〉一九三〜一九四頁）

東京府

39・5・4　島司郡市区長会議において、知事、神社合祀勧奨につき注意を与う。（『雑誌』五年六号〈明39・6〉五七頁）

神奈川県

40・1・1　訓令二号をもって、体面を保ち難く保存の目途なき社寺の廃合を令す。

40・4・30　告示九二号をもって、神饌幣帛料を供進すべき郷村社を指定す。

40・12・24　訓令四九号をもって、県社以下神社設備並会計規程を定む。（以上、田中宣一「一村落における明治末期の神社整理」『成城文芸』一〇三号〈昭58・3〉四三〜四五頁）

41・1　高座郡長、神饌幣帛料供進指定社は一町村一社に限ることを令し、境内設備規程に満たざる神社の廃合案を二月十五日限り内示することを通告す。（孝本貢「神社整理と地域社会」笠原一男編『日本における政治と宗教』〈吉川弘文館、昭49〉三一九頁）

長野県

39・10・20　二甲収三四九五号をもって、合併神社の跡地につき内務省神社局長あて照会す。

40・2・8　二甲発九号をもって、神社合併のさいの社格の取扱いにつき神社局長あて照会す。

40・3・5　二乙発一六号をもって、神社合併に関し、各郡市長あて通牒す。

40・3・8　諏訪郡長*、神社合併につき取計方並びに神社整理方法を通牒す。

40・5・21　二乙発五一号をもって、神社維持財産造成方法につき各郡市長あて通牒す。

40・5・24　県社以下神社会計規則*（県令二二号）および県社以下神社神職処務規則*（県令二三号）を定め、神社存続廃合および移転内規（訓令四一号）を示達す。

40・10・9　学乙発一二号をもって、合併・移転出願時の提出書類につき通牒す。

40・11・4　学乙発二六号をもって、合併・移転に関する考慮事項を通牒す。

40・11・19　学乙発三四号をもって、神饌幣帛料供進社指定条件を通牒す。

40・11・25　南佐久郡長、非公認神社整理徹底方依命通牒す。*
40・11・30　学乙発三七号をもって、一時の感情に駆られ多額の資金を維持財産として神社の存続を図ることを戒む。
41・3・24　学甲発三一号をもって、会計規則適用神社も合併移転を妨げざることを通牒す。
（以上のうち＊印は『長野県史・近代資料編』一〇巻（一）宗教〈長野県史刊行会、昭57〉神社神道、それ以外は米地実「明治末期の神社整理――長野県における通牒等を中心として――」『法学研究』四一巻九号〈昭43・9〉五六～九四頁、による。）

新潟県

39・5・10　郡市長会議に提出されたる注意事項のなかに神社合祀勧奨に関する件あり。（『雑誌』五年七号〈明39・7〉五六頁）
39・8・18　神饌幣帛料供進の祭日（甲一五号）および参向の官吏員（甲一四号）につき訓令す。（『雑誌』五年八号〈明39・8〉五八頁）
39・9・7　新潟県神職取締会議において、神社合併に関する奨励方法等諮問さる。（『雑誌』五年一一号〈明39・11〉五六頁）
39・10・16　境内・建物・氏子数・社有財産につき社寺合併標準を訓令す。（『雑誌』五年一一号〈明39・11〉五〇～五一頁）
40・3・19　新潟県神職取締会議において、知事代理、神社合併跡地および建物財産処分に関する件、神社合併忌避に原因する弊害を防止する件等につき注意を与う。（『雑誌』六年五号〈明40・5〉六六～六七頁）

41・3・19　各郡市神職取締会議において、知事、神社合併整理に関する件、神饌幣帛料供進社指定に関する件につき指示す。(『会報』一一四号〈明41・4〉九四頁)

富山県

39(月日不詳)知事、郡市長会議において神社合祀につき訓示す。

39・7・22　富山県神職会の発会にさいし、知事、神社合祀勧誘等につき訓示す。(『雑誌』五年八号〈明39・8〉五九頁)

石川県

39(月日不詳)各郡市長をして社寺合併を勧誘せしむ。(『会報』九五号〈明39・11〉三一頁)

福井県

40・4・6　各郡市社寺主任書記会議において、県第二部長会長となり、神社廃合ならびにその標準に関する件等につき協議す。(『雑誌』六年五号〈明40・5〉六四頁)

愛知県

39(月日不詳)知事、郡市長会議に臨み、神社廃合に関する政府の主旨を演示す。(『会報』九二号〈明39・10〉三二頁)

39(月日不詳)県第二部長、神社・寺院合祀の件通達す。(『会報』九五号〈明39・11〉三一頁)

三重県

39・3・24　有松知事、三重県神職管理所総会の閉会式に臨場し、神社の合祀および神社基本財産造成等につき訓示す。(『会報』八三号〈明39・5〉三五〜三八頁、『雑誌』五年六号〈明39・6〉六〇〜六二頁)

39・11・22　県会において県社一八に対する神饌幣帛料費一九五円の供進を可決す。（『明治三十九年三重県会議事筆記』）
39・12・25　神饌幣帛料を供進することをうべき神社（県社一八、郷社四四、村社三四一、計四〇三）を指定し（三重県告示三八〇号）、供進は例祭に限ることを令す（訓令甲五五号）。（『三重県公報』一九二〇号）
40・2・15　三重県神職管理所飯南郡支所総会において、神社合祀勧誘ならびに執行等につき、支所長注意を加う。（『会報』一〇一号〈明40・3〉七二頁）
40・5・2　三重県神職大会において水野神社局長演説、田中三重県神職管理所長挨拶、いずれも合祀を力説す。（『三重県神職管理所公報』二九四号付録〈明40・5〉、『雑誌』六年五号〈明40・5〉六一〜六三頁）
40・8・9　県社以下神社境内設備規程（県令三八号）、基本財産造成並管理規程（訓令甲三七号）を定め、その実施方法につき内務部長より郡市長あて通牒す（内四往二六四七号）。（『雑誌』六年九号〈明40・9〉五八〜六〇頁、『会報』一三一号〈明42・9〉四五〜四六頁。三重県社寺兵事課、例規）また、同日、神饌幣帛料を供進することをうべき神社として、村社二を追加す（三重県告示二一九号）。（『三重県公報』一九八三号）
40・11・18　内務部長、神社合祀に関する鈴鹿郡長照会に対し回答す（内四往三四一六号）。（三重県社寺兵事課、例規）
40・12・3　県社以下神社神職俸給に関する規程を定め（県令五五号）、各社に専任神職を置くことを令す（訓令甲五二号）。（『三重県公報』二〇一六号）
40・12・25　内務部長、神社合祀に関する一志郡長照会に対し回答す（内四往三七三二号）。（三重県社寺兵事課、例規）
41・1・16　神社合祀に関し、内務部長より各郡市長あて通牒す（内四往三四九号ノ内）。（三重県社寺兵事課、例規）

41・2・13　合祀に伴う神職補任その他につき、内務部長より各郡市長あて通牒す（内四往三七一号）。（三重県社寺兵事課、例規）

41・2・22　知事、三重県神職管理所総会に臨み、合祀につき訓示す。（『三重県神職管理所公報』三〇九号〈明41・3〉付録）

41・3・6　内四往三七一号実施に関する注意事項を、内務部長より各郡市長あて通牒す（内四往三七一号ノ内）。（三重県社寺兵事課、例規）

京都府

39・5・21　郡市長会議に提出されたる指示事項のなかに、神社合祀に関する件あり。（『雑誌』五年六号〈明39・6〉五七頁）

39・5・25　京都府神職会の各市郡支部総代会における協議事項に、神饌幣帛料を供進せらるべき神社の調査に関する件、神社合祀に関する件あり。前者については、予め各支部に於てこれを調査しその結果を府知事へ上申すること、後者については、各支部において神社合祀に関する事項を調査しその意見を本部に開申すること、となる。（『雑誌』五年六号〈明39・6〉五九頁）

39・7・10　府第二部長、各郡市長に対し、供進社指定に関する通牒を発す。（『会報』八七号〈明39・7〉二〜三頁）

39・9・1　勅令二二〇号により、神社・寺院・仏堂の合併に関し、各郡長に通牒す。（『会報』九一号〈明39・9〉二六頁）

奈良県

39（月日不詳）神社合併の訓令を発す。
39（月日不詳）宇陀郡長、廃合を要すべき神社・寺院・仏堂を調査し、十一月十五日限り報告すべき旨、各町村長に訓示す。（『会報』九五号〈明39・11〉三〇頁）

和歌山県

39・5　知事、郡市長会議において神社合祀勧奨につき訓示す。（『和歌山県誌』下巻、三三〇頁）
39・12・17　二第七五九九号をもって、郡市長あて神社の存置標準と合併標準を示す。
39・12・18　西牟婁郡長、四十年四月までに合祀を遂行するよう町村長に令す（西乙庶一八六三号）。（白浜町日神社文書）
40・2・9　二第八〇二号をもって、存置維持すべき神社に対する維持方法調書提出方及合併すべき神社名報告方に関し、郡市長あて通牒す。（『和歌山県史・近現代史料四』〈和歌山県、昭53〉二七八頁）
40（月日不詳）県社以下神社神職俸給規程を通牒す。

大阪府

38・8・3　訓令一〇号をもって、府社以下神社の会計規程を定む。（『雑誌』五年一〇号〈明39・10〉五五頁）
40・9・14　府令六〇号をもって、府社以下神社社司社掌俸給其他給与規則を定む。（『会報』一一〇号〈明40・21〉五五～五六頁）
40・11・6　訓令二四号をもって、神社整理および神職俸給等に関し訓令す。（『会報』一一〇号〈明40・12〉五四～五五頁）

兵庫県

40・1・20　佐用郡神職会を開き、合祀につき各村別に協定書を作製す。
40・2・16　佐用郡神社関係者を召集し、合祀出願期日（3・30）、社格に応じた基本財産の積み立てを協議決定す。（以上二件、『会報』一四六号〈明43・12〉四四頁）
40・11・9　兵庫県神職通常会において、神饌幣帛料供進社の速やかなる指定、県社以下神職俸給令の発布につき、知事に申請することに決す。（『会報』一一〇号〈明40・12〉六八頁）

岡山県

39・7・5　知事、郡市長会議において、神社合祀奨励に関する件等につき訓示す。（『雑誌』五年八号〈明39・8〉五七頁）
39・7・14　県第二部長、各郡市長に対し神職戒諭の通牒を発す。（『雑誌』五年八号〈明39・8〉五八頁）
39・9・9　英田郡神職会において、神社合祀に関する調査打合わせの件、神社基本金に関する件等につき、協議す。（『雑誌』五年一一号〈明39・11〉五九頁）

広島県

39・9・17　各郡市社寺主任書記の会議に対し、神社・寺院・仏堂合併に関する件等を諮問す。（『雑誌』五年一一号〈明39・11〉五一頁）

島根県

39・4・29　雲隠神職総集会にさいし、知事代理、神社廃合の件、社殿および境内の清潔等につき訓示す。（『会報』八三号〈明39・5〉三九頁、『雑誌』五年五号〈明39・5〉六三〜六四頁）

39・7・19　訓令四三号をもって、県社以下神社の廃合と確立に関し指令し、また社八号をもって、神社財産は神社名にて登記・登録すべきことを令す。（『雑誌』五年八号〈明39・8〉五七～五九頁）

39・7・24　県令三七号をもって、神社神職に対して俸給の給与を命ず。（『雑誌』五年八号〈明39・8〉五八頁）

39・7・27　訓令四四号をもって、県社以下神社会計規則を定む。（『雑誌』五年九号〈明39・9〉六〇～六一頁）

39・8・31　石見神職会邑智郡支部長、神饌幣帛料供進社指定標準に該当する神社を調査し、郡役所に進達す。（『雑誌』五年一〇号〈明39・10〉六四頁）

39・9・5　美濃郡長、神職および氏子総代人を召集し、九月末日を期し神社維持方法および廃合の協定をなすべき旨示達す。（『雑誌』五年一〇号〈明39・10〉六三～六四頁）

39・9・14　八束郡長、県社以下神社の廃合に関する協議会を開き、基本財産造成等につき訓示す。（『雑誌』五年一一号〈明39・11〉五九頁）

山口県

39・2・1　山口県神職（会）、神社経費ならびに基本財産蓄積の件につき、請願書を知事に提出す。（『雑誌』五年三号〈明39・3〉六二頁）

39・12・1　告諭二六号をもって、神社寺院仏堂整理順序を示し、訓令四〇号をもって、県郷村社維持方法に関する規程を定む。（『会報』九七号〈明39・12〉四〇～四一頁、『徳山市史料（下）』〈徳山市役所、昭43〉一九五～一九七頁）

40・3・13　知事、山口県神職会総会に出席中の神職に対し、神社整理に関し訓示す。（『会報』一〇二号〈明40・4〉

九二〜九三頁）
41・3・4　県令一六号をもって、県社以下神社神職俸給規程を定む。（『雑誌』一二年八号〈大2・8〉六五頁）

徳島県
39・7・7　神饌幣帛料供進の祭日（一一号）および参向の官吏員（一〇号）につき訓令す。（『雑誌』五年九号〈明39・9〉六〇頁）

香川県
39・6　知事、香川県神職総集会において訓示し、神饌幣帛料供進の件および小社の合祀に言及す。（『雑誌』五年九号〈明39・9〉五九頁）
40・4・7　香川県神職総会において、県社以下神社の維持法制定につき建議する件等、議せらる。（『雑誌』六年五号〈明40・5〉六六頁）

愛媛県
40・7・4　訓令二六号をもって、県社二八、郷社一〇五、村社二五四、計三八七社を神饌幣帛料供進社に指定す。（『雑誌』六年八号〈明40・8〉五七〜五八頁）
41・2・10　県令一三号をもって、県社以下神社神職俸給規程を定む。（『雑誌』一二年八号〈大2・8〉六五頁）
41・2　訓令六号をもって、県社以下神社維持方法を規定し、所定の維持基本金の蓄積を令す。（『会報』一一五号〈明41・5〉七〇頁、『雑誌』八年七号〈明42・7〉五七頁）

41・4・4　訓令六号の施行方法につき、県内務部長より郡市長あて通牒す。（『会報』一一五号〈明41・5〉七〇頁）

41・4・7　西予五郡神職会において、県令一三号、訓令六号に対する各町村の現況ならびに神職の態度につき、情報および意見交換さる。（『会報』一一五号〈明41・5〉七一頁）

佐賀県

39・6・22　各郡市社寺取扱主任会議において、県第二部長神社合祀実行に関する訓示をなし、合祀の利益四点に言及す。（『雑誌』五年八号〈明39・8〉五六頁）

以上の見出し的な情報では合祀強度の府県差は必ずしも明らかでないが、三十九年四月の地方長官会議のあと、それぞれの府県では郡市長会議を召集して、合祀勧奨につき訓示を与えていること、(42) しかし、合祀事業が全国的に推進されるのは八・一四両局長通牒を契機としてそれ以後であること、そして、明治四十年以降は合祀のあと始末の問題、すなわち神社基本財産の造成であるとか、神職俸給規程であるとかの神社整備策が加わってくることは、判然するように思う。

合祀強度の府県差は、むしろ減少社数の大小というきわめて単純な指標でこれを示すことができる。そこで、明治三十八年十二月末から明治四十一年十一月末までの府県別増減社数一覧(43)をみると、三重、山口、和歌山、大阪、埼玉、群馬、佐賀、奈良、長野、島根、新潟、兵庫の諸府県では、減少社数が絶対的にも相対的にもとくに多い。これらの諸府県が前掲のリストにおいて何か共通の特徴を有するか否かに注意すると、神社の社格に応じた基本財産の基準を定め、その造成を命じている県の多いことが判明する。すなわち、三重（明40・8）、山口（明

39・12)、和歌山（明39・12)、群馬（明40・2)、長野（明40・5)、島根（明39・9)、新潟（明39・10)、兵庫（明40・2）が、それぞれ括弧内に掲げた時点で基本財産の造成を指令している。もちろん、大阪、埼玉、佐賀、奈良の諸府県のように、基本財産造成規程を定めたことをまだ確認しえないものもあるが、もし博捜を期するなら、おそらくこれらの大部分について関係規程の存在をつきとめうるのではあるまいかと思う。しかし、造成規程の有無をもって合祀強度を十分に説明できないこともまた明らかであろう。この規程を制定することにおいて全国に魁けたとはいえない三重県の合祀成果が最大であることは、規程の存否以上に規程の運用いかんが重要であることを示唆している。

こうした全国的な趨勢を念頭において、再びわれわれの関心を三重県下の事態に集中せしめることとしよう。

第四節　三重県下合祀強制の実態

明治三十九年度の地方長官会議が開かれる一月ほど前、三重県神職管理所総会に臨場した知事有松英義は、その演説(44)のなかでとくに神社の合祀に言及した。合祀の必要な理由として左のように述べた論点は、微力の小社を合祀して財的基礎を固くし、もって崇敬の実を致すことを強調した前年二月の郡市長会議における訓示には見出しえなかっただけに、私の関心を強く惹きつけるものがある。すなわち、

（上略）此事たるや啻に神社の為めのみならす町村の団結を固くする上に必要なり即ち各字に個々別々祭礼を

執行する為め人気自然に散漫し従て自治体の統一上に影響す此点より見るも神社の合祀亦最も必要にして機宜に適せるものなりと信す（下略）

つまり、町村の団結を固くするためには、各字でばらばらに祭っている神社を合祀しなければならないというのである。しかし、神社による敬神がいわゆる教派神道や仏教や基督教とならぶ宗教であるなら、いくら合祀によって神社崇敬区域を広げたところで、対立を顕在化させこそすれ、必ずしも町村の団結を固める効果をもたない。したがって、合祀が町村の団結に資しうるためにはなお一つの条件が必要となる。この点を右の演説はすかさずとり上げてつぎのように言うのである。

（上略）現行制度の上に於ても明かに宗教と区別し神社の存在を認め居る所以は要するに各個人の信仰如何に拘はらす苟も帝国臣民たるものは敬神の意を表せさるへからす是れ愛国の大本なりと云ふに外ならす（中略）仮令如何なる宗教を信するも尚敬神の念を忘れさらしむる様人心を鼓吹すること最も急務なりと認む（傍点筆者）

ここに披瀝された神社観、そしてさきに掲げた神社機能の概念こそ、明治三十九年以降の神社合祀事業の根柢にあったイデオロギーである。これを一言でいえば、神社中心説にほかならない。神社中心説については章をあらためて詳述したい。

神社整理と同根の政策に、明治三十九年の地方長官会議に「地方事務ニ関スル注意参考事項」一一項目の一つとして掲げられた「部落有財産ノ統一並利用」、つまり部落有林野の統合がある。それは、旧慣によって区や部落が保有してきた林野を町村有に統合し、貧弱な町村基本財産の蓄積を一挙に充実強化させることによって、日露戦争後とみに膨脹した町村費の財源を確保するとともに、町村内における部落割拠の経済的基礎を取り除こうとするものであった(45)。ひるがえって神社は、部落割拠の精神的社会的基礎となっているので、合祀の政策はこれを取り除くことにより、町村自体に部落を超えた共同体的意識をつくり出し、部落有林野統合と両々あいまって、町村が地域社会として成熟するのを促進する意図を蔵していた。政府が神社中心説に基づいて合祀を令するに先立ち、早くもこの主義のエトスを体して演説した有松英義は、部落有林野の統合においても他県に先んじ、すでに明治三十八年三月、部落有山野は「可成分割ヲ為サス町村ニ寄附或ハ貸付セシムルヲ以テ得策ト相認候」という方針を打ち出しているのである(46)。それに、神社整理に伴う被合祀社の跡地および所有林野の合併先神社への統合が、部落有林野統合への道を開いた(47)とするなら、三重県が先頭を切った神社合祀の明治末期内務行政に対する寄与は頗る大きい、と言わなければならない。

さて、明治三十九年を特徴づけた主な作業は、勅令九六号が翌年一月一日から実施されるのを目ざして、神饌幣帛料を供進することをうべき神社を内務省の認可をえて指定することであった。三重県はその準備のために、村社以上の神社について社格・社名・所在地・事由・維持方法を取り調べ、一町村ごとに氏子もしくは信徒数が多くかつ境内の完備したものから順次列記して報告するよう、七月二日付訓令二〇五号をもって、郡市長に令した。郡市長からの報告を参考として県社一八、郷社四四、村社三四五を選び、十一月二十二日内務大臣あて認可申請を提出したが、村社四を除く四〇三社について認可が下りたのは年末の十二月二十一日であった(48)。

県社に対する神饌幣帛料費支出の件は明治四十年度予算案中、歳出経常部第二〇款として県会に提出され、十一月二十二日に可決された。議事筆記によってその経緯を跡づけておこう（括弧内は筆者註）。

第一読会（十一月二十二日）

議長村井（恒蔵、度会郡選出）曰　次ニ経常部第二〇款神饌幣帛料費ノ第一読会ヲ開キマス

書記原案ヲ朗読ス

原案

第二〇款神饌幣帛料費　金百九十五円

第一項神饌幣帛料費　金百九十五円

三一番森川（友蔵、多気郡選出）曰　之レハ新設ノ費目ラシイガ従来ハ如何ナル費目カラ支出シテ居リマシタカ或ハ本年始メテ必要ガ起ツタノデアリマスカ

番外二番田中（次郎、県第二部長）曰　之ハ全ク新設ノ費目ニ属シマス乃チ四月二十八日勅令第九八号（ママ）ニテ府県村社ニ至ル迄夫々府県町村ニ於テ幣帛料ヲ供進スルヿトナリマシタ夫レデ本県ニ於ケル県社其数一八之ニ総テ神饌幣帛料ヲ供進スルヿニ致シマシタ

二六番山中（寉十、度会郡選出）曰　ソウスルト此神饌幣帛料ハ県ニ於テ供進スルヿガ出来ルガ之迄通リニ供セヌトナツテモ差支ナイノデアリマスカ又ハ勅令デ是非セネバナラヌノデアリマスカ

番外二番田中曰　之ハ必ズシモ神饌幣帛料ヲ供進セネバナラヌト云フ勅令デハナイノデアリマスガ之レニハ

永イ沿革ガアリマシテ神社ノ荒廃ヲ憂ヒ多クノ府県カラモ意見ガ出マシテ又地方官会議カラモ意見ヲ提出シ主務省ガ之ヲ認メタノデアリマシテ詰リ敬神ノ念ヲ深クスル為メ正シイ費用デ維持シテ行カウト云フ主旨カラ各府県ニ於テモ可成多数ノ神社ヲ択ブヿニナツテ居リマスカラ本県ノミ敬神ノ念薄イト云フ訳ニモ行キマセヌ故他府県ト同一ノ歩調ヲ取ツテ茲ニ提案シタノデアリマス

議長村井曰　質問尽キタト認メマス総体ニ付テ発議ナサイ

議長村井曰　意見ナシト認メ採決シマス原案ヲ可トシテ第二読会ヲ開クベシトスル諸君ハ起立ナサイ

起立　全員

乃チ第一読会ハ茲ニ可決シマシタ追テ第二読会ヲ開キマス

第二読会（十一月二十二日）

議長村井曰　次ニ歳出経常部第二〇款神饌幣帛料費ノ第二読会ヲ開キマス

書記原案ヲ朗読ス

原案

第二〇款神饌幣帛料費　金百九十五円

議長村井曰　本案ハ新設ノ費目デアリマスケレドモ別段ニ御意見モナイ様デスカラ異議ナクバ第三読会ヲ省略シテ確定ノ事トシテ採決シマス

（異議ナシト呼ブ者多シ）

夫レデハ確定ノ事トシテ採決シマス原案ヲ可トシテ確定スベシトスル諸君ハ起立ナサイ

起立　全員

乃チ本案ハ茲ニ確定シマシタ(49)

一九五円の内訳は、内務省令一九号（明39・6・28）により県社一社につき神饌料三円幣帛料七円の一八社分と、人足賃その他としての雑費一五円とからなる。二六番山中議員の質問は問題の性格を鋭くとらえているが、これに対する県第二部長の答弁は神社は国家の宗祀というごとき大義名分論を出さず、他府県でやっているものを本県だけ敬神の念が薄いというわけにもいかぬでしょうといった、感情に訴える説き方をしていて、見方によれば問題を正確にとらえていないともいえよう。しかし、見方を変えれば実に巧妙な説得として機能していることに気がつく。ともあれ、本件は新設の費目であるのに、きわめてすんなりときまってしまった。三年余り前に生川鉄忠がとくに三重県下の情況に言及し、「県会にて議する場合に至らは必すや紛議を生し反て神徳を汚す の 言動なしとも保し難からん(50)」と案じたのは、全く夢のようである。

つぎに、県社以下神饌幣帛料供進社の指定は、勅令九六号の実施期日を目前に控えた十二月二十五日に告示された。指定社数を明治三十九年末の社格別神社総数と比較すると、県社・郷社はもれなく指定されているが、村社は一六七六社中三四一社のみ指定されたにすぎないことが判明する。(51)供進指定はがんらい無格社の与らぬところであったからこれを別とすれば、村社はどのような基準で選ばれたのかが問題となる。六月二十八日付内務省訓令四九五号の条項が適用されたのはもちろんであるが、なかでも維持方法の確立等が有力な条件とされたことは、内務省の指示に沿って作成された十一月二十二日付申請書類中の「指定方針ノ概略」に示されている。その要点は、この文書を紹介した桜井治男によれば、(1)県郷社は残らず指定する、(2)大市街はその実況に応じて二、三社とするが、他は一町村一社に限る、(3)由緒等形式的標準を捨て、実況調査に基づいて、実際に境内建物等完備しかつ維持方法の確立せるものを指定する、(4)一村内に二社以上あるのは、村治の円滑化等真に已むをえない場合に限る、というものであった。(52) (3)は合祀強行県の一つ宮城県でも指定標準とされており、神社に序列をつけるさいには、しばしば判定困難な由緒等の甲乙よりもはるかに適用しやすかったのである。これが適用の地域的枠は町村であり、各町村からこの原則に最もよく該当する神社を一つ宛選んだことが、指定村社の郡市町村別分布のこまかな検討により、ことに指定一社のみの町村数の県下町村総数に対する比が八七％に達することにより、確認される(表4左)。津市・宇治山田市はもちろん、桑名町・松阪町・上野町など人口の多い町、および四つの村では指定村社が二以上あり、また指定村社が一社もない代りに県社か郷社がある町村が県下で一二あり、さらに全く指定社のない村も四つ(飯南郡)あるが、これは右の一般的傾向をあいまいにしうるものではない。とくに由緒があり維持方法がたてば、一町村で二社以上の村社が指定されえ、またそうした村社が町村内になければ県郷社だけでよく、さらにこの時代のように町村合併が部分的にまだ進行している時には、その時現在の町村の境にさまで拘束される必要のない地区もあったのである。だが、こうしたいわば例外的なケースも、合祀による指定削除や追加指定によって少なくなり、一町村につき村社一の指定原則がいよいよ高度に実現されていく。(53)

右に掲げた十一月二十二日付内務省への申請書類中「調査要領」は、同年四月公布の府県社以下神社の神饌幣

表4　神饌幣帛料供進社の分布　付，1町村1社達成事例の分布

	明治39年12月供進指定								その後明治41年7月までの加除			その後大正元年までの加除		
	県社	郷社	村社*	計	町村数（明39）	1町村2社以上	1町村1社	指定社なし	指定追加（明40）	指定削除（明41）	1町村1社へ合祀（明40～41）	指定追加（明41～大1）	指定削除（明42）	1町村1社へ合祀（明41～43）
津市	2	1	2	5	—							1		
四日市市	1			1	—				1					
宇治山田市	1		5	6	—									
桑名郡	6	5	18	29	17	5	12				3			2
員弁郡		3	21	24	21	3	18					1		1
三重郡		5	29	34	29	4	25			1	2			4
鈴鹿郡		3	20	23	20	2	18			2	7	3		1
河芸郡	2	2	22	26	22	4	18				3	3		1
安濃郡			19	19	18	1	17			1	10	1	1	1
一志郡	1	3	38	42	39	2	37				22			5
飯南郡	2	4	20	26	24	3	17	4	1	2	9	6		2
多気郡		3	16	19	17	2	15			1	9	2		
度会郡		3	32	35	34	1	33				8	9		7
阿山郡	1	5	22	28	21	6	15				4	5		1
名賀郡	2	2	17	21	19	2	17				4	6		1
志摩郡		2	27	29	28	1	27				17	1		
北牟婁郡		1	11	12	12	0	12				4			2
南牟婁郡		2	22	24	21	3	18				5			4
計	18	44	341	403	342	39	299	4	2	7	107	38	1	32

資料：『三重県公報』『三重県統計書』『三重県神職管理所公報』（292号～376号）
*認可もれ神社が，鈴鹿郡に3社，度会郡に1社あった。

帛料供進に関する勅令（九六号）の主旨を、神社の尊厳を高めると共に神社整理の一助たらしめる点にあると三重県が理解していたことを表明している。したがって、全県下にわたって神饌幣帛料供進社を一町村一社の原則で指定したことは、存置しうる神社と合祀により廃止すべき神社を示唆したことに外ならない。ここに露呈された合祀目標の方向に、指定の効果は明治四十年になれば現われてくることであろう。明治三十九年の成果といえば、合祀を逃れがたいものとする風潮のなかで、村社一五、境外無格社三九一（ほかに境内無格社一五六）の減少をみたことである（表2）。それは前年の成果の一〇倍近くに相当する。こうした好成績の背後には、知事の督励を受けた県属のほか、知事の統督下にあった半官半民の三重県神職管理所の参事員・理事たる神職代表が、各村を巡回して講話や演説を通して合祀の趣旨をPRし、合祀事業に尽力するという協力活動があったのである(54)。

それでは明治四十年の合祀成果はどうであろうか。表3に明らかなように、九月以降尻上りに大きな成果が挙がっている。この成果は、供進社を指定して郡市長―町村長・神職・氏子総代のルートおよび県神職管理所―郡市支部―神職のルートで、合祀と維持方法の確立を督励するだけでは達成されなかったと思われる。もしそれらだけで達成されえたとすれば、見るべき成果はもっと早く、その年の春頃から挙がっていなければならないからである。供進社の指定は合祀の方向に効果があったことは疑いえないが、それでも、県内務部長田中次郎が明治四十年五月の三重県神職大会挨拶において告白したように、「由緒トカ或ハ種々ノ事情ノ為メ、頗ル困難ヲ来シテ容易ニ（合祀ヲ）実行シ難クアリマス(55)」という状況をいかんともなしえなかったのである。この状況を打開して驚くべき合祀成果を挙げさせたもの、それは同年八月九日に発せられた左の県令と訓令であった。

まず、県社以下神社境内設備規程（県令三八号）は、神社には社殿・拝殿・鳥居を必須とすること、社殿・拝殿・境内は左表の坪数を下まわってはならないと定め、県社以下神社基本財産造成並管理規程（訓令甲三七号）はそれぞれ左表下欄に指示する金額以上の収入ある動産または不動産を造成すべきことを命じた。[56] この二つの指令は、掲げられた規定に適合しない神社に対して同年十二月末日限り条件を充足せしめることを命じた。もちろん、もしこの規定に依りがたい神社があれば、十一月末日までにその事由を詳具して知事の認可を受ければよいのだが、所定の期限までに条件を充足しうべき見込みのない神社の存立の可能性は乏しい。当然のこととしてそれらはこの指令によって合祀に追い込まれた。しかしもし百方奔走して、建物・境内・基本財産の最低基準を満足させえたなら、小社とても存立をかちとることができる。同日付の各郡市長あて内務部長依命通牒（内四往二六四七号）[57] は、一時の感情に駆られてそうした無理を強行せず、むしろ合祀の道を選ぶよう、訓諭方を求めたものである。ここに県令三八号と訓令甲三七号の真の意図が奈辺にあったかが暗示されている。「曾て不文の裡に行はれつゝありし整理は、爰に公然成文となりて出でたるが故に何れの神社とを問はず各社其存亡のかゝる所で一日も閑然たるを得なかつた」[58] のも、むべなりというべきであろう。

	社殿	拝殿	社殿拝殿兼用のもの	境内	年収入
県社	四坪	一〇坪	一二坪	三〇〇坪	一五〇円
郷社	二坪	六坪	七坪	二〇〇坪	一二〇円

村　社	一坪	四坪	五坪	一五〇坪	一〇〇円
無格社	五合	二坪	二坪	五〇坪	五〇円

県令三八号と訓令甲三七号の真の意図は、これらの規定に依りがたい神社から提出さるべき存置認可申請の締切直前に、知事から内務省神社局長あてに発せられた照会により露骨に表明されている。曰く

神社ニシテ境内完カラス維持ノ方法等確立セス到底神社ノ尊厳ヲ保ツ能ハサルモノニシテ尚県令訓令ノ規定ヲ履行セサルトキハ相当ノ神社ヘ合祀スヘキ旨懇篤ニ諭示スヘキ見込ナルモ猶氏子信徒ニ於テ合祀又ハ廃社ノ処置ニ出サルトキハ無余儀其祭神ハ不敬ニ渉ラサル様神職ニ命シテ相当措置ヲナサシメ廃社ヲ命スル外他ニ途ナキモノトス果シテ然ルヤ(59)

つまり、県令訓令の規定を充足しえない神社で、合祀説諭に応じないものには廃社を命じようと思うが、どうか、という照会である。廃社は合祀ではない。合祀の場合、神霊は合祀社に遷幸し、以後そこに鎮座するが、廃社になれば神霊のよりましは「相当処置ヲ」受けて強制的に他社へ移される。このような廃社を命ずることは、合祀に応じない氏子信徒に対する懲罰的意味すらもつものといって差支えない。もし懲罰的廃社をもって脅迫すれば、氏子信徒は泣く泣く合祀に踏み切るに違いない。こうして、県令訓令の規定を充足しえない神社は悉く合祀されることとなろう。県令にも訓令にも、その規定によりがたい神社のために救済の方途が講ぜられているかにみえたが、それはジェスチュアにすぎず、知事の真意が断固合祀にあることは明らかだった。

右の照会に対して、内務省神社局長は同年十二月二十五日付で回答し、「合祀又ハ廃社ハ強制スヘキ限リニ無

表5　三重県下社寺数および神職住職数の推移（明治36年～大正2年）

	境外無格社以上	寺院	仏堂	神職	住職	前年に対する増減（△印は減）				
						境外無格社以上	寺院	仏堂	神職	住職
明治36	6,887	2,279	730	349	1,910	△ 4	30	0	6	△122
37	6,825	2,279	730	334	1,906	△ 62	0	0	△ 15	△ 4
38	6,791	2,278	730	330	1,958	△ 34	△ 1	0	△ 4	52
39	6,385	2,280	730	331	2,002	△ 406	2	0	1	44
40	3,723	2,277	730	324	1,953	△ 2,662	△ 3	0	△ 7	△ 49
41	1,319	2,270	718	366	1,977	△ 2,404	△ 7	△ 12	42	24
42	1,051	2,268	712	413	1,914	△ 268	△ 2	△ 6	47	△ 63
43	944	2,270	695	437	1,945	△ 107	2	△ 17	24	31
44	876	2,266	692	440	1,899	△ 68	△ 4	△ 3	3	△ 46
大正 1	836	2,264	690	449	1,943	△ 40	△ 2	△ 2	9	44
2	811	2,261	687	451	1,955	△ 25	△ 3	△ 3	2	12
計						△ 6,080	12	△ 43	108	△ 77

資料：『三重県統計書』
註：各年12月末日現在

之ト存候(60)」と指示した。こうして哀れな弱小の神社は辛うじて強制的合祀もしくは廃社を免れたが、なお県当局の姿勢には強圧的なものがあった(61)。そこで、「一時に斯る設備を為すは到底堪へざる所とし終ひに神社の由来と神聖とを論ずるに遑なく生木を割かるゝ思ひをなしつゝ余儀なく合祀するもの(62)」陸続踵を接したのである。ここにおいて、明治四十年九月からなぜ急に合祀社数がふえ始め、年末に至って最高潮に達したか、またなぜ年を越えてもなお数カ月間その勢が弱まりつつも継続したかが判明する。県令三八号と訓令甲三七号の示達が八月九日であったこと、その規定の充足期限が十二月末であったこと、規定に依りがたい事由を訴えた神社には合祀への説諭的強制が加えられたことが、それぞれ端的に右の疑問を解いてくれるからである。

合祀への大きな流れを強力に作り出す一方で、その流れに乗りながら三重県が明治四十年に解決したいくつかの懸案があった。その一つは、町村会において指定神社への神饌幣帛料供進の可決をみることであって、「万一村会ニ於テ之ヲ否決シタル場合ニ於テ之ヲ強制執行セシムヘキヤ否ヤニ付テハ予メ総括シテ」指示を与えることを避け、県としては「供進ヲ否決スルカ如キハ有リ得ヘカラサル筋ト」「町村長ヲシテ深ク此旨ヲ体セシメ」(63)るよう指導するに止めたが、県会における県社への供進可決が恐らく手本となって、問題なく所期の成果をえたように考えられる。

もう一つは神社整備のいわば冠として、十二月三日、神職の俸給を定め(県令五五号)、存立を許される神社における神職の常置を令したことである(訓令甲五二号)。最低の八級俸でも年一二〇円、この金額は村社基本財産からの最低年収一〇〇円を超え、県社・郷社に置かれる社司の最低六級俸年一八〇円はそれぞれの基本財産からの最低年収一五〇円・一二〇円を超える。そしてよほどの事情がなければ兼務を許されないとなると、神職常置の訓令は合祀をなお一層促進する効果をもつ。また、そもそものような効果を見込んで起案されたのであった。ただ、俸給に関する規程は翌年四月一日施行とされたのに対し、神職常置の方は実施期限を明示されなかった。(64)これは、表5で判明するようにあまりにも神職の数が少なく(明治四十年末で神社数の約一〇分の一)、実施期限を定めることは全く非実際的であったからであろうが、(65)合祀促進の効果はそれだけ減殺されたことはいうまでもない。それに、専任神職を確保しえた場合でも、規定通りの給与を支弁することができないので、氏子が神職に迫って偽りの受領証書を書かせるということもあったらしい。(66)

神職常置の制度は地方民に新たな負担を課するものであったが、合祀による維持経費節減、とくに祭礼に伴う冗費や時間の無駄を省きうることは大きなメリットであり、これによって生ずる余剰は定額の神職俸給を支払ってなお余りあるものと見込まれたと考えられる。三重県から市町村財政整理の概況として内務省に報告され、かつ官報に掲載された左の記事を見よ。

三重県下神社ノ数ハ明治三十七年末ニ於テ県社以下無格社ヲ合シテ一万四百七十一社アリテ一村多キハ数十社ヲ存スルアリ之ニ関シ協議費ヲ支出シタルモノハ同三十九年度ニ於テハ三万四千三百余円ニ過キサリシモ其年々祭典毎ニ各戸業ヲ休ミ近郷相招待シテ飲食遊楽ニ費ストコロヲ積算セハ極メテ莫大ニ上ルヘク(中略)此他各種ノ費用ニ付キテモ機ヲ見テ漸次之ヲ整理セシメントス(67)

さて、さきの神饌幣帛料供進社の指定およびその後の加除にみられるように、「本県ニ於テハ可成丈一町村一社トナスノ目的ヲ以テ神社合祀ヲ奨励シ目下着々進行中ニ有之候(68)」という景況であった。そうした県当局の方針は左の照会にも露呈されている。

茲ニ二ケ村ノ境界ニ跨リ鎮座ノ神社アリテ其ノ所在地ノ二大字即チ甲村中ノ一大字及乙村中ノ一大字ノ氏神タリ然ルニ今回両村内ノ神社ヲ各一村一社トナスニ当リ此神社ヲ何レカ一方ノ村ニ合祀セムトスルニ何レニ属スルモ協議纏ラス依テ不得止其ノ祭神ヲ分霊シテ甲乙両村ノ村社内ニ合祀シ二大字ノ氏子ハ各其ノ所属村ノ合祀神社氏子トナラムトスルモノアリ右ハ差支ナキヤ(69)

甲乙二カ村の境界にまたがる神社の場合、何れか一方の村の神社に合祀しようとする協議がまとまらぬのはむしろ当然であって、そのさいには合祀を断念すればよいと思われるのに、分霊して甲乙両村の村社に合祀し、氏子所属と町村所属を一致させるよう指導しようとしたわけである。この可否についての神社局長回答は、「本件ノ如キ場合ハ事実ニ就キ御伺出相成度候」[70]といい、右の措置に対する一般的支持を与えていないが、県当局がいかに執拗に一村一社の原則の実現を追求していたかは明らかだといえよう。

その結果、明治四十年十月末日までに合祀累計二九九二社、一町村一社とした町村は一五、[71]明治四十一年四月末日までに合祀累計七八二〇社、一町村一社とした町村九七に達し、[72]有松知事転任の明治四十一年七月中までに合祀累計八三五〇社に上り、私が利用しえた不完全な資料（『三重県神職管理所公報』）でも一町村一社とした町村は一〇七を数える（表3・表4）。当時の町村数の三二％に当る数であるが、郡内町村のうち半数内外以上において一町村一社が達成されたとくに成績顕著な郡は、安濃・一志・飯南・多気の県中央部四郡と志摩郡であった。[73]

合祀により一町村一社が実現した場合、その神社は一町村一社を原則として指定された供進社であったかどうか。多くの場合そうであったし、それが供進社指定のそもそもの狙いだったわけである。しかしそうでないことも稀ではなかった。この場合には実現した一町村一社の方へ供進指定が変更され、結局両者は一致せしめられた[74]のであるが、ここに至る過程において村内に多かれ少なかれ紛争を惹起せずにはおかなかったことと思われる。[75]

指定変更ということは、官僚的な形式論からすれば、当初の指定が見込み違いであった疑いのあることを承認するものに外ならない。したがって、「之レカ変更等ハ容易ニ詮議不相成筋ニ候」[76]といわざるをえないのである。しかるに何故指定変更をあえてしたか。いいかえれば指定変更を正当化した理由は何であったかが問題となる。この点は、右の引用に続く文章、すなわち「合祀後ノ神社ニシテ現ニ指定ノ神社ニ比シ其ノ実況優レリト認メ其変更ノ必要アリトスルモノハ絶対ニ変更不相成筋ニモ無之歟ト存候」、とあるのによって推測される。合祀後の神社が指定社よりも実況優るとき、指定変更が認められうる、というのである。この、「由緒優る」ではなく「実況優る」の価値基準こそ、合祀推進の背後にあった判断基準と私は考える。内務省訓令が示した供進社指定標準では、由緒と実況が両々相俟つものとされているのに、三重県の実際では実況優先であった。それは右の一般原則において明示されただけでなく、内務省に対する指定変更認可申請にも、個々の神社について、「維持方法一層確立セルヲ以テ指定ノ変更ヲ要スルモノナリ」(77)という表現で適用されているのである。「由緒トカ或ハ種々ノ事情」を参酌していると、合祀は「頗ル困難ヲ来シテ容易ニ実行シ難クアリマス」(78)。そこで、一町村一社をめざして合祀を断行するには、由緒に拘泥せず、由緒よりも実況、維持方法の確立に基準を置かなければならなかった。(79)

一町村一社となった場合、あるいはそれに近い成果を挙げた場合、町村名をもって神社名とすることがしきりに行われた。明治四十一年四月末までにそれは一一二町村に達した。(80)なかには楠村神社(三重郡)、的矢村神社(志摩郡)のように村の称呼まで採用したものさえある。一町村一社の合祀目的の達成は、社名に町村名を載くことによって画竜点睛をえたと評しうるが、住民の生活と密着した神社、由緒ある神社を破却してまで、なぜ合祀の事業を推進しなければならなかったか。この疑問に対して神祇崇敬の論理はもはや説得力をもちえないのである。かくて、いよいよ神社中心説について章を改めて論じなければならない。

註

(1) 島根県でも早く合祀の訓示をしていた。明治三十九年四月末の雲隠神職会総集会における知事代理の訓示のなかに、「格別由緒もなく到底維持の見込なき向は廃合し一面将来に存置の必要ある神社の維持法を確立せしむへき旨曾て島司郡市長に訓示し置たり」（傍点筆者）とあることによってこれを知るのである（『会報』八三号〈明39・5〉三九頁）。

（2）明治四十三年四月の阿山郡神社関係者大会における郡長開会の辞（『三重県神職管理所公報』三四八号〈明43・6〉）。

（3）安伎良「三重県神社状況一斑」『会報』一三一号（明42・9）四四頁。

（4）（3）と同じ、および『雑誌』二八号（明37・6）六三頁。

（5）『雑誌』五年六号（明38・6）六二頁。

（6）（2）と同じ。

（7）水野は明治元年（一八六八）秋田県岩崎町に生まれ、帝国大学法科大学を卒業後内務省に入り、明治三十七年一月神社局長、四十三年九月土木局長、四十四年九月地方局長、大正二年二月内務次官、五年十二月次官再任、そして七年四月から五カ月間内務大臣、さらに十三年一月から五カ月間内務大臣再任、昭和八年全国神職会会長、という経歴が示すとおり、明治末から大正にかけて内務行政、とくに神社行政に大きな足跡を残し、昭和二十四年逝去。

（8）水野錬太郎「神職の為めに」『雑誌』二七号（明37・5）五頁。安伎良「三重県神社状況一斑」『会報』一三一号（明42・9）四三〜四六頁。

（9）有松は岡山藩士の子として文久三年（一八六三）に生まれ、独逸学協会学校を卒業、高等文官試験に合格して判事試補となり、明治二十六年内務省に入って後は主に警保局に在任した。四十四年警保局長を最後に退官、大正五年内閣法制局長官、大正九年枢密顧問官、昭和二年六五歳で逝去した。日露戦争のさ中に警保局長から三重県知事に転じた理由は定かでないが、内務大臣芳川顕正にたいする不満が主な動機ではなかったかといわれている（坂井雄吉「解題・有松英義の政治的生涯」『国家学会雑誌』八六巻三・四号〈昭48・6〉一一九〜一三五頁）。三重県知事在任中、大きな土木工事をいくつも起こし、歴代知事の中では出色の業績を残した（真弓六一氏調査）。本文で述べたように、明治四十一年七月、第二次桂内閣の成立とともに再び警保局長に迎えられた。本省局長は高等官二等、知事は高等官一等もしくは二等であったから、別に栄転といえるものではないが、四十四年八月の同内閣退陣までその任にあったことは、山県系官僚としての有松の地歩を確固たるものにし、後年の栄達に連なった（坂井、前掲）。

（10）神祇院編『神社局時代を語る』（昭17）九頁。

(11) 明治三十七年一月、内務省神社局長から栃木県知事に転任した白仁武の場合も、栃木県の神社密度の高さからみて、同一の意味をもつ人事異動かと推測されるが、彼は三十九年八月には文部省普通学務局長に転任したこともあり、とくに著しい合祀成果を挙げたとはいいがたい。

(12)『雑誌』五年六号（明39・6）六〇頁。

(13) 明治四十年五月の三重県神職大会において、来賓水野錬太郎神社局長が行った演説にこのような指摘がある（『雑誌』六年五号〈明40・5〉六三頁）。

(14)『会報』八三号（明39・5）三八～三九頁、『雑誌』五年六号（明39・6）六二頁。

(15)『三重県神職管理所公報』二九四号付録（明40・7）。

(16) 明38・6・21付二部往五六一号、『雑誌』四年七号（明38・7）五八頁。

(17)「府県社以下神社の総数」『雑誌』八年一号（明42・1）六八頁、「地方長官会議」『雑誌』五年五号（明39・5）五九頁、「社寺合併の次第」『会報』八九号（明39・8）二八頁。宮地正人「地方改良運動の論理と展開（一）――日露戦後の農村政策――」『史学雑誌』七九編八号（昭45・8）一七頁。

(18) 勅令九六号、法律二四号成立の経過はつぎの文章に要説されている。「（上略）官国幣社経費国庫支弁案と共に、之（府県郷村社神饌幣帛料供進案）を二問題と称して社会に提供し、熱心に主張せし結果、漸く上下の注意を喚起し、就中斯道に熱心なる代議士諸氏は之を議院に提出して成功せしめんとし、去る三十五年には既に衆議院を通過し、貴族院も委員会にては可決せしが、本会議に於て清棲委員長の不得要領なる説明的反対ありしため、功を一簣に欠くに至れり。而して三十六年は失敗の余影を被りて士気振はず。三十七年は日露戦争中にて、代議士も憚りて提出を見合せたりしが、昨冬の議会は平和既に克復せしを以て、政府にして若し之を決行せずんば、代議士諸氏は法律案として提出の決心なりしも、官国幣社経費案は法律案として政府より議会に提出し、本案は勅令を以て発表すべき旨当局者の弁明ありしによりて、両案共に代議士より提出を見合せたりしなり」（「勅令第九十六号の発布を祝す」『会報』八三号〈明39・5〉一～二頁）

(19)『会報』三二号（明35・3）一六頁。

(20)『神社制度調査会議事録』（昭6・10、第一八回特別委員会）一五～一六頁。なお、神祇院編『神社局時代を語る』（昭17）一九～二

○頁参照。

(21)　明40・2・23付、二部往三七五号三重県飯南郡長あて県内務部長回答「神饌幣帛料供進ノ件」(三重県社寺兵事課、例規)。

(22)　行政指導によりこの実質をもたせるというに止まり、理論的には議会は供進を否定しうる。そこで、万一否決した場合には強制的に供進させるべきか否か、当局者は苦慮したが、この心配は杞憂に終ったという。「水野神社局長の演説」『会報』八五号(明39・6)一頁、三重県二部往三七五号(明40、前出)、水野錬太郎「神職の責務」『神社に関する講演』(神社協会、大7)七〜八頁、『神社制度調査会議事録』(昭6・10、第一八回特別委員会)一六頁。しかし、静岡県下では、「往々勅令を曲解するものありて、県知事の指定を得たるにも不拘、供進せざる町村ありて大に神祇の威厳を損する傾きあり」といわれる事実が存したようである(『会報』一三八号〈明43・4〉七〇頁)。

(23)　神社のなかには不健全な信仰によって持続し来り、むしろ宗教の範囲に置かなければならないものもある。これらに対しても府県市町村をして経費を供進させるなら、信仰を強うるもので憲法の本旨に反するとの非難が起こるかもしれない。この非難は一面ではわが国の神社制度に対する無理解に因るが、勅令の「供進スルコトヲ得」との規定はこうした有りうべき非難を考慮せるものと思われる、という見解も当時行われた。「府県郷村社に対する神饌幣帛料の供進」『雑誌』五年五号(明39・5)四頁。

(24)　問者は神祇院調査官梅田義彦。神祇院編『神社局時代を語る』(昭17)一七五〜一七六頁。

(25)　神饌幣帛料だけでなく、官国幣社と同じく神社経費をも地方費より供進するの機に達するためには、現下の神社配置はあまりにも雑然としている。したがって「吾人はこの勅令に接して愈々神社整理の急務なるを信ずること大なり」(「府県郷村社に対する神饌幣帛料の供進」『雑誌』五年五号〈明39・5〉三〜六頁)、また、「幣帛神饌料に関する勅令は、神祇崇敬の途を明かにするの外に、神社整理に関し、間接の効果あるものといふべく、無知の民も、自ら神社整理に関し、自覚するを得るの結果を見るべきなり」(中川友次郎「近時の二勅令」『雑誌』五年九号〈明39・9〉二頁)などあるが、表現はかなり控え目である。

(26)　勅令九六号発布の三日後に当る五月一日、皇典講究所内で催された神職大会の議場に於て水野神社局長は一場の演説をなし、「議会に関係なき府県社已下の神饌幣帛料に関する件は、勅令を以て発布せらるゝ事に相成つたので、誠に慶賀に堪へぬ次第であります、(中略)之は運動や当局者の骨折やに依って成立したものでは無く、全く神社に関する根本義が社会に明になつた結果で有る、(中略)要するに神社といふものゝ大体の主義が之に依りて確定されたといふ事が明らかで有る、これが御同様に喜ばしいといふ所で有る」と述べ、いくつかの論点にふれているが、神社整理には全く言及しなかった（『会報』八四号〈明39・6〉一〜六頁）。

(27) 明治三十九年六月二十八日内務省令一九号（府県社郷社村社ヘ供進スヘキ神饌幣帛料ノ金額）

府県社	一社ニ付キ	金十円	金三円 神饌料	金七円 幣帛料
郷　社	一社ニ付キ	金七円	金二円 神饌料	金五円 幣帛料
村　社	一社ニ付キ	金五円	金一円 神饌料	金四円 幣帛料

(28) 明治三十九年六月二十八日付内務省訓令四九五号

明治三十九年四月勅令第九十六号及明治三十九年六月内務省令第二十号ニ依リ神饌幣帛料ヲ供進スルコトヲ得ヘキ神社ハ左ノ各号ノ一ニ該当シ維持方法確立セルモノニ限ル儀ト心得ヘシ

一　延喜式内社、六国史所載社及創立年代之ニ準スヘキ神社
二　勅祭社、准勅祭社
三　皇室ノ御崇敬アリシ神社（行幸、御幸、行啓、奉幣祈願、社殿造営、神封、神領、神宝等ノ寄進アリシ類）
四　武門、武将、国造、国司、藩主、領主ノ崇敬アリシ神社（奉幣祈願、社殿造営、社領等ノ寄進アリシ類）
五　祭神当該地方ニ功績又ハ縁故アリシ神社
六　境内地建物等完備シ相応ノ氏子若ハ信徒ヲ有スル神社
七　前記各号ノ外特別由緒アル神社

前項ニ依リ神饌幣帛料ヲ供進スルコトヲ得ヘキ神社ヲ指定セントスルトキハ社格、社名、所在地及事由ヲ具シ許可ヲ受クヘシ爾後変更セントスルトキ亦同シ右訓令ス

なお、同日付訓令をもって、幣帛料供進の祭日参向の官吏員については、府県社へは道庁府県官吏、郷社へは郡官吏又は市町村吏員、村社へは市町村吏員を充てる旨、示達された（『雑誌』五年七号〈明39・7〉五二頁）。

(29) 明治三十九年八月九日勅令二二〇号

神社寺院仏堂ノ合併ニ由リ不用ニ帰シタル境内官有地ハ官有財産管理上必要ノモノヲ除クノ外内務大臣ニ於テ之ヲ其ノ合併シタル神社寺院仏堂ニ譲与スルコトヲ得

なお、跡地譲与の処分は同年十月四日の内務省訓令をもって地方長官へ委任された。

(30)「神社の合併に就て」『雑誌』五年八号（明39・8）五五頁、「社寺合併の次第」『会報』八九号（明39・8）二八頁。

(31) 佐賀県では、同じ趣旨の官有地境内処分法を明治三十九年六月二十二日の県第二部長訓示のなかで指導している（『雑誌』五年九号〈明39・9〉五八頁）。

(32) 中川友次郎「近時の二勅令」『雑誌』五年九号（明39・9）二頁。

(33) 明治三十九年八月十四日社甲一六号、神社宗教両局長依命通牒、社寺合併並合併跡地譲与ニ関スル件

今般勅令第二百二十号ヲ以テ神社寺院仏堂合併跡地無代下付ノ件発布相成候処、右ハ府県社以下神社ノ総数十九万三千有余中、由緒ナキ矮小ノ村社無格社夥キニ居リ、其ノ数十八万九千余ニ達ス、此等ノ内ニハ神社ノ体裁備ハラス、神職ノ常置ナク、祭祀行ハレス、崇敬ノ実挙ラサルモノ少カラス、又寺院ノ数ハ七万余、仏堂ハ三万七千有余ノ多数ニシテ、此等寺院仏堂中ニハ堂宇頽廃シ境内荒廃シ法用行ハレス、其ノ名アリテ殆ント其ノ実ナキモノ鮮シトセス、故ニ斯ル神社寺院仏堂ハ成ルヘク設備ヲ完全ナラシムルト同時ニ、神社寺院等ノ資産ヲ増加シ維持ニ困難ナカラシメ、神社寺院等ノ尊厳ヲ計ラントスルノ旨趣ニ出タルモノニ外ナラス候条、此ノ趣旨ニ基キ右等ノ神社寺院仏堂ハ成ルヘク合併ヲ行ハシメ、仏堂ニ在リテハ其ノ管理ニ属スル寺院若ハ最寄寺院へ合併セシムルカ、又ハ寺院境内ニ移シ境内仏堂ト為サシムル方法ヲ講セラレ度、而シテ合併跡地ノ下付ヲ受ケタルトキハ管理上右下付ノ旨趣ニ悖ルカ如キコト無之様厳重監督相成度（内務省神社局編『神社法令輯覧』〈大14〉所収）。

(34)「社寺行政談」『雑誌』五年一〇号（明39・10）五五頁。

(35)「神社整理と由緒調査」『雑誌』六年三号（明40・3）二頁。

(36)「本会記事」『会報』一四一号（明43・7）八六頁。

(37) 神祇院編『神社局時代を語る』（昭17）一一〇〜一一一頁。大森鐘一は静岡県の人。市制町村制の編制に従事した。明治三十五年内務総務長官（内務次官）から転じて、大正三年親任待遇となり、大正五年退官するまで前後一五年京都府知事たりし内務官僚の長老。地方官としての永年の功労により大正四年授爵。大正十二年枢密顧問官、昭和二年七二歳で逝去した。大森が総務長官の時代、のちの神社局長水野錬太郎は三二、三歳の参事官であった。なお、神社の合併には余り重きを置かず、神社の存廃を氏子信徒の任意に委ねた県に奈良県がある（「奈良通信」『会報』一三五号〈明43・1〉一頁）。また、東京府の如きは放任主義であったといわれる（「神社合同

の非難」『会報』一五〇号〈明44・4〉六九頁)。

(38)『雑誌』五年六号(明39・6)五九、六〇～六一頁。

(39)「神社の整理」『会報』八七号(明39・7)四頁。

(40)(39)と同じ、ただし四～九頁。

(41)知事・局長だけでなく、総理大臣・内務大臣・内務次官もこの時更迭した。山県系官僚が第一次西園寺内閣を倒して第二次桂内閣をたて、神社行政のみならず、政局全体が転換したのである。元老山県有朋の威光を背負う第二次桂内閣は、社会主義弾圧を内政の最優先政策に掲げて登場した。

(42)「本年の地方官会議の結果として各地方庁の郡市長会議に於いて知事の訓諭事項を見るに一として神社合祀を勧奨せざるなく又各地方に於ける神職会の協議事項にも尚ほ神社廃合の決議を為さざるはなし加之輿論亦た神社整理の急務なることを論ずるの声漸く喧しきに至れり」(「神社の整理」『雑誌』五年七号〈明39・7〉二八頁)。

(43)「府県社以下神社現在並増減表」『雑誌』八年一号(明42・1)六九～七一頁。

(44)『会報』八三号(明39・5)三五～三七頁、『雑誌』五年六号(明39・6)六一～六二頁。この年六月二十二日、佐賀県郡市社寺取扱主任会議に対する訓示のなかで、県第二部長は神社合祀より生ずる利益に言及したが、三重県知事の訓示にみられた論点は含まれていない(『雑誌』五年八号〈明39・8〉五六～五七頁)。

(45)『豊科町誌』(長野県豊科町、昭30)四四七～四四八頁。

(46)明38・3・29付内一往五三五号各郡長あて通牒「町村内部落有山野分割ノ件」(三重県庁文書)。小野武夫『日本村落史概説』(岩波書店、昭11)三六九頁。

(47)『雑誌』九年四号(明43・4)五九頁。

(48)桜井治男「神饌幣帛料供進社の指定をめぐる諸問題」『神道宗教』一一七号(昭59・12)六五～六八頁。

(49)『明治三十九年三重県会議事録筆記』(三重県庁蔵)。

(50)生川鉄忠「府県郷村社の制度に就て」『雑誌』一五号(明36・5)五二頁。なお、県社に対する神饌幣帛料の予算決算は、最初の五年間に関する限り左の通りである(『三重県会議事録筆記』)。

年度	予　算	決　算	備　考
明40	一九五円	一八七円一二銭	余剰は人夫賃の支出少なかりしに由る。
41	一九五円	一八一円四五銭	同　右
42	一九五円	一八五円九三銭	同　右
43	一九五円	一八五円〇六銭	同　右
44	一九五円	二八〇円七八銭	不足は神饌幣帛料金の増加せしに由る。

(51)　明治39年、三重県告示三八〇号。

(52)　桜井、前掲論文、七五～七七頁。

(53)　明40・8・9付三重県告示二一九号（『三重県公報』一九八三号）をもって、村社二社が追加されたが、その理由は、内務大臣宛指定認可申請に、「同社ハ維持ノ方法不充分ノ点アリシヲ以テ指定ヲ見合セ置キシモ今回確立セルニ由ル而シテ飯南郡茅広江村ニハ未タ指定シタル神社ナク、四日市市ニハ県社一社指定シアルノミナリ」（傍点筆者）とあるにより分明である（明40・7・16付内四往一一〇号）。また、明41・6・30付三重県告示二四二号（『三重県公報』二〇七四号）で郷社一、村社六の指定が削除され、合祀による消滅がその理由に掲げられている。何れにおいても町村内に指定社が二社以上あり、指定ずみの郷社でさえ一町村一社に近づけるために合祀させられたことが、うかがわれる。少し後のことになるが、明42・5・25付三重県告示二一五号（『三重県公報』二一六五号）で津市の一村社が合祀による消滅を理由として指定を削除された。合祀はこの村社を唯一の指定社とする建部村が津市に合併されてから実現したことに注意。また、明43・8・1付内務大臣あて指定変更の認可申請（三重県庁文書）は、指定社を有する飯南郡神山村が隣接二村へ分割合併された結果、神社も隣村の伊佐和神社（未指定）へ合祀されたので、指定をその合祀社へ変更しようというもの。それまで隣村には指定社はなかった。

(54)　「三重県神職管理所の事業」『雑誌』六年一二号（明40・12）六〇～六一頁。

(55)　『三重県神職管理所公報』二九四号付録（明40・7）。

(56)　基本財産からの年収入最低基準額は府県により異なった。その一端は付表により明らかであろう。なお、三重県は基本財産そのものの最低基準額をも示した。この点を規定した県令の類はまだ手にするに至っていないが、県社三〇〇〇円、郷社二四〇〇円、村社二〇

○○円、無格社一〇〇〇円ということである（生川鉄忠「神社整理に伴ふ弊害」『雑誌』七年二号〈明41・2〉三六頁）。

(57)　一　現在神社建物の構造規程に適合せさるものを悉く改築するときは尠からさる費用を要し氏子信徒等の負担巨額に上るへきに付寧ろ此際適当の神社に合祀し以て可及丈其の境内の完備を期せしめられ度

二　前項に依り難き事情ある神社は相当の期間を定め改築延期を申請することを得へきに付此場合には充分事実を調査し意見添申せられ度

三　境内四囲の状況到底規程の広袤に拡張するの余地なきものは可成相当境内を有する他の神社に合祀せしめられ度但式内社若は特に其の土地に縁故ある等の為め移転又は合祀し難き神社なるときは其の事由を具し其の儘存置の認可を申請することを得

四　基本財産の造成は最も緊要の事に属するを以て万止むを得さるもの丶外必ず期限内に完成せしめられ度而して各社氏子信徒等に於て一時の感情に駆られ競て個々別々に之れか造成を図るときは仮令其の完成を見るも将来維持上自然各種の困難及弊害を醸生する虞なしとせさるのみならす徒らに多額の固定資産を造る如きは経済上策を得たるものにあらす寧ろ之れを他に転用せは一般経済界に稗益する所尠少なからさるべきに付此際神社の数を減じ各人協力して永遠に完全なる維持法を確立し其の余力は之れを其の町村自治発達の資に活用せしむることに訓示せられ度（『雑誌』六年九号〈明40・9〉五八～六〇頁）

(58)　『会報』一三一号（明42・9）四六頁。

(59)　明40・11・28付内四往三四九号（三重県社寺兵事課、例規）。

(60)　明40・12・25付局九一号（三重県社寺兵事課、例規）。

(61)　その一例は「伊勢の合祀問題」『会報』一一一号（明41・1）五六～五七頁。

(62)　生川鉄忠「神社整理に伴ふ弊害」『雑誌』七年二号（明41・2）三六頁。

(63)　明40・2・23付二部往三七五号飯南郡長あて回答（三重県社寺兵事課、例規）。

(64)　『三重県公報』二〇一六号、明40・11・20立案訓令甲五二号（三重県庁文書）。なお、この時最高の一級俸（年四〇〇円）とされたのは、県社諏訪神社（四日市市）社司生川鉄忠であった（『会報』一一五号〈明41・5〉六八頁）。生川は神社局長井上友一の目にとまり、「生川鉄忠は同社の宮司なり、神社の整理に力を用ふ。境内の事にも心を用ひ、社後に一の公園あり、何れも風致に

付表　神社年収入最低基準額

	県社	郷社	村社	無格社
	円	円	円	円
群馬	150	100	80	60
奈良	150	150	100	50
山口	200	150	100	?
愛媛	250	150	100	50
三重	150	120	100	50

資料：『会報』138号（明43.4）5頁

富む、国学の造詣も相応にして、神職会の議長なり、社の基金も豊富なり」と記されている（近江匡男編・発行『井上明府遺稿』〈大9〉四一九頁）。

(65) そこで神職の迅速な補給方法を講ずることがさし迫った課題となる。明治四十一年二月の三重県神職管理所総会において、「県下神社合祀の結果各郡市共に一村一社と為すべき方針を以て神社の合祀を遂行し其兼務を許さざることと為すときは相当神職の待遇を加ふると同時に神職に百名以上の欠員を生ずるに付之れが補給方法として今回判任官以下の職にありたる相当人物を募集し各郡市に於て二週間以上祝詞作文祭式等の講習を為さしめ之を採用することに決定したるが右講習に要する経費五百円を支出することとし之を各支所へ補助する由なり」（『会報』一一三号〈明41・3〉七四頁）。明治四十年末の神職数三二四人、神饌幣帛料供進指定社四〇三であった。一社に二人の神職を擁する神社もある一方、供進指定社はいく分ふえるはずだから、引用文に見えるように神職は一〇〇名ほどの欠員となる。そこでこの補給が急がれ、表5にあるように明治四十一年以降僅か二、三年間に集中する顕著な増員となって結果した。この成績は神社数の激減傾向に対する寺院仏堂の僅かな減少、神職の著増に対する寺院住職の減少といった対比（表5をみよ）の中で考察されるとき、一層妥当な評価が与えられることであろう。

(66) 生川鉄忠「神社整理難を論して神職配置法に及ふ」『雑誌』八年八号（明42・8）四六頁。明治三十九年に志摩・度会・南北牟婁の四郡を旅行して神職の現状を観察した志摩DJ生なる人が、「彼等神職は、其聘せらるゝや、給料を年額六十円（私註旧規程）として許可を得るものゝ、実際それは表面上で、ただ数俵の米麦に甘んじて職にあるのが、此地方を通じて普通であるとの事である」と述べているのも参考になろう（「遠眼鏡」『雑誌』五年八号〈明39・8〉四七～四八頁）。

(67) 明41・6・17付官報。

(68) 明40・9・16付内四往二八八九号内務省神社局長あて三重県知事照会（三重県社寺兵事課、例規）。

(69) 明40・11・28付内四往三四九号内務省神社局長あて三重県知事照会（三重県社寺兵事課、例規）。これは明40・11・19付三重県内務部長あて阿山郡長照会の事件（阿山郡花ノ木村下之庄と名賀郡猪田村上之庄との立会村社菅原神社の合祀問題――三重県庁文書）を底においていることは明らかである。

(70) 明40・12・25付局九一号三重県知事あて内務省神社局長回答（三重県社寺兵事課、例規）。

(71) 「三重県神職管理所の事業」『雑誌』六年一二号（明40・12）六一頁、「三重県神職管理所の事業」『会報』一一〇号（明40・12）六八

頁。この時期にやや先行するが、一村一社に合祀した例として、志摩郡鵜方村（『雑誌』六年七号〈明40・7〉四三頁）、多気郡萩原村（『会報』一〇四号〈明40・6〉七四頁）などが偶然記録に残っている。なお、『会報』一一五号（明41・5）六八頁も参照。

(72) 「三重通信」『会報』一一五号（明41・5）六八頁。

(73) 合祀の激しさという点からみれば、三重県下のうちでも甚だしかったのは南伊勢で、伊賀がこれにつぎ、北伊勢はまだ頗る多くない、というのが明治四十二年九月頃の景況であった。南伊勢にて合祀がとくに多数に上ったのは、もともと神社数が多かったことに加えて、式年遷宮の制度をもつ神宮の摂末社にならって一時的社殿が多いのに、定期的に改築できないところから荒廃に瀕するものが少なくなかったからであるという（『会報』一三二号〈明42・10〉二六～二八頁）。

(74) 例示は有松知事在任中実現したものに限った。

	当初神饌幣帛料供進を指定された一村一社		合祀により実現した一村一社		（供進指定年月日）
1	飯南郡港　村大口	蛭子神社	飯南郡港　村石津	加世智神社	（明42・9・3）
2	同　花岡村山室	牟礼神社	同　花岡村小黒田	花岡神社	（明42・9・3）
3	同　大石村大石	八柱神社	同　大石村小片野	大石神社	（明42・9・3）
4	多気郡三瀬谷村下三瀬	八柱神社	多気郡三瀬谷村佐原	三瀬谷神社	（明40・8・9）
5	同　荻原村江馬	八柱神社	同　荻原村江馬	荻原神社	（明40・8・9）
6	度会郡一之瀬村南中村	八柱神社	度会郡一之瀬村市場	一之瀬神社	（明40・8・9）
7	同　西二見村今一色	高城神社	同　二見町溝口	二見神社	（明42・9・3）
8	阿山郡布引村広瀬	弥栄神社	阿山郡布引村坂下	酒解神社	（明41・12）

(75) その一つの露頭は、註(74)の8に関する木野戸勝隆「合祀意見」『会報』一〇五号（明40・7）三〇～三七頁、にみられる。

(76) 明40・11・18付内四往三四一六号鈴鹿郡長あて三重県内務部長回答（三重県社寺兵事課、例規）。

(77) 明40・7・16付内四往一一〇号内務大臣あて三重県知事申請（三重県庁文書）。

(78) 「三重県神職大会記事」『三重県神職管理所公報』二九四号（明40・7）付録。

(79) 「同年（明治四十年か）冬、若し所以無く合祀せざる神社は、或筋へ没収せらるとの世評有り、之に由て氏子信徒屢協議をなし、社地の景況無拠向は、式社へ式外社を合し、或は式外社へ式社を移さむ事を願ふに、彼の社殿寸法、拝殿建坪、社地坪数、基本財産、此四個条の県達に適はぬは、遂に式社は勿論、国史現在社も、又文明十八年以前建設社も、何等問ふ所なく廃合せしめ、且社号等も、人民より改称を願ひしは、一も異論なく、許可するに到れり」と報告されているのに注意（花道糸音「伊勢国飯高郡神社合祀実況」『会報』一五八号〈明44・12〉七九～八〇頁）。なお、明治四十一年二月三重県神職管理所総会に臨んだ有松知事は、訓示のなかで「合祀ノ目的ハ主トシテ神社ノ基礎ヲ鞏固ニスルニ在リ」と述べている（『三重県神職管理所公報』三〇九号〈明41・3〉付録）。

（80）「三重通信」『会報』一一五号（明41・5）六八頁。その例は註(74)をみよ。この点に関する県の態度は、明40・11・18付内四往三四一六号鈴鹿郡長あて三重県内務部長回答、明41・3・6付内四往三七一号ノ内各郡市長あて三重県内務部長通牒などに示されている。なお、合祀先神社が式内社であるとか郷社であるとか、その他特別の由緒をもつ神社であればよいが、大して格差もないときには、合祀の上、むしろ社号を町村名に改称するほうが町や村の平和のために好都合であったという、内部的事情も考慮しなければならない。三重県下の例ではないが、田中宣一「一村落における明治末期の神社整理」『成城文芸』一〇三号（昭58・3）三九頁、参照。

第四章　神社中心説

第一節　神社政策における内務省神社局対地方局

本章の問題は、大規模な神社合祀の発起点となった勅令九六号（府県社以下神社の神饌幣帛料供進に関する勅令）の公布経緯にまで遡っての考察を必要とする。その経緯は時の主務局長水野錬太郎の回顧談に明らかにされている。

（上略）今迄府県社以下神社は、法制上は唯、府県社・郷社・村社と云ふやうな社格は認められて居つたが、国家若くは地方公共団体より神饌幣帛料を出すでもなく、又之が経費も出すでもなし、所謂民社と謂つて、殆ど国家、若くは公共団体との関係はなかつたやうな訳であります。其の当時尠くも神饌幣帛料は公共団体から出すやうにして貰ひたいと云ふ希望がありました。私も是も尤もだと思ひましたので府県社郷社に対しては府県又は郡より、村社に対しては市町村より神饌幣帛料を供進すと云ふ案を立てて(1)（下略）

（上略）現ニ私共モソレ（神饌幣帛料供進）ヲ主張シタノデアリマス、併シ其ノ当時ノ府県制ノ解釈ハサウ云フモノニ費用ヲ出スト云フコトハ出来ナイ（中略）市町村制ノ規定デハ神社ノ費用ナドヲ出スベキモノデナイト云フノデ地方局ナドハ頻リニ反対シタ(2)（下略）

つまり、神社局は供進制度を立てようとしていたのに、同じ内務省でも地方局は市制町村制の規定を楯にとってこれに反対したのである。市制町村制の付則に、「社寺宗教ノ組合ニ関シテ此法律ヲ適用セス、現行ノ例規及其他ノ習慣ニ従フ」とあるので、公益事業に対して認められる補助金の交付は神社については認められない、というのが地方局の見解だったからである。(3) そこで神社局では、右の付則から社寺の二字を削除する法律改正を起案する一方、(4) 地方局と種々折衝の結果、「併シ勅令ニヨリ指定シタル費用ハ支出シテモヨイ」(5) との諒解をとりつけることに成功した。法律による指定を必要としなかったのは、国庫からする供進でなかったからである。ともあれ、こうして神饌幣帛料を地方団体から出してよいという勅令が公布されることになった。

この経過に関する限り地方局は神社局の主張に譲歩したことになっている。事実そうであろう。しかし、他面で神社局は地方局に譲歩させられている。その一つは、日露戦争後府県・郡・市町村も歳出が急膨脹して財政多端であるとの理由に基づく地方局の反対のため、地方公共団体から強制的に供進させる原案を改めて、地方公共団体が必要と認めたならば出しうるということにしたことで、これは第三章第二節でもすでにふれた。もう一つは、書記官として水野局長を補佐した中川望の回顧談からこれを窺うことができる。

水野局長の御実行になりました神社の合同整理といふことに就いて一言致したいと存じます。（中略）例へば三重県の如きは一箇村で六、七十も村社・無格社があると云ふやうなことで、往つて見ると形を成して居るものは殆ど尠い、斯んなことでは仕方がない、何とかして之が整理をすると云ふことが極めて必要であると云ふことになりました。私も是非はやらなければならぬことと存じましたので、局長の下で各府県に対して厳重なる整理の通牒が発せられたのであります。然るに其の内只今申すやうに地方局に転勤致しましたが、其の時は井上（友一）課長の主唱に依つて模範町村と云ふことを非常に奨励して居る時代でありますから、神社も一村一社と云ふやうなことが非常に強調せられたのであります。それで一村に神社は一つと云ふやうなことに進んで参つたのであります。（中略）神社局に於て神社の統一整理を要望したのは、それは顧みられざる形無しの御宮、即ち台帳面のみの神社がある、それを整理せよと云ふことにあつたのであるが、地方局関係で一村一社と云ふ所迄発展したのでありまして、些か往き過ぎでは無かつたかと思はれるのであります。(6)

（傍点筆者）

つまり、神社局としては「形無しの御宮」を整理せよという合祀方針にすぎなかったのが、地方局の「模範町村」育成政策と結びついて一村一社を目標に合祀させるところまで発展した、というのである。地方局の市制町村制解釈にかかわらず、勅令による指定で神饌幣帛料を供進しうることに譲歩させた代りに、一村一社の実現を強力に指導して、模範町村育成のための一つの有効な手がかりを準備させられることになった。ここにもう一つの譲歩があったとみるのである。こうして、三等局といわれた神社局が打ち出した神社整理の政策が、明治三十九年四月の地方長官会議における「地方事務ニ関スル注意参考事項」の第一に挙げられ、強力に推進されることとなった。またここにおいて、第三章第二節で述べた供進実現→整理の道への転換が実現すると共に、深刻な効果をもちうることになったのである。

第二節　行政イデオロギーとしての神社中心説

模範町村の育成に結びついた神社政策から、神社中心説が出現する。(7) 考え方の原型のようなものは明治三十九年の地方長官会議の段階ですでに形成されていたらしいことは、この時点における三重県知事の訓示（五四〜五五頁参照）のニュアンスから窺いうるが、一つの行政イデオロギーとして何ほどか明確な形で打ち出したものとしては、管見に入った限りでは明治四十年七月『神社協会雑誌』六年七号の「神社を中心とせる地方自治」が最初である。署名のない巻頭論文であるところからみて、この論文は神社協会の公的意見の表明とみられる。神社協会は神社局が啓蒙的意図のもとに民間団体として設立した自らの分身であるから、神社協会の公的意見は神社局のホンネに外ならずということができる。その要点は左の通りである。

神社は、単に古来の旧儀例祭を行ふの外、国家国民の儀礼社交の中心となりて、可及的公会堂国礼殿の実を備ふべし。国家公式の儀礼より、国民各個の礼典に至るまで其の支障なきもの〻(に)限り、須からく、これを神域に於いて行ふべし。とは、吾人の常に唱導する所なり。然るに、或はこれを以て、従来神社の例典以外に、新事例を開くものなりとし神道家の神社興隆の為にする自家牽引の説にして、神社は祭神に対する報反的儀礼以外に、然る俗事に干与すべきものにあらずといふものあり。（中略）然れども（中略）神社は其の素質に於いて純然たる国礼殿なり。（中略）

試に一考せよ。神社は現に国礼の一部を執行せるにはあらずや、其の例祭を始めとして、大祭及公式の祭祀は一国一府県乃至一市町村の公的礼式にはあらずや。国民の生るゝや先づ産土神に賽し、着帯着袴を始めとして、一私人の礼儀又氏神祠頭に挙ぐるを以て風習とせるにはあらずや。公私の礼儀かくの如く神社を以て中心とす。（中略）

今日神社の行へる大小の祭祀を以て旧時代の遺礼なりとし、活社会と聯絡なき虚礼視するものに対して、決して徒爾なるべからず。彼の祈年祭の如き新嘗祭の如き、これに時代に適応せる主義を与へて以て、農業国に於ける国本に対する国民の視線を向けしめ、勧農主義を鼓吹せんか、祭祀はこゝに活ける社会と聯結せられて、国民訓化の重要なる典儀となるに至らん。其の他、現に神社の行へる祭祀の精神を失へるが故に虚礼視せらるゝもの、実に一二にして足らず。其の排すべきを排し、興すべきを興さんか、神社が活社会の中心たるべきこと、決して空中楼閣にあらざるなり。（中略）

更に、神社活動の範囲を拡充して新生面を開かざるべからず。出来得べくんば、国民の儀礼悉く神社を以て中心とするに到着せしめんことを要す。（中略）（しかるに）現時の状態を以てしては、神社は、其の内容外形ともに、時代の要求を満たす能はざるべし。思ふに、寒村僻地といへども神社を有せざる町村はあらず。国民が少しく格式（あ）なる礼典を挙げんとするに当りて、常に欠乏を感ずるものは会場なり。否会場はこれを得るに必しも苦しまざらん。然も、神聖なる会堂を得ざるに於いては、都鄙其の感を一にすべし。而して神社は慣習的に国礼殿の一部分たり。この両者の間相距ること真に一歩の差のみ、こと（れ）を連結するもの抑も誰の任ならん。

畏多きことにはあれど、皇室の礼典が常に賢所神殿皇霊殿を以て中心とせさせ給ふことは、吾人の常に拝聴する所なり。国民の礼儀既に其の範を得たりといふべし。又吾人は、数年以来愉快なる新消息を台湾の新範囲より得たり。台湾総督府の儀式が常に台湾神社を中心として行はるゝことこれなり。（中略）神社をして、この点に到達せしむるにあらずば、到底神社は旧儀の保存と相去ること幾干（許）もあるべからず。然れば神社の廃合問題のごときは、実に尺蠖の一縮にすぎざるのみ。国民は更に其の前程を卓観せんことを要す。（中略）今更に余輩は快心の一報道に接せり。内務省地方局の編せる地方資料は内地に於いて、猶欣羨すべき武陵桃源郷あることを報ぜるにはあらずや。「神社を中心とせる地方自治」これなり。（中略）かくの如きは、もとより一地方の一特例に過ぎずして、村長其の人の宿徳と、惇朴なる山間の民状との然らしむるものあるによれりといへども、民情風俗の同程度にある他の町村に比して群を抜けるものあるは明かなり。余輩はこれを以て直に全国の之にならはんことを望むこと能はずといへども、国民の儀式が神社を中心とするの適切にして、亦功果あるべきを信ずるが故に、茲に同資料の一節を摘載して会員諸氏の参考に供す。[8]

右は、内務省地方局編「地方資料」所載の愛知県北設楽郡稲橋村の事例を引っ提げて、「神社は単に古来の旧儀例祭を行ふの外、国家国民の儀礼社交の中心となりて、可及的公会堂国礼殿の実を備ふ」べきことを論じたもので、「神社を中心とせる地方自治」の議論としては、地方公共団体への明示的言及がない一事をもってしてもるのである。

不十分かつ不徹底たるを免れないが、神社中心説の具体的内容の一端が現われている点に特別の興味をそそられ

つぎに出現したのは、明治四十一年三月学士会における行政研究会で神社局長水野錬太郎が行った講演「神社を公共団体の中心とすべし」である。重要な論点を左に摘録しよう。

(上略)今日では府県社には府県費を以て神饌幣帛料を供進し、郷社には郡費又は市費、村社には町村費を以て供進することの制度になつたのであります。是に於て公共団体と神社との聯絡が付いて来た。是は宜にょいことと思ふ。公共団体の中心といふとおかしいか知らぬが、どうしても神社を公共団体の中心として団体員の共同崇敬の表的《ママ》となして公共の一致を図るといふことは、行政の上から見ても極めてよいことと思ふ。

(中略)

(しかしながら神饌幣帛料以外の)神社の費用までも負担するのは実際困難であると思ふ。そこで私は府県社以下の神社を其公共団体に結付けるが為め、其数を少なくして特殊神社経費は公共団体より其費用を支出せしむるの方針を執らなければなるまいと考へて居る。現に此頃も実行して居りますが、由緒も分らず、維持も出来ず、崇敬する人もない神社は、成るべく合併して、完全なる神社を建て、市町村なり府県なりで、それを基礎として公共団体が互に相団結し、地方の行政と神社との聯絡を付けたらば、神社行政上又地方行政上最も宜しきことであらうかと考へて居る。神社の数さへ少なくなれば、其の費用も決して余計はかかるまい。一町村で一神社位経費の出来ぬことはない。事実は今でも町村民の「ポケット」から出して居るから、左程負

担に堪へられぬことはないかと思ふ。さういふ風になつて来ると神社の系統も能く分るし、公共団体の地方行政上からいつても、よくはないかと思ふ。例へば神社を中心として町村行政を完全に挙げて居る所もあるやうに聞く。(9)（下略）

水野の構想のなかでは、神饌幣帛料の供進→神社と公共団体との聯絡実現、つぎの段階として、一町村一社を目標とした合祀→合祀社に対する公共団体からの社費供進→神社を基礎とする公共団体の団結強化、という論理が展開されていた。神社を基礎とする公共団体の団結強化とは、神社をもって団体員の共同崇敬の標的となし、公共の一致を図るということに外ならず、まだレッテルを張られていないがまさにこれこそが神社中心説であったのである。水野は、官国幣社は国の「アンスタルト」であるように、府県社以下の神社は府県以下公共団体の「アンスタルト」であるとし、神社を公共団体の中心とすることによってこの概念が顕現され、一面では神社の維持経営と他面では地方行政の基礎づくりが達成されるとした。(10)この、神社局の関心と地方局の関心との見事な統合のなかに、神社中心説の基本的な考え方が示されている。神社中心説の出現を明治四十一年のこととする当時の論説(11)は妥当といわなければならない。

右の構想について注目すべきは、神饌幣帛料の供進と一町村一社を目標とした合祀とが抱き合わせになっていただけでなく、合祀を起爆剤として神饌幣帛料の供進から社費供進へとエスカレートさせる意図を水野がもっていたことである（この点は後章でふれたい）。だが、社費供進が実現されないまでも、一町村一社を目標とした合祀が達成されれば、神社を基礎とする公共団体の団結強化は可能になることであろう。(12)

神社中心説の語[13]が初めて大きく登場するのは、神社局長就任早々の井上友一[14]が明治四十一年秋（十月と思われる）神職講習会修了式場でなした「神社中心の説」と題する演説[15]である。そのなかで井上はつぎのように述べる。

神社を以て地方の中心と為すべしとは、水野前神社局長の熱心に主唱せられた所であるが、本官も、是れは至極適当の事と考へ、如何にも同感に堪へぬ次第であります。依て、少しく自分の所感を述べて、諸君の参考に供したいと思ひます。

抑々、我国の神社なるものは、申までもなく、我国土の経営に非常なる功績を積まれて永く後世まで徳沢を遺された祖先や、国家の公事に尽瘁されて其行蹟が誠に一般人民の亀鑑たるべき人々の霊を奉祀した所であります。夫れ故に、我々国民たるものは、其功業遺徳に対して絶対無限に感謝の意を表せねばならぬと同時に、国民としての性格を作る標準ともし、又、国民の向上心を進むる最高本位として崇敬せねばならぬのであります。殊に、今日の世の中は一人よりも十人、十人よりも百人、百人よりも千人といふやうに、成るべく多数の力を集めて、協同一致で事を遣るといふことが極めて必要である。即ち、事業の成否も、自治行政の消長も、詮ずる所一に此精神的協同の如何に因るのでありますが、さて、此の精神的協同の実を挙げ又其団結力を一層鞏固にするには、殆んど国民通有の天性ともいふべき神社崇敬の風に富んで居る我国では、神社を中心と為すといふ事が極めて捷径であり、又最も効果があるやうに思はれるのであります。

以上の序言につづいて、神社を中心として村治・農事改良などに協同の実を挙げた実例を掲げる。さきにすでに村名の出た愛知県北設楽郡稲橋村を始めとして、新潟県岩船郡岩船町、千葉県安房郡富崎村、大分県北海部郡佐賀関村、兵庫県神崎郡八千種村、埼玉県北足立郡土合村、広島県豊田郡竹原町がそれである。その上でつぎの結論が導出される。

以上陳べました事柄は、其方面も違ひ、事実も異なつては居りますが、神社を中心として精神的訓育を施し、協同の美風を進め、之に依て其実蹟を挙げたものなる事は疑ふべからざる事実であります。要するに、地方自治の上に円満なる治蹟を挙げんとするには、民心の協同といふことは最も大事な事であり、殊に、敬神の念に富んで居る我国民には、神社を中心として民心の結合を図るといふことは、取訳《ママ》けて大切であると思ひます。

これによって、水野、井上前・現両局長が神社中心説を主唱したことは明らかであるが、井上の説き方は神社中心説の胚胎期に地方局の課長をしていた人にふさわしく、地方局本位であって、話し手が神社局長で聞き手が神職であることを忘れさせるほど地方局本位であることが特徴的といえよう。要するに、地方自治の上に円満な治績を挙げるためには、神社を中心として民心の結合を図れと説くのみで、公費による社費供進の展望は右の演説にかんする限り全く脱落している。これでは地方自治のために神社を手段視するのではないか、[16]といった印象すら残るのである。前章において有松知事指揮下の三重県における強引な合祀に言及し、合祀推進の背後に「由緒」よりも「実況」という価値基準が存することを推定したが、それは井上流の神社中心説とまさに平仄を合するものといえよう（五四〜五五頁有松の演説引用を参照せよ）。どちらにも内務省の主流であった警保局・地方局臭が強いのである。

以上の経過をみると、神社中心説なるものは内務省の神社行政担当者自身により一つの行政イデオロギーとして形成されたことが明らかである。その全貌が公衆の前に示されたのは明治四十一年に入ってのことであるが、神社中心説を根柢にもつ施策は断片的にはもっと早くから各地で現われている。その主な形は、神社祭日に学校を休業として生徒児童を引率して参拝させることであった(17)。また、さきの井上局長演説にも出ているような、神社中心の精神を顕現している事例を全国から集めて、神社中心説の具体的適用を指導奨励したことである。

このように神社中心説の理論的成熟とその具体的顕現もしくは適用の経験をみた頃、あたかもこれに応ずるかのように、明治四十一年十月十三日、戊申詔書が発布された。日露戦争後、日本は欧米の帝国主義的列強に伍して国際舞台に突入することとなり、経済力の培養強化と国家意識の昂揚が必要となったまさにその時期に、日本帝国の基盤をなす地方町村には疲弊・分解の諸相が広汎に現われ始めていた。第二次桂内閣(明41・7成立)がこの事態に対処すべく採用した最初の方策が、詔書の渙発だったのである(18)。詔書は戦後経営の重大性を指摘し、天皇の名において、「宜シク上下心ヲ一ニシ忠実業ニ服シ勤倹産ヲ治メ惟レ信惟レ義醇厚俗ヲ成シ華ヲ去リ実ニ就キ荒怠相誡メ自彊息マサルヘシ」と国民を訓諭している。詔書の文言の限りでは神社中心説との関連は認められないが、十月二十七日付で内務次官が各府県知事にあてて発した内務省社甲二二号通牒(19)には、この関連が直截に現われている。すなわち左の通りである。

本月十四日《(マヽ)》ヲ以テ煥発セラレタル詔書ニ関シ地方官会議ノ際本省大臣ヨリ訓示相成候事項ハ一般神職ニ於テモ深ク其旨趣ヲ服膺スヘキ義ト被存尚ホ同会議ニ於ケル訓示中神社行政ニ関スル事項ハ当時配布相成候印刷

物ニ掲載漏ト相成居候得共御聞及ノ通訓示ノ旨趣ハ敬神ハ我邦固有ノ美風タリ近時神社ヲ中心トシテ地方民ハ協同輯睦各般ノ公共事業ヲ起シ又ハ教化訓育ニ関スル諸種ノ団体ヲ結ヒ或ハ神前ニ誓テ共同組合地方改良ノ事業ヲ励行スル等民風民政ニ稗補スルモノ尠ナカラサルヲ見ルハ洵ニ喜フヘキ義ニ有之将来益々敬神ノ念ヲ煥起シ国体ノ本旨国史ノ光輝ヲ発揮スルハ勿論又事情ノ許ス限リハ当局者ヲ扶ケ神社ヲシテ地方経営公共ノ利益ニ資スル所アラシメ神社制度ノ改善ニ努メラレンコトヲ望ムトノ趣旨ニ有之是等ハ今般ノ聖詔ニハ殊ニ多大ノ関係ヲ有シ神職ノ最モ留意スヘキ事ト被存候間右二項官国幣社以下神社神職一同ニ徹底候様御取計相成度為念此段及通牒候也

追テ別冊神社経営参考資料四部為御参考及御送付候間御管下官国幣社ニモ一部宛御配布相成度尚ホ別冊ハ別便ヲ以テ及御廻付候也

これによれば、戊申詔書は神社行政を媒介として神社中心説と結びつき、神社中心説は戊申詔書を背に負う内務大臣訓示によって広汎な実現の機会をつかんだことが知られる。神社を中心とする地方自治の模範例を多数集録した神社経営参考資料が、この時別便をもって廻付されたところにも、神社中心説の本格的適用の時運に際会していることが窺われるのである。明治四十一年末といえば三重県では合祀の荒仕事がほぼ完了していたが、表7にみるように全国的には神社整理が最高潮に達した時であるから、合祀そのものに加えて合祀後の神社経営についての関心が高まる時期とみなければならない。この時期に神社中心説は戊申詔書の威光を背に広汎な適用に向かったのである。神社合祀を行った以上は是非精神上の合祀——神社を中心とする一村民心の団結強化——をせねばならぬからである。[20] そして、このような合祀後の具体的展望が一町村一社を目標とする合祀を、しかもしばしばその強引な遂行を、動機づけたことは、早くも三重県下の合祀が例示する通りである。

第三節　神社中心説具体化の提案・決議と実施例

神社中心説の具体的適用についてはすでに断片的にふれたが、本節ではどのような提案があり、またどのような実施例があったかをまとめておきたいと思う。まず提案からみよう。最も組織的なのは磯部武者五郎の提案である。

尚終に臨んで、神社と自治体とは如何にして聯絡すべきかにつき述ぶる所あるべし。先づ此両者事務の主たるものを挙げんに、神社の事務は祭典を以て唯一の社務とす、祭典を除けば、神社の事務なしといふて可なり。地方自治体の事務は其種類甚多しと雖も、先づ其主たるものを挙ぐれば、即ち、衛生、教育、救助、公園、勧業、土木（道路、橋梁、上水、下水）等を以て主たる事務とす。自治体は此等の事業を発達進歩せしめ、且つ之を整頓完備するを以て其の義務とす。故に神社へ奉仕せる者は、宜しく其唯一の職務なる祭典を以て此等自治体の事業を指導補翼し、其の進歩発達を遂げさすべし。其の方法として一二の例を示せば、即ち、祈年祭新嘗祭等の日に当りて、農産物の品評会を開くとか、農産業講話会を開くとか、或は四月三日の神武天皇祭に、小学校の児童の就学するを機として、就学祭を併せ行ふとか、六月の大祓に、衛生の講話会を開くとか、其他月次小祭、毎年の大祭等に、教育衛生及勧業に関する施設を併行し、以て地方住民の崇敬心に訴へて、地方自治体の業務を完成せしむることを奨励せば、神社と自治体との関聯は容易に結合することを得るに至るべし。(21)（下略）

要するに、神社の唯一の職務である祭典をもって自治体のさまざまな事業を指導補翼し、地方住民の崇敬心に訴えて自治体業務の進歩発達を遂げさせることを提案するものであって、内務次官通牒の趣旨と符節を合していることは注目を要する。

さまざまな提案の中には、「神社中心主義を実現せしむるには、五儀式の実行を以て先とす。五儀式とは何ぞや、誕生式、結婚式、創業式、退隠式、葬祭式これなり、この五つをだに専一に人民に教示さば、神社中心は期せずして成り、皇国の光輝は赫々として宇宙を照さん(22)」といった、個人および家の儀式を神社で行うことの提唱に止まり、地方自治体との関係には全く言及しない、その意味では明治四十年七月の「神社は国礼殿である」（八四頁）との論説のレベルを一歩も出ないものもある。他方、氏子の戸籍事務を神社において取り扱わしめよ、という極論も現われた。

今こゝに神社に於いて、戸籍事務を取扱ふものと仮定せん。然らば氏子にして子を産めば、先づこれを氏神に奉告せしめ、同時に其の戸籍吏たる神職に届出で、人名登録の手続を了せざるべからず。即、帝国臣民の籍に入る当初に於て、先づ帝国の神祇と相離るべからざるを示し、之を以て深く氏子の脳底に彫み置くなり。其の「日あき詣」の如きは云はずもがな、神職は戸籍簿に依りて、学齢児童を調査し、名簿を作りて之れを其の村の校長に廻付し、一面児童を社前に召集し、就学奉告祭を行ひ、其の開校の日には、神職之れを引率して登校し、校長に向つて氏子就学の旨を宣べ、児童をして、我は何処までも神の子たるを自覚せしむ。又神職は壮丁名簿を作成し、之れを徴兵官に通告し、且つ吉日をトして、徴兵奉告祭を執行し、（中略）且つ神職は之れを引率して、徴兵官に引渡すを例とし、婚約又は養子縁組の約成れば、当事者及其近親は神社に詣て、式を祠前に挙行し、神職は直ちに之れを神明に奉告し、尚ほ入籍又は送籍の手続を了せしめ、当事者をして再び神明を煩はすを憚からしむるにあり。而して其一面には戸籍法違犯等の悪弊をも予防し得べき也。内外旅行の際の如きも、先づ之れを神前に奉告し、必要に応じ戸籍謄本又は身許証明書をも下付すべきなり。他の氏子区域より入籍し、又は他の氏子区へ転籍せむとする場合は、一々神社に奉告し、同時に戸籍上の手続を了せしめざるべからず。氏子死亡すれば其旨神社に届出で、神職は神明に奉告して、戸籍簿を削除すべし。其の葬式の如きは、神式たり、仏式たり、耶式たるは素より神社の問ふ所にあらざる也。斯の如く、凡て、人事百般のこと、悉く、神社の手を煩はさざる可からずして、始めて、神社中心といふを得べきなり。（中略）是に於てか、境内図書館の設立可なり。社前の品評会可なり。神苑の拡張可なり。社前の立誓式可なり。（下略）[23]

右は氏子の戸籍を掌握することを通して人間一生の重要な事件を統制し、その事実に基づいて神社を地域の中心たらしめようとするもので、明治四年試行の氏子調の制度を神社中心説に結びつけて復興徹底させる提案であったが、町村役場の戸籍事務の実状に徴するまでもなく、実施不可能な提案といわなければならない。五儀式の提案も不十分である。他面、数多く報告されているのは、最初に掲げた磯部武者五郎提案の線――それは政府指導の線でもあった――に沿った決議もしくは実施例であった。その例をいくつか示しておこう。

明41・11宮崎県神職取締所通常会における決議事項(24)

一、戊申詔書の謄本を村社以上に下附あらんことを其筋に出願し学校生徒及び氏子団体正式参拝の際神前に於て奉読講明する事

二、各神社の例祭祈年祭新嘗祭には学校生徒をして正式参拝せしめらるゝ様総理に懇請する事

三、氏子の新夫婦は其産土神社に参拝し神前に於て夫婦の和親を神明に誓はしむる事を勧誘する事

四、氏子を勧誘して報徳会又は青年会等其地方適宜の方法を以て組織し其規約の実行を神明に誓はしむる事

明41・12三重県名賀郡種生村での神前物産品評会(25)

名賀郡種生村ニ於テ神社ヲ地方ノ中心トナシ今回始メテ同村重要物産品評会ヲ村社種生神社境内ニ開設シ四十一年十二月十三日社前ニ於テ褒賞授与式奉告祭ヲ挙行シ又曩ニ同村ヘ下賜セラレタル戊申詔書捧読式ヲ同十二月十九日村社種生神社ニ於テ挙行シタル次第左ノ如シ（下略）

明42・3東京府神職会における可決事項(26)

一、戊申詔書の御旨趣の貫徹を図る為め左記事項を実行すること

一、講師若干名を置き各支会の請求に応じ派遣すること

一、神社を中心とし左記事項の実行を図る事

一、婚姻の儀式は可成産土神前に於て執行せしむること（下略）

明42・3長崎県神職総会案件(27)

一、戊申詔書ノ御旨趣ノ貫徹ヲ図ル為メ左記事項ヲ施行スルコト

一、講師ヲ派遣シ講演ヲ為スコト

一、三大節ハ勿論時宜ニヨリ多数集合ヲ見計ラヒ奉読式ヲ挙行シ講話ヲ為スコト

一、神社ヲ中心トシテ左記事項ノ実行ヲ図ルコト

一、婚姻ノ儀式ハ可成産土神前ニ於テ執行セシムルコト

一、事業ノ開始団体創設又ハ事業終結ノ場合ハ其地方産土神前ニ於テ宣誓奏告又ハ報賽ヲ為サシムルコト

一、地方産業奨励ノ為メ其団体ヲ組織スルコト

一、組合規定ヲ設ケ貯金ヲ奨励スルコト

明42・6兵庫県皇典講究分所総会での論議(28)

（上略）最後に皇典講究所提出の「神社中心主義を実現する方法」に就き十分を限り出席者各自より意見を述べ正午過ぎ会議を終りたるが云云

明42・7三重県三重郡常磐村での青年会発会式(29)

三重郡常磐村ハ曩ニ一村一社ノ実ヲ挙ゲ而シテ神社ヲ中心トシテ極力徳性ノ涵養風教ノ宣揚ヲ計ルヲ旨トシ先以テ村ノ中堅タルヘキ青年会ヲ組織シ発会式ヲ七月廿五日村社八坂神社ニ於テ挙行シ厳粛ナル祭典ヲ行ヒ

会ノ趣旨及精神並規約ニ基ク将来ノ覚悟等ヲ神明ニ誓ヒ北野郡長ハ精神修養ニ関スル講話ヲナシテ二百余名ノ青年ト村名誉職其他一般参列者ニ深刻ナル印象ヲ与ヘ式後余興トシテ義士銘々伝ノ講話アリ盛会ヲ極メタリト

明42・9富山県射水郡牧野村での合祀の記念事業(30)

(上略)九月十四日之れが合祀祭を挙行せり(中略)此の合祀を期とし氏子一致して在来の悪習を避け一層勤倹約し神社を中心として総ての業務を進め民福を謀るなど良習慣を作らんとて神職及び氏子総代に於て協議する所ありたりと云ふ

広島県沼隈郡千止成村尋常高等小学校長山本龍之助の神社と学校との接近を図る方法(31)(書翰)

(上略)毎月々初には、何時も生徒を集め、其月に於て守るべき事項を定めて、之が実行を誓はしめ、其足にて一同直に(神社へ)参詣致すの例に有之、又祭日当日の如きは、県令の指示を受くる以前より、生徒を引率して社前に参拝仕り、尚ほ神輿にまで供奉せしめ居申候。(中略)弊村にては、夙に村長の見地より、昨年来改築の村内三校とも、孰れも揃つて校地を神社の境内にトし居候。されば学校は全く神社に包含せられたる形に有之。(中略)彼の神社の絵馬堂なるものは、今日の所、町村に於ける唯一の庶民博物館に有之、又彼の春秋二季農家の収納を終はりたる際の「御初穂」なるものは、今僅かに手を加へ候はゞ直に是れ農産物品評会たるべきものに御座候。申すまでも無く、学校園は即ち神苑に候。祭礼当日に於ける諸種の賑やかしは畢竟青年の運動会なるが故に、徐々と之に生徒を加えて、終に学校及青年団体連合大運動会たらしむるは、別に骨折るまでもなく自然にソコに到達致すべき筈のものに御座候。若し又村内善行者の旌表をば、年一回祭礼当日に於て挙ぐるに至り候はゞ最も妙と存ぜられ候。当日校内にては、亦学芸品展覧会などを開催致し候事も全く其機を得たるものたるべく存候。幸ひ陰暦も弥々廃止せられ候につき、これを好機として祭礼の期日をば成るべく国祭日に一致せしめ度きものに御座候。神社の境内に「記念壇」なるものを作りて、古来の忠臣義士が碑を一所に寄せ、これに学校及青年団体を附属せしむる事、及び村社の神職を成るべく其地の小学校長とし、名誉職として兼ねしむべしとの義に就ては、予て御教示仰ぎ申候処、此義に就ては今尚ほ考へ続け居候要するに議論より実行に候へば、昨今は又神社境内の掃除をば、総べて児童をして之に当たらしめ居申候云云

明43・2兵庫県明石郡垂水村自治内容奉告祭(32)

(上略)当日及翌十二日の両日は村内総体とし垂水小学校内に陳列せる農産物教育展覧品を縦覧せしめ又神社(官幣中社海神社)の隣接地並に学校に於て種々の余興を催したるを以て十一区内の者殆総出に同村未曾有の人出なりしが奉告祭に参列したる村内重立等が壮厳なる礼典を観て敬神の念を増し随て奉告中の誓詞を守りて将来村自治の発展を図らんとする精神を鞏固にしたる事尠からざりし上村民一同に活気を与へ神社中心の実を挙ぐるの端緒を開き得たりとて当局者も大に満足し尚将来の発展策に付き種々考究し居れりと尚ほ当日上月宮司の奏上したる祝詞、安井村長の奏上したる自治内容奉告書及三輪明石郡長の与へたる告辞左の如し因に云ふ同村に引続き同郡玉津村は同十七日押部谷村は廿三日大久保村は廿七日其他の各村も引続き該奉告祭

を執行し何れも予期以上の盛況なりしと（下略）

明43・4島根県神職会八束支会の郡長諮問案に対する答申書(33)

神社をして地方改良の要素たらしむる方法

第一、神社をして社会教育の中心たらしむべし

イ　その設備として神社境内に接続の附属地に公会場及図書館植物園又は動物園等をも設くべし

ロ　その事業として部落会、青年会、青年夜学会、有志会、尚武会、在郷軍人会、各種の婦人会、自治講話、衛生講話、高尚なる共同娯楽及例月若くは臨時の神徳講演会等を開催し神社の祭祀と地方の風教との関係を結合せしめ祭祀の意義を説明し社会生活上の連鎖を堅むる事に力むべし

第二、神社をして地方風教の中心たらしむべし

イ　神社によりて国民的道徳を鼓吹せんが為め神社に御真影の御下賜を乞ふべし

ロ　国民的道徳の向上発展を期せんが為め勅語捧読式詔書講演会等を開くべし

ハ　人事上重要なる儀式は必社前若くは神社附属の公会場に於て之を行ひ其意義を極めて神聖ならしむべしその事業の概要左の如し

神前結婚式、成年奏告式、賀齢祭、誕生初詣式、家督相続奏告祭、事業終了奏上式、任官就職就業奏上式、学業修了奏上式、入学奏上式、婿入嫁入旅行門出祭、帰省報賽祭、慰労式等

ニ　公共的事業に関する儀式は特に壮重に社頭に於て行ふべしその事業の梗概左の如し

起業式、事業経過奏告式、応召軍人送迎式、規約誓盟式、町村吏員公務員就退職奏告式、氏子惣代就退職奏告式、勲業表彰式等

第三、神社をして地方産業の中心たらしむべし

殖産興業に有益なる事柄は神社境内若くは附属地若くは附属の公会所に於て之を開設し神社によりて懐古の情緒を保ち祖先が勤倹力行の跡を追慕せしむると共に地方産業の発達進歩に剴切なる感想を惹起せしむべしその事業の一斑左の如し

生産物品評会、種子苗木の交換授受、絵馬舎等に生産物・標本の掲示、牛馬市場、牛馬共進会、繭生糸品評会、繭蓆品評会、神田、神饌園、神苑等

以上は、明治四十三年四月までに『神社協会雑誌』『全国神職会々報』等にたまたま報ぜられた神社中心説による決議・答申あるいは実施の具体例であって、もし他の資料源を博捜するなら、例はまさに枚挙に暇なしといえよう。内務省が準備した『神社経営参考資料』にも多数の事例が収載されていることは前陳の通りである。これらを通して特徴的にみられることは、社頭における戊申詔書の拝戴(34)であって、神社で奉読演義される戊申詔書は、地方改良の精神的立脚点とされたといえよう。

内務省地方局的な発想の濃厚な神社中心説は、神社局的発想である神祇崇敬と相まって合祀推進の論理として機能した。次章においてわれわれは合祀に対する反響をみようとするのであるが、それに入るに先立って、神社中心説に対する批判をみておきたい。

一つの批判は、「地方自治の目的を達するために、一つの手段として神社を中心とする、氏神を崇敬すると云ふのでは、本末を失する嫌がある。地方自治のために、祖宗神祇をダシに使っては、誠に恐懼に堪へぬ次第にて、真の敬神とは云ふことが出来ぬ[35]」と主張する。さきに掲げた神職を戸籍吏たらしめよとの提案も、神社中心説は為政のための神社利用に終始することを難じ、積極的に神社を活用する具体的方策を提示しようとするもの[36]であった。

もう一つの批判は、「神社中心説が当局者の口から発せられてから、神職の本領を没却して地方の事業家、遣り手などいふものゝ縄張内に突入して、事業の種類性質の如何を究めずして、神社本来の事業の発展でなく、受動的に神社が他の事業の圏内に入るに過ぎない様な状態にも甘じて、神社の発展なりとして得々たること」は、「神社中心主義の根本につとめずして、其の形式にのみ逢迎を事とする半解者流の行動」であって、「神社利用主義を以て甘ずること」に外ならずとした上で、「神職と事業家との境界を没した所業を以て得々たるが如きは、全然神職の俗化で、同化したのではなくして、同化せられたものである[37]」という。

神社中心説がはらむ行政目的への神社の従属化、神職の世俗化促進の傾向は、神社中心説と結びついた行政施策と相まちつつ、神道の神観念を変化させ、また神社の社会的性格を変化させずにはおかなかった。この点は後章で取り扱いたい。

註

（1）神祇院編『神社局時代を語る』（昭17）一九頁。

（2）『神社制度調査会議事録』（昭6・10、第一八回特別委員会）一五頁。

（3）西田広義「明治以後神社法制史の一断面」『明治維新神道百年史』四巻（神道文化会、昭43）一二四〜一二五頁。

（4）（1）と同じ。

（5）（2）と同じ、ただし二〇頁。

（6）（1）と同じ、ただし二五〜二八頁。

（7）模範町村の育成のために内務省が利用したのは神社中心説だけではなかった。報徳教も大きな位置を与えられた。例えば、「内務省が鋭意地方自治の発達を図り、自治制の効果をして完全ならしめんとせらるゝや、一方には間接に報徳教の主旨の拡張を図り、又一方には神社中心の実を挙げ以て、精神的と物質的相俟つて健全なる地方自治の効果を収めんとせらるゝ理想は、今や漸々其の実現を見るに至らんとせり」（磯部武者五郎「神社と地方自治」『雑誌』八年五号〈明42・5〉八頁）といわれ、また、全国神職会主催講習会における「神職諸君に望む」と題する講演において内務省地方局長床次竹二郎は、「近来或は報徳会と云ひ、若くは地方改良会と云ひ、又斯民会とか、青年会とか、婦女会とか、種々な会も出来て参ったことは、至極御国の為めに喜ばしいことである」と述べている（『三重県神職管理所公報』三五九号〈明44・7〉）。まさにこの時期に、遠江国報徳社（のちの大日本報徳社）社長岡田良一郎の次男一木喜徳郎（大日本報徳社第三代社長）が内務次官（明41・7〜明44・9）の要職にあったことも注意しなければならない。その頃の報徳社の活動については、『静岡県報徳社事蹟』（報徳学図書館、明41）をみよ。神祇崇敬を中心とした豊かな村づくりと報徳運動が結びついた事例がある一方で（註〈8〉『豪農古橋家の研究』所収、大浜徹也論文）、被合祀跡地の生産目的への転用を意図のうちに含めた神社整理を、「極端なる二宮主義の実行」とみる人があり（「神社合併を中止すべし」『会報』一五六号〈明44・10〉七三頁）、また、神社中心主義を拡充して、「若し天下の神職たるものにして自ら充分なる自覚と修養とを怠らず、勇往猛進衆に率先して自治の発達に援助せんか、或は今日政府が少なからず困難を感ぜる地方改良事業の如き、恐らく二宮宗を俟たずして成功期すべし」という人もあった（宮川宗徳「神社と自治制」『雑誌』一一年五号〈明45・5〉四七頁）。

（8）「神社を中心とせる地方自治」『雑誌』六年七号（明40・7）一〜六頁。「地方資料」の稲橋村については、芳賀登編『豪農古橋家の研究』（雄山閣、昭54）をみよ。

（9）水野錬太郎「神社を公共団体の中心とすべし」『斯民』三編一号（明41・4）九〜一〇頁。この講演は、『雑誌』に転載され、さらに

『三重県神職管理所公報』三一四号（明41・6）などに二次的に転載されて、多くの関係者に読まれた。そしてのちに、水野『自治制の活用と人』（実業之日本社、大1）に収録された。

(10) 水野、前掲、一〇～一一頁。なお、神社は国家のインスチチュウションであるという考え方は、神社局の神社考証嘱託荻野仲三郎が明治四十一年八月に鳥取県教育会でなした「神社の本義」と題する講演にも示されている（『神社経営参考資料』収載、およびそこから転載した『三重県神職管理所公報』三二七号〈明41・12〉所収論説）。ヨーロッパにおける教会と村落との関係、つまり村落民の精神的支柱としての教会が内務官僚のイメージにあった。彼らは神社をヨーロッパの教会になぞらえたのである（宮地正人「地方改良運動の論理と展開（二）」『史学雑誌』七九編九号〈昭45・9〉六八頁）。内務省地方局が中心になって推進した地方改良運動での田園都市論の原型は、床次竹二郎ら帝国大学出身の内務官僚がヨーロッパ農村におけるキリスト教会の役割を視察して、日本の農村については神社をこれに擬したところから生まれた（大浜徹也「日本のキリスト教会――その構造と特質――」『内村鑑三研究』二三号〈昭61・5〉一六頁）。

(11) 和田陽三「府県社以下神社の為に根本的整理を望む」『会報』一二七号（明42・5）四〇頁。

(12) 蓼村蛇郎「神社崇敬の矛盾を論じて神職待遇法に及ぶ」『雑誌』一二年一号（大2・1）四七頁。もっとも、一町村一社が実現されずとも、なお神社中心説の適用はつぎの方式をとる限り可能である。「（上略）神職は一村一人として（財産豊富なる神社は無論若干人を置くものとす）幣饌料供進の神社に置き、他は幾社あるも之れを兼務せしめ、若し、社務繁劇の為めに増員を要する場合は、同一の社に増員して他社は必ず兼務せしめ、以て統一を謀らば、自然神社中心の活動も行はれ、一村の経済も甚き苦痛を感ぜずして円満なる結果を看ん」（生川鉄忠「神社整理難を論して神職配置法に及ふ」『雑誌』八年八号〈明42・8〉四八頁）

(13) 神社中心説はまた、神社中心主義（伊藤真広「神社中心主義と北条時代」『会報』一二二号〈明41・12〉三五～三八頁、竹堂依節「神社中心と五儀式」『会報』一二四号〈明42・2〉五四頁、佐伯有義「神社中心主義に就きて」『会報』一四〇号〈明43・6〉一～九頁、菟田茂丸「神社振興の基礎」『会報』一四四号〈明43・10〉一二頁など）とも、神社中心策（市本憲政「神社中心策」『会報』一四一号〈明43・7〉二九～三三頁、蓼村蛇郎「神社崇敬の矛盾を論じて神職待遇法に及ぶ」『雑誌』一二年一号〈大2・1〉四六頁など）ともよばれた。なお、神社中心に対して寺院中心論もしくは寺院中心主義を唱えるものもあった（「神社と寺院の本位争」『会報』一三五号〈明43・1〉九〇頁、佐伯有義、前掲、一頁など）。

（14）　井上は明治四年加賀藩士族の子として生まれ、帝国大学法科大学を卒業後、内務省地方局に長年勤務し、中央報徳会の設立、その機関誌『斯民』の創刊、省内に地方改良事業講演会の開設などを実現した。明治四十一年七月水野の後任として神社局長に就任し、大正四年七月東京府知事に転じ、八年六月逝去、享年四八歳であった。（近江匡男編・発行『井上明府遺稿』〈大9〉）

（15）　『三重県神職管理所公報』三二四号（明41・11）、『会報』一二二号（明41・12）一～八頁。のち、『三重県神社経営参考資料』（『三重県神職管理所公報』号外〈明42・10〉）などに転載された。なお、明41・10・25付『和歌山実業新聞』は、県立和歌山中学校における井上局長の講話として、つぎのような内容の記事を掲げている。秋季皇霊祭には農家でとれた良い米を集めて神前に供え、これを種籾として農事の改良を図ること、年中行事を撰び、共同苗代を始めるにも、また産業組合の規約をつくるにも、神前に申上げて実行させること、これらのことに着手するさい、神社と小学校と村（役場）の間によく連絡がついていると実効を挙げうることを、実例に即して話した、という（「井上局長の講話」『会報』一二一号〈明41・11〉三九～四〇頁）。ここに神社中心説の具体的適用をうかがうことができる。

（16）　佐伯有義「神社中心主義に就きて」『会報』一四〇号（明43・6）一頁、市本憲政「神社中心策」『会報』一四一号（明43・7）二九頁。

（17）　一、二その例を掲げておこう。

広島県知事は客月七日付訓令学第二十六号を以て小学校の学期教授終始の時刻に関する規程（明治卅四年三月訓令甲第十三号）の中に氏神祭日に小学校休業に関する左の一条を加ふべき旨訓令を発せられたり

一、小学校は敬虔の念を養ふ為め其学校所在の氏神社祭日に休業することを得

尚ほ右に関し白坂第二部長より各郡市長に対し左の通牒を発せられたりと云ふ

本年五月広島県訓令甲学第二十六号を以て小学校は其学校所在地の氏神社祭日に休業するを得ることに相成候処右は全く敬虔の念を養ひ忠君愛国の士気を鼓舞する目的なるを以て休業を為す学校に在りて学校長及教員は児童を引率して氏神社に参拝せしむべき様御教示相成度依命通牒す（「氏神社祭日と小学校休業」『雑誌』六年六号〈明40・6〉六四～六五頁）

竹井愛媛県第二部長は客月五日各郡市長並県立学校長に宛てゝ左の通牒を発したり（支部通信）

神社は国家の宗祀にして（中略）今回県に於て県郷社等三百八十七社に対し幣饌供進を指定せられたるは実に如上の旨趣を体したるものに外ならず候付ては県下各学校に於ては前記の旨趣を体し其生徒及児童をして能く神社本来の性質及神社と国体の関係等を周知

せしめ祖宗の功徳を頌し敬神の念を養ひ之を教育上に資し以て益国体の精華を発揮せんことに勉めしめられ度特に学校規定にある公定祭日は勿論氏神祭日に於ける休業等をして無意味に終らしめず之等休業日及其他の場合に於て上述の誨告を怠らざるべきは勿論便宜生徒を引率し社前に参拝せしむる等篤く注意せしめられ度云々（「神社と学校生徒」『雑誌』六年八号〈明40・8〉五七頁）

(18) 宮地正人「地方改良運動の論理と展開（一）」『史学雑誌』七九編八号（昭45・8）二～二一頁。

(19) 三重県社寺兵事課、例規。三重県では、明41・11・13付社九六八号一をもってこの次官通牒を各郡市長・官国幣社宮司あて通知した（三重県庁文書、『三重県神職管理所公報』三二六号〈明41・12〉）。なお、明41・11付神職に対する和歌山県訓令三八号（『和歌山県史・近現代史料四』〈昭53〉二七七頁）、明41・11・24山形県置賜郡長訓示（『会報』一二三号〈明42・1〉九四頁）、明42・1・4付長野県知事の管下神職に対する訓令（『長野県神社百年誌』〈長野県神社庁、昭39〉六五三頁）および明42・4・13付埼玉県南埼玉郡長の管下町村長に対する内訓（『八潮の地方改良運動資料』〈八潮市役所、昭59〉一九七頁）を参照せよ。

(20) 「阿山郡神社関係者大会」『三重県神職管理所公報』三四八号（明43・6）。なお、明治四十一年から四十三年にかけて、報徳結社が爆発的に多数あらわれている点も、併せ考慮すべきであろう（前出、註〈7〉大浜徹也論文、とくに四五三頁表9参照）。

(21) 磯部武者五郎「神社と地方自治」『雑誌』八年五号（明42・5）一一～一二頁。

(22) 竹堂依節「神社中心と五儀式」『会報』一二四号（明42・2）五四頁。

(23) 市本憲政「神社中心策」『会報』一四一号（明43・7）二九～三三頁、なお、清家神風「神社整理に要する三大急務」『会報』一四四号（明43・10）三五～三六頁。

(24) 「宮崎県神職取締所通常会」『会報』一二二号（明41・12）六〇～六一頁。

(25) 「神社と地方事業」『三重県神職管理所公報』三二九号（明42・1）。

(26) 『会報』一二六号（明42・4）七七頁。

(27) 「長崎県の神職総会」『雑誌』八年三号（明42・3）六五～六六頁。

(28) 『雑誌』八年七号（明42・7）四九頁。

(29) 「神社と青年会発会式」『三重県神職管理所公報』三三八号（明42・8）。

(30) 「神社合祀と記念事業」『雑誌』八年一〇号（明42・10）六六～六七頁。

（31）「神社と小学校及青年団体」『雑誌』八年一一号（明42・11）六一～六二頁。
（32）「兵庫県明石郡垂水村自治内容奉告祭」『雑誌』一三七号（明43・3）六三～六四頁。
（33）「諮問案に対する答申書」『会報』一三九号（明43・5）六四～六五頁。
（34）石塚七志「戊申詔書と其の実行方法」『会報』一二六号（明42・4）四九頁。
（35）佐伯有義「神社中心主義に就きて」『会報』一四〇号（明43・6）一頁。
（36）市本憲政「神社中心策」『会報』一四一号（明43・7）二九～三〇頁。
（37）星岡「△△△録」『雑誌』八年八号（明42・8）七〇～七一頁。

第五章　神社整理に対する反響

第一節　一大字一社か一町村一社か

神社の整理は一町村一社を目標ないし理想として行われたが、政府はこれを明文で示さず、単に口頭で指示したにすぎなかったから、府県の実情と知事の姿勢により掲げる目標は一様でなく、当然実施においてはさらに多様となった。ここにまず整理の地方差があるわけである。第三章では一町村一社の目標を厳格に実行した早期の例として三重県を挙げたのであるが、他府県の合祀目標はどうであったか。この点を管見に入った限りの事例で概観しておきたい。合祀目標いかんにより、整理に対する反響が異なるはずだからである。

一町村一社を目標としたもの

秋田県（明43・1「境内地社殿設備並基本財産造成規程」『秋田県史・県治部二』第五冊〈秋田県、大6〉三九七頁）

宮城県志田郡（「神社合併協議」『雑誌』五年一一号〈明39・11〉五五頁）

宮城県栗原郡（「宮城県栗原郡の神社整理」『雑誌』一〇年四号〈明44・4〉六〇頁）

山形県置賜郡（「置賜通信、神社整理協議会」『会報』一二三号〈明42・1〉九五頁）

埼玉県南埼玉郡（明39「神社寺院合併推進通牒」『八潮の地方改良運動史料』〈八潮市役所、昭59〉一九三〜一九四頁）

和歌山県（各郡市長あて明39・12・17付二第七五九九号「神社ノ存置並合併標準」、楠本慎平「明治末期の神社合併について」『田辺文化財』六号〈昭37・11〉二七頁所載）

大阪府（「各府県神社整理の状況」『雑誌』七年一〇号〈明41・10〉五六頁）

岡山県（「岡山県下神社合祀奨励法」『会報』一三六号〈明43・2〉六三頁、「岡山県と一村一社」『会報』一四一号〈明43・7〉六九頁）

島根県八束郡（芳香園主人「神社整理に付当局者の英断を望む」『雑誌』七年四号〈明41・4〉四三頁）

徳島県（「徳島県神社合併の一例」『雑誌』八年五号〈明42・5〉五五頁、「徳島県神社合併並神職優遇標準」『会報』一三一号〈明42・9〉七一頁）

一大字一社を目標としたもの

青森県（「青森県神社合祀現状」『会報』一三四号〈明42・12〉七七頁）

静岡県富士郡（「静岡県富士郡神社合併方針」『会報』一四一号〈明43・7〉五五頁）

長野県（『長野県史・近代史料編』一〇巻（一）宗教〈長野県史刊行会、昭57〉二二六頁）

岐阜県（明40・5・8岐阜県訓令三〇号「社寺併合励行ノ件」、米地実『村落祭祀と国家統制』〈御茶の水書房、昭52〉三七五〜三七六頁所載）

兵庫県宍粟郡（「兵庫県宍粟郡に於ける神社整理の状況一斑」『雑誌』八年四号〈明42・4〉五五、五八頁）

兵庫県三原郡（「兵庫県三原郡神社合併」『会報』一四〇号〈明43・6〉六八頁）

以上の例示のうち、郡についての資料が報ずるところは全県下に妥当すると考えてよい。この不十分な例示からでも、すべての府県が一町村一社を目標としたわけでなく、なかには一大字一社を目標とするものもあったことは明らかであろう。一町村一社と一大字一社とでは、合祀の強度に大きな差が出てくる。

それでは当時の新聞はどうみていたか。右の二途のうちどちらに傾いていただろうか。これまた管見に入った限りのものを挙示してみよう。

『下野新聞』「適宜之を合祀せしめ一町村一ヶ所若くは一字一ヶ所位に合祀すべきなり」（『雑誌』五年七号〈明39・7〉三〇頁）

『山口防長新聞』明39・6・10付「若し之を合祀して一村若くは一字の総氏神社と為せば社費も自ら豊富なるを得て宮殿も修繕するを得べく神官も常置するを得べく神社の方も人民の方も両便なるを得べし」（『雑誌』五年九号〈明39・9〉三七頁）

右の二例では、政府の合祀方針を一まず妥当とみていること、ただし合祀目標を一町村一社もしくは一字一社といったふうに幅広くとり、その間の大きな差にまだ気づいていないのが注目される。これだけでは何ともいえないが、明治三十九年段階の新聞の論調は、おそらくどれも右の二新聞と大同小異であったことだろう。

それでは神社界はどういう態度であったか。神社界の態度は明治四十年五月の全国神職会通常会の議事にうかがうことができる。(1)この通常会では、神社合祀を全国一様ならしめる必要を認め、委員をあげて、「大字一社とすることとし特に由緒正確なる神社二社以上ある時は詮議の上合併せしめ尚希望に依りては数大字一社一町村一社にするも妨なし」との原案を作製して討議に附した。これに対して大字一社を一村一社とする修正案も出されたが、「整理をしやうと云ふ官辺の人は喜びませう」が「是は無理な話で各字の人民が容易に承諾をしない」「地方に依つては甚だ迷惑するだらうと思ひます」という理由で斥けられ、原案の表現を簡略化した修正案「合祀は大字一社より多からざるを目的とし維持不確実の神社は之を励行すること」が可決された。したがって、少なくとも一大字一社にする、というのが神社界の大勢であったとみることができる。これとさきに掲げた新聞の論調との間にはさしたる齟齬はないが、一町村一社を目標とする府県との食い違いは大きい。神社界が一大字一社をミニマムな目標として設定したのは、神職側の利害もいく分かはからんでいたであろうが(2)、むしろ一町村一社では「各字の人民」が容易に承諾しないとみたからである。したがって合祀をめぐる真の対立は、神社界と政治権力との間ではなく(3)、「各字の人民」と政治権力との間にあったとしなければならない。

一町村一社の目標は神社中心説から由来するのだが、また別の角度からも支持された。一つは、市制町村制のもと行政区画が拡大して以来数十年を経たのに、神社のみ依然として旧套を脱しないのは時代遅れである、祭神のいかんを問わず速かに合祀すべし(4)、との議論である。もう一つは、「交通機関の発達したる世に在ては近距離に多数の稲荷や八幡を祭る必要は無いのだ(5)」といった議論である。この二つの考え方は、内務官僚が唱えだした神社中心説に比べるなら、「人民」の側に近い発想であるといえよう。しかし、「人民」の生活から出てきた発想であるとするには、まだあまりにも形式的観念的でありすぎる。所詮、一町村一社の目標は「各字の人民」のなかから出た発想ではなかった。そこで、この目標を強行しようとした度合に応じて、人民側から強い反撥が起こったのである。

三重県下の事例は、整理にたいする住民の反応が、一町村一社を目標とする合祀強制の度合によって異なることを、よく示している。既述のとおり、三重県は早く神社整理に着手したが、合祀批判は漸く明治四十年の末頃から新聞や月刊誌上に登場してくる。同年八月に神社境内設備規程等が発せられて、それ以後の合祀が減却社数の急増にうかがわれるように今までになく厳しい様相を示したことが、批判を顕在化させたと思われるのである。

それでは具体的にどのような相違が四十年秋以前と以後にあるのであろうか。この点を『三重県神社誌』第二巻（三重県神職会、大11）によって事例的に精査してみると、まず明治三十七・三十八年の合祀は廃絶に瀕しているものについて実施されたせいか、せいぜい山神社の如く石体のみの無格社を整理したものらしく、したがって合祀要請に対する抵抗は全く見られない。つぎに、三十九年から四十年十月頃までの合祀は、氏子区域毎にその中心たる郷村社に区域内の他の村社無格社を集中せしめるもので、大体大字単位に行われた。例外的に二大字が一本になったり一大字が二分されたりしているが、何れの場合でも合祀は住民にとって最も重要な氏子区域内で行われたから、比較的スムースに進行し、抵抗はなかったように見受けられる。しかるに、四十年十一月以降の合祀は神社境内設備規程等の規制下に行われたものであって、一村一社をめざして、少なくとも神饌幣帛料供進指定社に集中する方向に、氏子区域を超えて行われ、被合祀社の氏子区域が合祀社のそれへ吸収合併されるという事態を伴った点に特色がある。だが、氏子区域は歴史的につくられ、集落社会の生活と不可分の関係において維持され来ったものであるから、一片の県令によって改廃されうべきものではなかった。有松知事が、「由来神社の合祀を為すは一般人民に対し説き難く腹に落ち易からざる事業」(6)であると演説したのは、合祀のまさにこの段階であり、説き難く腹に落ち難いところを強いて承服させるためにこそ、神社境内設備規程等が必要であった。合祀勧誘の県官またしきりにこの県令を引きあいに出して合祀を迫ったのである。(7)

第二節　命令的合祀論

整理に対する反響の悉くが反撥であったわけではない。なかには、三重県四日市市の県社諏訪神社社司生川鉄忠のように、「(上略)吾曹、此の意味の整理には始めより大々的賛成を唱へ、終ひに奉仕部内の小社四十一社を合せて一社となし、境内を廓清し、神殿を造営し、以例祭の日には、市長以下小学の生徒も玉串を捧げて拝礼し、従前に比して根本より革新したる祭典を挙行し得て、聊か宿志の酬ひたるを欣す(8)」という神職もあった。また、府県知事の手加減による合祀では手ぬるし、全国一様の成果を収めるために命令的に合祀せよ、という意見も少なからず見られた。そこで、命令的合祀の主張から考察しよう。

熊懐武男「合祀論」(『会報』九一号〈明39・9〉一八頁)

詮する所二途あるのみ、一は自然合祀、一は命令合祀是也、自然合祀は経済上祭祀挙らず、修繕行はれず、荒廃に属する神社を、漸々合祀するを云ふ、命令合祀は、政府か一定の方針を定めて、或る程度迄合祀せしむるを云ふ、抑も自然合祀と命令合祀とは、何れが神社の為めに利益ありや、自然合祀は敬神阻喪、神社廃替の導火線たるべし、命令合祀は神社長計の政策たるを信ず、(府県郷社は従前の社数を存し、村社は町村立小学校区

域を標準として合祀すべしとの意見）

陶山桜月「神社整理に就て」（『雑誌』五年一一号〈明39・11〉四三頁）

整理は勅令或は県令を以て之を決行せんには何の苦かあらむ神社整理或は神職俸給等一々是を命令的に令規の下に実行せずんば些々たるにもせよ感情を以て固められたる人間は容易に之に応ぜず或は頑強に之が説諭したる為部落感情は大打撃を来し神職は其職を棄るに至る或は他部落と比較合はずなど持掛け中々実行難

江畔漁夫「神社合併に関する新規定の発布を望む」（『雑誌』六年三号〈明40・3〉四六〜四七頁）

勅令の趣旨を観察すれば当局者は間接に合併を奨励する而已に止まり自然陶汰に任し只譏に合併跡地をして無代価下付の一事ある耳豈隔靴覚《ママ》痒の憾みなしとせんや（中略）政府は神社独立に関する一の規定を設けらるへし而して此規定を実行するに相当の歳月を与へ苟も規定に協はさる神社は命令を以て合併せしむるにあり

木村令治「神社廃合論」（『雑誌』六年一二号〈明40・12〉三九頁）

吾人の目的とする神社の廃合は一市区町村内に数神社を有し氏子信徒少数にして崇敬の実を挙げず維持困難なるもの及び維持上の如何に拘らず同区域内に社号祭神の同一にして分立せるものを命令的に廃合せしめられん事を望むなり

頸根突抜生「神社合併の励行を県知事に上申するの書」（『雑誌』七年二号〈明41・2〉三七頁）

各部落共其人情風俗を異にするのみならず種々の情実等ありて大々的の合併は到底実行なし難き事業に候得共其区域を少にして各村立尋常小学校区域内に一社の標準を以て命令的に御奨励相成候時は容易に実行し得

らるゝものと相信候其所以如何んとなれば其学校区域内は大体上人情風俗を一にし加之行通(ママ)の便利を得たる上に離るべからざる事情もありて敢て感情の衝突する等の事は決して無之ものと被信候

島根、芳香園主人「神社整理に付当局者の英断を望む」(『雑誌』七年四号〈明41・4〉四四頁)

英断とは何ぞと云はゞ左の通である。

一神社の合廃を氏子信徒の意見に任せず命令を以て処分する事

一神社の配置を行政区に伴はしめ即一町村一社を立つるを標準とする事

右の主張六点のうち前二者は主として命令的合祀の必要な理由を示し、後四者は命令的合祀の標準を示している。勅令二二〇号以後二年間ですでに右の六篇が管見に入ったが、この後にも何点かが現われている[9]。この種の意見が『全国神職会々報』よりも明らかに『神社協会雑誌』の方により多く掲載されているのも、両誌の性格差からみて偶然ではないと思われる。

このような命令的合祀を求める世論が神職の間にあり、またこれを受けて明治四十年五月の全国神職会通常会において命令的合祀の建議が原案として提出されたけれども、可決をみるに至らなかった。政府の態度も、「合祀又は廃社は強制すべき限りにこれなし」(明40・12・25付神社局九一号)ということであった[10]。しかし、府県の取り扱いにおいては、さきに三重県についてみたように、強制的なものがあったことは否めない。合社数では全国第三位の愛媛県もその一例であった。明治41・4・4付郡市長あて県内務部長通牒にはつぎの箇条が含まれていた[11]。

一山野路傍に在る淫祠の如きは総て此際除去せしむべきこと

但し必要に依りては警察官に協議し其懇諭を加ふる等適宜注意を要す

一神職又は教導職等にして右等神社淫祠の祭祀をなすもの若は神社の廃合整理等に隠然妨害を為すが如きものは相当戒飭を加へらるべきこと（傍点筆者）

合祀のため、必要によっては警察官に協議してその懇諭を求め、廃合整理を妨害する者には相当の戒飭を加えよと指示するに至っては、強制的合祀といわざるをえない。徳島県についても、「本県にては神社仏閣の合併を頻りに奨励するも地方の習慣上到底不可能なるを以て県は着々実地の調査を遂げ無格社又は頽敗維持に困難せる寺院等は命令的合併をなさしむる筈」(12)（傍点筆者）と報道されている。徳島県は一町村一社を合祀目標とした県の一つであった。一町村一社を目標に命令的強制的に合祀を断行した府県では、「各字の人民」からの反撥もまた厳しかったに相違ない(13)。つぎに反撥の諸相を概観しておこう。

第三節　合祀反対論と反対行動の諸相

論説に現われた合祀反対にふれる前に、合祀賛成であっても現実の合祀のさせ方に批判的であった論者の説を取り上げておきたい。前出の県社社司生川鉄忠などはその好例であって、彼の批判は心ある神職の声を代表していると見なしえよう。その要点を紹介するならば、⑴「存置を願はんか千円以上の基本金を積まざるべからず一人の神職を置ざるべからず然も一時に斯る設備を為すは到底堪へざる所とし終ひに神社の由緒と神聖とを論ずるに違なく生木を割かるゝ思ひをなしつゝ余儀なく合祀す」と強制的勧誘に伴う弊害にふれ、「合祀出願の際は勤めて慎重の調査をなし其の設備に対しても氏子の内情を酌料して仮すに充分の歳月を以てせんことを切望[14]」している。また、(2)各社必ず専任神職を置くべきことを令し、兼務社職で間に合わせることを許さない県の指示に対して、各社に神職を置く時は氏子の負担が大きいことを指摘し、「我曹の希望は、神職一村一人として幣帛料供進の神社に置き、他は幾社あるも之を兼務せしめ、若し、社務繁劇の為めに増員を要する場合は、同一の社に増員して他社は必ず兼務せしめ、以て統一を謀らば、自然神社中心の活動も行はれ、一村の経済も甚き苦痛を感ぜずして円満なる結果を看ん[15]」と建策しているのである。生川の批判は、和歌山県における神社の合祀強行に反対して猛運動を展開していた南方熊楠をして、「従来神恩を戴き神社の蔭で衣食し来りし無数の神職の中、合祀の不法を譚議せるは、全国に唯一人有るのみ。(中略)其言諄々として道理有り[16]」と言わしめた。生川は三重県が神職俸給を定めた時、ただ一人最高の一級俸(年四〇〇円)に該当した長老で、影響力も大きかったと推測されるが、県は彼の建策を黙殺して、内務官僚的合理化政策を強行したのである。

つぎに、論説に現われた合祀反対の意見を類別して掲出する。ここに注意すべき点が二つある。第一は、複数の反対理由が結びあった形で展開されていることが多く、その場合には截然と明快に分別することはもちろんできないが、論旨の重点の所在に注目すれば左のように分別することもできる、ということである。例えば、前掲の生川の批判はBとEの結合形ということになろう。第二は、「各字の人民」は自らの意見を論説の形で発表することはまずないから、論説という以上は神職や有識者の見解である、ということである。しかし、「各字の人民」のレベルでは見出しがたい合祀の問題点が指摘されていることに注目したいのである。

A　経済を主にして敬神の観念なき合祀反対(17)

1　社地の生産的利用のための合祀反対

（上略）今回各地に於ける合祀の実行に就ては敬神の主義に出でたりと云ふよりも寧ろ神社地域を減じて幾多の土地を生産的に使用せんとする経済の主義に重きを措く傾向あらざるかを疑はざるを得ず勿論今の時耕地整理の頻りに勧奨実行せられつゝあるの日幾多無用の大地を有益に使用するは国家経済の上に必要の事たりと雖も敬神を以て立国の基礎とせる我神国に於て単に算数的経済の上に断じて由緒あり信者ある古来の神社を慢りに改廃合祀するが如きは吾人其国民的精神の涵養上決して是認すべからざるの所行たるを断ぜずんばあらず（下略）（「神社合祀と世論」『雑誌』七年四号〈明41・4〉六一〜六二頁、『伊勢新聞』より転載）

2　神社維持法の確立を容易ならしむるがための合祀反対

（上略）神明を他に遷して社地社木を売却し基本財産を作ると云ふ事が、果して敬神の主旨に叶ふであらうか、（中略）又基本財産の積立を容易ならしむる為に社数を減ずると云ふ事も勝手次第なる仕方ではあるまいか。全体維持法確定と云ふ事は大事業で、そして永遠的事業であるから、根気強く心永くやるのがよいのである。年月を少し永くかゝりてやる時は、現在の神社は悉く維持法を確定する事が出来るのである。（中略）若し（民力の負担が）困難なと云ふ地方があれば、新築に際し社殿の規模を小ならしむるもよからう、数郷合して一名の神職を置くもよからう。（中略）これで維持法確定の為是非合祀せねばならぬと云ふ理由の無き事もほぼ明

僚になつたと思ふ、(下略)(中島固成「神社合祀不可論」『会報』一〇八号〈明40・10〉四〇～四一頁)

3　維持法立たずとの理由による合祀反対

神社に基本金の有るのは、誠に結構である。併しよしや基本金がなくても、必要なる経費を毎年氏子から支出すれば、それでも不都合はないのである。当局者が勝手に基本金の額を定めて、それだけの金が無ければ、神社の存立を許さぬと云ふのは不法の命令ではあるまいか。(下略)(会報子「神社合祀の本旨を誤る勿れ」『会報』一三八号〈明43・4〉四頁)

B　人民の信仰に対する理解のない官僚的画一的合祀反対

(上略)縦ひ路傍の小祀と雖も掃除行き届きて整然たる所あれば、信徒等の厚き敬神のほども思はれて心ゆかしく思はるゝではないか、それであるから尊厳を保つ為に殊更に合祀を行ひ、以て社殿を宏荘ならしめ常任の神職を附する必要はないのである。現今のまゝにても破損したる所あれば修繕し取乱れたる所あれば、整頓掃除すれば、充分尊厳を保つ事が出来るのである。尤も尊厳と云ふ事には叮重なる祭典の執行と云ふ事も含有して居る。(中略)縦ひ社掌一人の外他に斎官無しとも、かひ〴〵しく忌まはり清まはり調へ奉れる供物は神も受けしめ給ふべく、赤き清き誠心をもて奏する祝詞には神も感(マヽ)け給ふべく、此れで祭典は叮重に行はれたりと云ひ得るのである。故に宏荘なる社殿があるに非ざれば、祭典は叮重に行ひ難しと云ふ理由は無いのである。(下略)(中島固成、前掲、三九～四〇頁)

基本財産五千円以上などといふ全国的目標を立て、一大字一村社といふやうな画一的原則を立てたことは誤ってゐる。祭官の数の十分で無いのに、住民の自祭を制限し、又は不可能にして居ることで、祈願せんとする者の心を荒しつゝあるやうに思はれる。神社局が人民の信心といふことを少しも考へず、たゞ外観によって判断するのが悪い。地方官は神社の祭を事務としてしか視ることが出来ず、祈願の必ず成就するといふ確信を、最も持ちにくい人たちである。（柳田國男『氏神と氏子』〈小山書店、昭22〉一三九〜一四九頁の趣旨）

C

人民の生活慣習を無視する合祀反対

（上略）厳然神社明細帳に登録し、父祖千年、一村或は組合中の産土神として、祭祀し来れる神社に向ひ、維持困難を口実として、破壊を促さんとするは、独り人情の忍ぶ能はざるのみならず、（中略）祭によって得来れる、一村部落の団結心を破り、女子供奉公人の如きは終年労働してお祭休みなきに苦情を鳴らし、酒屋魚屋の商業的関係等曳て波及する処は指を屈するに遑あらざるべし（下略）（清家多門「神社の廃合に就て当路者の注意を望む」『会報』九一号〈明39・9〉一六〜一七頁）

（上略）春秋二季の祭典は吾人をして旱雲火を飛して長空を燎くの日も、北風恐発して浮雲昏き日も、甘んじて田に入り畑に立しめたりき、オマツリに於ける赤イベヽ、赤イ簪、新シイ下駄は、幾多の子女をして、粗服に甘んぜしめ、弊履に甘んぜしめ、しかも学に業に勉励せしむる奨励の辞なりき、然るに一朝令出で、神社整理の声四方に響くや、涙なく血なく、しかも無智無識の下級官吏は自己の威を示し、自己の功を成すは是の時なりとし、彼等が白矢は、先づ力無き吾が里の吾が鎮守の森に発たれたり、彼らが威嚇至らざるなく、遂に星稀れに風うら淋しき秋の夜半、吾が鎮守の森の神は、四つ五つの高張に囲まれ給ひ、白木の神輿に鎮り坐し、奏づる道楽声哀れに、何とやらん山に鎮ります神の御許に向はせ給ひたり、（中略）此の一場の光影に撃たれ暗涙に咽ぶもの、たゞに老爺のみならんや（下略）（北嶽生「無題録」『会報』一一八号〈明41・8〉四〇頁）

D　地方人民の自治的経営権を侵害する合祀反対

（上略）神社には、官の祭祀に由来するものと、地方人民の自治的経営によりて祭祀し来れるものとがある。官の祭祀に由来するものは、其存廃官の自由である。されど地方人民の自治的経営により祭祀し来れるものは、其存廃の権利主として地方人民に存するのである。然るに民意を無視し、合併を強行せんとするが如きは、所謂利権の濫用である。神社の整理に非ずして神社の破壊である。（下略）（中島固成「神社合併の強行につき満天下有信の諸氏に檄す」『会報』一二〇号〈明41・10〉四五頁）

E　合祀強行反対(18)

1　経費供進社指定による自然廃社を

（上略）府県社以下神社の自然廃合法とは何ぞ。彼の神饌幣帛料を供進すべき神社を指定せられたる如く、各公共団体の長官及び町村長と、其管内重立ちたる神職とをして特殊の神社を調査せしめ、各公共団体の大小或は人口を標準として神社数を制限し、一町村一神社位の基数を以て経費供進の神社を指定せられなば、其指定に浴するの資格なき神社は自然存立の余地なく、何等命令を須ゐずして指定神社に合併すべきは期して見るべきなり（下略）（木村令治「府県社以下神社の自然廃合策」『雑誌』七年七号〈明41・7〉四五頁）

2　一町村一社と数に重きを置く合祀に反対(19)

併しこゝに一つ困難なのはそ（神社）の数の制限であります、これにつきましても今日色々な説がありますが、猶感服した説も見当りませぬ様です、その中或る筋から最も有力なる説として出て居るのは、神社の数を一町村に一社宛とする案であります、一見甚だ面白い様でありますが、私はとても実行は覚束なからうと考へます、何故ならば今日の行政区劃なるものは、神社の配置とは全然無関係のものであり、又神社は一町村に一つ宛として設けられたものではありませぬから数の上に於て両者間に連絡を結び付けるのは極めて困難かと存じます、且つ今日の区域なるものは勿論万世不易のものでも御座いますまいから、これによりて神社の数を定めて置けば他日市町村の範囲が変更した場合には之と共に神社の廃合を行はなければならぬ場合も起りませう、ですから私の考へと致しましては数の上には重きを置きません方で、大体の主義精神と致しましては神社の由緒、来歴を重く考へるといふ方であります。（宮地直一「神社の整理」『会報』一二一号〈明41・11〉二四～二五頁）

3　歴史を無視せる合祀反対

（上略）一町村一社制の下に、又は神職俸給制度を布かんが為に、其氏神社たるを何たるとを問はず合祀を行ひ、数百年来生ひ立ちたる鎮守の森をば、何の惜げも無く片端より切払ふと云ふが如き、是れ即ち神社の歴史を無視せる所の合祀と云はねばならぬ。斯る合祀は神社整理に非ずして、神社破壊とでも称すべきである。（中島固成「神社整理に就て」『会報』一四〇号〈明43・6〉一一頁）

F　合併のもたらす弊害ゆえ合祀反対

1　合併による参拝不便は神人の間を遠ざく(20)

(上略)如何程小部落の一小社なりとも、兎に角其部落の祖先が親しく仕奉ると云ふ敬神の誠意を以て其地の鎮守と崇め奉り、子孫の続々春秋の御祭より月並祭に至る迄、日々社頭に参拝して仕奉りつゝあるものを、些細なる事情の為めに軽々敷他社に合併するは甚だ遺憾である。若し止む事を得ず他社に合併せられたとすれば、其氏子は如何、是迄朝に夕に参拝し得らるゝものが、今度は隣村迄往かんければならん、隣村位ならば宜しけれど、若し一里又は二里も隔りたる時は、一度参拝するにも数時間を要する事になるので、自然敬神の道にも疎くなり、是迄日々参詣したる者も月々となり、月々したる者は一年中に何度と云ふ位の事になる、(中略)あまり合併し過して却て神人の間を遠ざけ、敬神の道を忘るゝ様に相成てはいかぬと考へる、(越後無能生「神社合併に対する意見」『会報』一一〇号〈明40・12〉三七頁)

2　合祀は珍植物を滅し勝景史蹟を破壊す

(上略)社辺にマメツタラン、カキノハグサ、イワハゼ等と名くる珍植物多く、神泉の下流に奇異の鼓藻珪藻甚だ多く、又シリンドロカプサと名づくる稀有藻、蝶螈の幼児及び大学標品目録に天城山産のみ挙たるサハルリソウなどもあり、初夏優美の碧花を開く古は桜の名所たりしも近く濫伐し尽せり、此社を此処に置きたりとて益こそ有れ何の害も無きに、俗吏等は例の基本財産の積立を責道具となし全滅強迫しつゝあれば頓ては山巓の樹木も跡を絶ち、神泉長へに涸れ珍藻奇草尽く亡びて全山丸禿と成り、道路年々崩壊して如何ともする無きに至るべし、渡り奉公の官吏輩何んぞ能く自家に関係無き地を愛惜して其由緒を重んじ其故蹟を保存し、且其勝景を護持するに念有んや、[21]（下略）（「無謀なる神社合祀」『会報』一三六号〈明43・2〉七九頁、『大阪毎日』より転載）

3　合祀にさいし私利を図る者あり[22]

（上略）各府県に於て合祀奨励の結果、奸民相謀りて不当の暴利を貪らむとし、払下げて多額の利益ある社地社林は、其の神社の維持立ち難しと巧に佯りて、合祀を遂行せるものも少なからぬと云噂がある。是等は実に悪むべき神賊である。かくの如き奸賊は論外であるが、法のために、かやうな奸賊を出すに至ったのは、神祇に対し奉りて、恐懼の至であるまいか。（下略）（佐伯有義「敬神思想と神社合祀」『会報』一三六号〈明43・2〉八三頁）

それでは、一般神職は合祀に対してどのような態度をとったであろうか。県が合祀強行の最尖端をつっ走っていた三重県下では、先にふれたように、神職管理所の役員たる神職は県の方針を忠実に推進し、合祀のPRにも一役買って講話に演説にその趣旨を鼓吹して歩いたのはもちろん、一般神職のなかにも他村に率先して一村一社を実現せしめた者がある。[23]しかし進んで県に協力する者は多くなかったであろう。他面、合祀に異論のある者でも、これを敢て口にし筆にすることは、合祀強行県では至難であったとしなければならぬ。『神社協会雑誌』や『全国神職会々報』の記事によってこの時代の動きを察する時、社数に比べて人数の少ない神職は合祀のために失職することもないので、大勢は長いものに巻かれることになったという印象を受けるのである。

合祀強行県の町村長は合祀勧奨の立場に立たされた。そこで、村内をとりまとめて合祀を達成するために努力するのが一般の動きであって、一部に伝えられるような威嚇あるいは奸計をもって合祀を強制した者[24]は少ないと考えられる。合祀達成後は、神社の元始祭に町村長が参拝して戊申詔書を奉読し、併せて前年度の村治諸般の成績と本年度実施すべき計画等について奉告することが、県の指導の下に恒例行事化された。[25] 奢侈を戒め勤倹を勧めた日露戦争後の地方改良運動の中心たるべく、神社が動員されたのであって、町村長は住民の不満を上達するよりは、権力の命ずるままにこれをなだめすかす准官吏的役割を負わされたことが、神社合祀問題においても鮮やかに露呈されている。なお、合祀強行県のなかでも比較的緩やかであった神奈川県では、町村長の姿勢やそのパーソナリティにより、一村一社の方針をうちだして整理を推進した者とサボタージュした者とがあり、高座郡の隣接七ヵ村のなかでは後者が圧倒的に多かったようである。[26]

合祀反対の論説はほとんどすべて『全国神職会々報』に登場したが、人民の反撥も同様であった。それでは、「各字の人民」はどのような形で強圧的合祀に反撥したであろうか。そこにはいくつかの異なった形が識別されることはつぎに列記するとおりであるが、右の論説に比べるなら、いずれもより情動的・非理論的・潜在的・呪術的である点に共通性が認められる。

A　合 祀 拒 否（→紛争）

長崎県西彼杵郡の例（「長崎通信」『会報』九一号〈明39・9〉二九頁）

大阪府南河内郡金岡村長曾根の例（「神社廃合と町村」『会報』一一〇号〈明40・12〉五一頁、『大阪朝日』より転載）

三重県宇治山田市の例

伊勢国宇治山田市及び市外度会郡諸町村に於ては過般来新県令に拠る神社合祀の実行に就て当局者の処置頗

る不穏当なりとて反抗の火の手頗る盛なりと元来本問題は昨年十二月初旬より起り宇治山田市に対しても県庁よりして一市一社制を強制せむとしたるより反抗の勢焔を大ならしめたり（中略）由緒深き古社又は市民の崇敬篤き古祠の類亦尠からず夫等をも全く廃滅せしめて一市一社の強制に聴く事は市民の堪へ難き所なりとて物議喧囂遂に昨年十二月十五日岡本町なる神都霊祭会内に於て市内有志者の大会を開いて由緒深き県社及び十二村社存立の議を決して其他は合祀の勧誘に応ずる事となれり（「伊勢の合祀問題」『会報』一一一号〈明41・1〉五六頁）

左記は合祀拒否から村内に紛争が生じた例である。

岡山県御津郡円城村上田西の例

神職氏子総代による合祀決定に対して氏子有志が反対し、部落内に紛擾がもち上がった（『会報』一三八号〈明43・4〉八九頁）。

大阪府南河内郡金岡村の例

（上略）茲に又一紛擾は他方面より持揚りぬそは一方の大字金岡は自己の氏神に長曾根の其を合併せば勢ひ長曾根村民の頭を抑へ得べきが故に大に之（金岡神社への合祀）を歓迎し若し対手（長曾根）に於て応諾せざる場合には水利の問題をさへ惹起し水責策を以て我意を張らんとの態度を示せり（此金岡は長曾根の上部に位し田畑の灌漑用水は皆此の村を通じて長曾根に流下するものなり）（下略）（「神社廃合と町村」『会報』一一〇号〈明40・12〉五二頁）

三重県河芸郡明村の例

本郡明村神社合祀ニ関シ紛擾相起居候処一昨八日ヲ以テ右ニ関シ村長助役共ニ責ヲ負テ及辞任忽チ村務ノ進行ニ差支候（下略）（明43・10・10付県知事あて河芸郡進庶二三二号、三重県庁文書）

三重県南牟婁郡阿田和村引作の例（「旧社合祀実例」『会報』一五八号〈明44・12〉七八〜七九頁、なお本書一三四頁引用参照）

B　面従腹背

1　合祀済の届けのみで、その実合祀せず

当郡（和歌山県西牟婁郡）二川村といふ所三月一日合祀せしも、名のみにて、神体も何にも、少しも動かずそのまゝ也。（中略）当郡は合祀と名のみで、一寸も合祀せず、表面合祀願ひ出し、合祀式をすませたとの届けのみで、合祀余りせずに済む事と相成り居り、一同甚だ喜悦、全く小生の力なりと礼言ふもの多し。（明43・3・19付および明43・3・24付古田幸吉あて南方熊楠書簡、南方文枝『父南方熊楠を語る、付神社合祀反対運動未公刊資料』〈日本エディタースクール出版部、昭56〉一九三、一九五頁）

2　合祀社へ社費を納入せず

（日高郡）上山路の丹生川及び竜神村の三ツ又、只今連盟して（合祀社、東の丹生神社の）社費を納めず、郡役所より招喚あり、惣代等当方を経て、御坊へ行く筈也。当郡は社費を納めぬ者多く、又、復旧せしもの多く、当郡役所は、之を黙過し居る様子也。（明44・1・28付古田幸吉あて南方熊楠書簡、南方文枝、前掲、二二〇頁）

3　神社境内設備規程、神職俸給規程を実行せず

（上略）中に就き、尤も甚しきは、神殿拝殿等にして訓令の制限に合はぬ点を、いかがはしき杉丸太を用ひて

継足しをなし、或は屋根を土丹《トタン》葺きになして一時的弥縫を為すものあり。或者其の不体裁を詰すれば、「何レ改造スル見込デスガ当分是レデ御不勝《(マヽ)》ヲ願ヒマス」と、当時者は平然たるも吾曹は唖然たらざるを得ず。而して何故に如此なるかと其に因を糺せば、多年等閑に附し来れる神社を、一朝厳命の下に、其れ神職を置け、其れ基本金を積めと、短兵急に迫られし結果、氏子は周章狼狽、百方工夫を凝して基金を創設し、辛ふじて存立を得たるも、月々神職の俸給は支払はざるべからず、基金は積まざる可らず、是を以て、迚ても造営まで手の届きかねて、終ひに此の失態を敢てするに至る。誠に悲むべき也。されど、如斯は猶恕すべし。只恕すべからざるは、合祀はなしたるも、神職に成規の俸給を与へず、大抵従来の収入を大凡何程と見積りて県庁へ具申し、表面は何給俸と立派に辞令を附せらるゝも、其の額は表裏相合はず、之れを割引と称し、二割引き、三割引き、或は五割引きも有ると云ふ。而して、造営の如きは、初めより念頭に措かざるものゝ如く只埒明的合祀をなして平然たるものあり。（下略）（生川鉄忠「神社整理難を論して神職配置法に及ふ」『雑誌』八年八号〈明42・8〉四六頁）

4　合祀にさいし偽神体を渡す

昨年六月以後合祀四万八千六百五社就中三重県の合祀数五千五百社に及べりと合祀数の多きだけそれだけ敬神の実挙れりや否や合併に際し偽神体を渡し窃に真正の御神体を奉じて涙を呑む無告の民数夫れ幾許ぞ（「一事一信」『会報』一四八号〈明44・2〉六二頁）

なお、和歌山県日高郡矢田村入野の大山神社の土生八幡神社への合祀に関連して、神体をすりかえて部落のなかに保存するよう南方熊楠が入野住いの従弟古田幸吉に教唆したことについては、古田あて明43・3・19付、明43・5・24付、大2・2・5付南方熊楠書簡、および解説をみよ(南方文枝、前掲、一七六、一九二、二一〇、二五二頁)。合祀のあと古田の「大山神社を追慕する歌」が、大正二年十月十五日発行の『紀南新聞』に「作者不知」として掲載された。南方は「其許の歌、其許の署名なし。右様の卑劣なる仕方にては、誰が読むも、ほんの意趣晴しの泣き言としか受取れず候」ときびしく批判したが、合祀反対論にきわめて同情的であった『日高郡誌』の編者森彦太郎は、「歌詞拙く、史実の誤もあれど、神社合祀に対する民間の悲しき叫び紹介するも徒爾ならじと、茲に特に掲出するもの也」と断って、その下巻に全文収録した。これを読むとき南方の批判に共感を禁じえないけれど、参考までにその中段以下を左に転載しよう。

大山神社も其の如く　此の征神の暴軍に　久敷抗戦したれども　如何でか衆寡敵せんや　神軍玆に敗滅し
悲しや遂に御霊をも　大正二年の神無月　他所の社に遷したり　哀れ戦後の拝殿や　社殿のさまの荒涼を
見る人も亦聞く人も　共に涙は村雨ぞ　金力なくば斯ばかりの　由緒正しき古社でさへ　氏子の数の少なく
ば　霊験著き名社さへ　焼き棄てられて御霊をば　他へ遷さるゝ　悲しさよ　あゝ度し難き大正の　御代の
俗吏の暴政よ　便不便をも弁へず　距離の遠近計らずに　無暗に神社を滅さば　山間僻地に住居する　真の
民も日に月に　祖先を敬する真心を　失ひ尽して末遂に　国家の基礎は揺ぐべし　神社を潰して徒に　拝金
思想を鼓吹せば　人道遂に地を払ひ　黄金万能の世とならん　富も程度を過しなば　惰者を生ずる基となり
徴兵忌避者も多くなり　国家の秩序は乱るべし　されど氏子の人々よ　遷御の式は済みしとて　さまで嘆く

に及ぶまじ　我等の仰ぐ大神は　我等の捧ぐる真心を　斥け給ふ訳はなし　我等の悲しき絶叫を　見捨て給はん筈もなし　殊に心の穢れたる　神職共が一片の　祝詞読み上げ鹿爪らしく　如何に遷御を請へばとて数百千年奉祀せし　いとあらたなる我神は　軽くも之を納れ給ひ　遷り行きます道理なし　況して万の神々の　杵築の宮に出でまして　在し給はぬ神無月　月の中の朧夜に　古来の一つの例なき　袂露けき合祀祭在さぬ神を如何にして　遷しまつらん術ありや　剰へ合祀の祭式に　恐多くも御鏡を　玩具の如く扱ひし神職共の不敬をも　少しも神罰当てずして　之を見遁し給ひしは　神の在さぬ徴証也　遷り給はぬ兆報也神は我等の真心を　見捨て給はず永久に　我等が頭上に坐しまして　我等を守らせ給ふなり（和歌山県日高郡役所編『日高郡誌』下巻〈大12〉一〇五七～一〇五八頁）

5　合祀跡社殿を存置せしめて礼拝す

其の後三日、遷座の余興として野小屋を組んで壮士演劇をする、若衆相撲を取る、何分未曾有の出来事とて賑ふことも賑ふたが、ヤツパリ元の鎮守の森を見棄つることは出来ぬと見えて其の後も相変らず御霊なき社に詣でゝ以前と同じやうに拍手打つて拝んで居るのが沢山ある。御霊なき社に合掌礼拝するもの（ママ）あつて、合廃の実揚らぬを虞れて、遠からぬうち其社も森も或は焼き、壊ち、売払うて了ふとのことである。（「神様の転宅」『会報』一一八号〈明41・8〉七九頁）

その当時三重県では、そのこと（私註神社整理）に当った知事を藪神退治の知事といった。そう（私註廃社）でなくて合併しても、村の鎮守を他の村に移すことになるので、どこでも抵抗があり、しばしば表向きには遷座して合祀することになっても、相変らず旧社地は遙拝所などと称して、日夕それに奉仕しつづけた。（原田敏明『村祭と座』〈中央公論社、昭51〉一八二頁）

名を合祀に藉り、なるべく盛大な神霊移転祭を行って対等合併の形をとったにせよ、その実は廃祀であり、合祀先神社の祭典に参列しても、合祀社の慣例による神事では被合祀社の旧氏子はまるで降人同然の姿になるのであるから、神霊は移しても旧態を止め、合祀社と祭日を一にしてでも旧来の祭礼を維持したい、ということになるのは当然ともいえよう。そのために被合祀社跡地に社殿その他の建物を依然残置させ、外観上神社なお存立するごとき状態を維持することが企てられた。しばしば神霊を移す儀式は、鏡に神の影を写しこれをふろしきなどに包んで合祀先に奉遷するものであったから、[27]その場合一層旧態を止めやすかったのである。事実このような例は往々あったと見えて、明治四十二年一月には三重県内務部長から各郡市長あて、これらの残置社殿に対して至急相当の処置をとるよう通達された。この通牒によって被合祀社の社殿等の存続は許されなくなったが、なお密かに旧態を存したもの、跡地を合祀社の基本財産に編入せず旧氏子の共有に移して他日の復興に備えた例は少なしとしない。[28]事実、保存された跡地は再興の強力な足場になったのである。

6　社殿もないのに被合祀社跡地で祭祀を執行す

当郡（和歌山県西牟婁郡）内は、今に大紛擾にて合祀せしものは祭祀を神社なしに挙行する土地多く、（中略）祭祀によんでくれぬから、神主も大閉口。只勝手に神主なしに、休業して神社の故趾に参詣する事故、巡査など何とも力及ばず、素より罰金も叱責も出来ず。因てそのまゝ也。（明43・1・7付古田幸吉あて南方熊楠書簡、南方文枝、

前掲、一八六頁）

7　古社の合殿を拒み本殿を二つ並べて斎きまつる

長野県更級郡塩崎村では村長が篠井庄神社を上篠ノ井鎮座の軻良根古神社へ強引に合祀させた。このとき篠井庄神社の氏子の強硬な申入条件によって、由緒ある古社を合殿とせず、本殿を二つ並べて斎き祀り、神社経営のみ一社として祭祀を行っている。（長野県神社庁『長野県神社百年誌』〈昭39〉六五三～六五四頁）

8　祭神を個人の内神として祭祀を維持す(29)

近来神社維持困難の為め其祭神を個人の内神として措置するもの往々之れある由右は多少の氏子又は信徒ある者に対し尊崇の途を杜絶し妥当ならざるに付自今は附近の神社に合祀せしめ廃社の財産は合祀神社の維持に充当すべし（「神社局の示達」『会報』一三五号〈明43・1〉七〇頁）

C　神罰・たたり

山口県豊浦郡北部の某村にて此程一神社を角島村に売却否合祀したるに元寇の乱に吹起りしといふ神風忽ち吹起り家屋も吹き飛ばさん計りなりしにぞ氏子等は即ち神罰なりと唱へ出し同契約破綻したりと而して同神風該村にのみ吹き隣村には一向吹かざりしとかにて此事口より口に伝はりて今や大に同地神社整理の実行に困難を来し居れりと（「神社合祀と暴風」『会報』一一二号〈明41・2〉六一頁）

（上略）立木だとても神の森には始終神様が宿って居られたのであるから之を伐って普請などしては直に祟りを受けると誰も買ふ者がない、現在（大阪府）豊能郡の或村では之を買ふた者が伐り出した所の杉の大木から生血が滴つて樵夫はソコに悶絶したと噺して居る、固より信ずるに足らぬ訛伝、他年の雨水が節穴にでも溜つて居てソレが木の灰汁で赤く染つて居た位のことであらうが兎に角コレは理窟では行かぬ。氏子として神の森の木に斧鉞を加へるのは人の首に刃を擬するよりも大事である。（「神様の転宅」『会報』一一八号〈明41・8〉八〇頁、『大阪朝日』より転載）

明治四十一年十二月十五日（村社若雷神社ニ無格社十四社）合祠ノ当日（中略）ノ寒サハ一通リノ寒サデ無ヒ、空ハ曇リ北風烈敷実ニ珍ラ敷寒気デ、誰レモ彼レモ皆ブル〱振ヒテ歯ノ根モ合ズ、並ノ顔色ノ者一人モ無ヒ、皆不思議ノ日ダト怪ミシ者多シ、是各神モ住ミ馴レシ土地ヲ離、村社ニ同居ハ余リ神モ喜ヒ給ハス、如斯ノ寒サモ神慮ノ為セシ事ニヤアラント、人心恐々タリ、此ノ寒サハ後日忘ル事ノ出来ヌ程ノ寒気ナリ、同年十二月十八日、郷社（杉山神社）ニ（無格社）五柱八坂ノ両社合祠ノ当日モ同様ニテ、朝ヨリ時雨寒風肌ヲ撃《ツク》、十二月十五日ト敢テ替ル事無キハ是又不思議ノ日ニテ、偶然ニモアレ如斯シテモ神々ノ感喜セラレザリシ様思ハレ、又祖先ヨリ我ガ土地ニ祀リシ神ヲ、時節到来トハ言ヘ余リ能キ心ロ持ニテ合祀ヲ為シタルニ非ス、サスレバ神モ人モ事情ニ於テハ同ジモノデアル、以上事実ノ記（神奈川県都筑郡新田村吉田、『吉田沿革史』〈昭59〉三九六～三九七頁）

野州足尾町磐裂神社合祀決議の夜白髯の老翁社掌の枕辺に至り怒髪天を衝き睨視して余が氏子にして余に立退きを迫るは奇怪至極なり之を実行せば厳罰忽に至るべしと宣へりと誠にさもあるべきことなり合祀は軽忽に行ふべきものに非らず氏子大に注意せよ（「一事一信」『会報』一四八号〈明44・2〉六二頁）

神社合祀で聞えた三重県では之も矢張り神社合祀の結果神社基本財産蓄積といふ名義の下に同県紀伊国南牟婁郡阿田和村大字引作（なる引作）神社の一大老樟樹を三千余円に売り飛して切取ることになつた、此樟樹は周囲四丈五尺枝幹数千に拡がり壮大無比慥に千年以上の老樹と認められてゐる一体樟は紀州の神木とする所で（中略）一般の民が神と仰いでゐる霊木をむざ〳〵と切り倒したりなんかして碌なことがあるものかと熊野辺の人は憤つてゐる、丁度其折も折西牟婁郡田辺の闘鶏社の老木を枯損木と詐りて切倒しに係つた前郡長の秋山某といふのが切採中突然卒中に罹つたので偖こそ神罰と一同ぞゞ毛を振つたさうな。（「三重県合祀の裏面」『会報』一五四号〈明44・8〉五三頁、『東京朝日』より転載）

小生は、近日、合祀不合人民意の統計として「日前宮国造の母死んだ」のを始めとし、諸処で、合祀に関せし人々の凶死・変死・災難の統計を作り出すに候。（中略）迷信とか何とかいふか知らぬが、（中略）今日迄、小生親く見る所ろ、合祀を挙行せし張本人、神職など多くは変死・狂死し、又□難にあひ、家衰微致候（下略）。（明44・6・6付および大2・2・8付古田幸吉あて南方熊楠書簡、南方文枝、前掲、二三一、二五三頁）

D　被合祀済神社の復祀、合祀請願書取消し

日高郡にも上山路の東といふ所の丹生神社へ合祀せし七十余社如き、追ひ〳〵跡戻り致候。殊に丹生ノ川などは公然逆戻り式を行ひ、取り返し候。東牟婁郡の七川、三尾川等は小生の意見を用ひ請願書取消し大はやり大騒ぎ也。（明43・3・6付古田幸吉あて南方熊楠書簡、南方文枝、前掲、一九一頁）

（上略）貴郡（日高郡上山路村）丹生ノ川の人民一同徒党し、合祀（東の丹生神社）の社費を納めず、又、西牟婁郡諸

村に倣ひ復社届けを出し候より、郡長より人民総代八名を召喚し、八名の総代一人、外に差副人一人出頭（一昨日）、差副人には郡長面会を謝絶し、他の総代一人を密室に入れ、社費を納むべし、合祀跡にて祭典を催さゞるべし、と誓言する迄閉ぢこめ置くべしと言しに、右の男（小生知人にて紀州第一の猟師なり）百日、二百日閉こめらるともかまはず、又殺さるゝともかまはずと言ひ張り、遂に復社は出来ぬが、遙拝所とし保存すべし、又社費は可成納むるやうといふ様な曖昧な事にて、今夕、当地迄帰り来り候。是れ日高郡にて第一の実際上の合祀復旧の例に候。（明44・2・11付古田幸吉あて南方熊楠書簡、南方文枝、前掲、二二〇～二二一頁）

「各字人民」の合祀に対する反撥の程度は、合祀目標が一町村一社か一大字一社かにより、またこれを実行させる強制の加わり方いかんにより、当然異なった。一大字一社の場合には、人民の生活慣習や自治的経営権を侵害すること少なく、また合併による参拝不便は通常見られず、それゆえひどく強制せずとも実現する可能性が大きかった。したがって抵抗はそれほどでなかった。けれども、一大字一社に満足せず、一町村一社の実現に着手した時、反撥が急に顕在化し始めたのである。

右に例示的に掲げたいくつかの反撥形態のうち、官公吏の強圧的合祀要請に拒否をもって答えたもの、あるいは戦闘的に復祀をかちとったものは多からず、大体は消極的な、面従腹背とか、祟りを云々するとかの形に終ったことと思われる。そして、おそらく大多数は、強圧的要請に涙を呑んで屈し、「藪神退治の知事」といった表現で知事を揶揄する以外に、反撥を顕在化せしめる契機すらもたなかったことであろう。(30)

註

（1）『会報』一〇四号（明40・6）一〇三頁、『会報』一〇五号（明40・7）九一頁、および『会報』一〇六号（明40・8）七一〜七五頁。

（2）合祀により兼務社数が減少し、それだけ収入も減ずることが、神職を合祀反対にまわらせる傾向があった（大崎勝孫「〃神社の廃合に就て〃を読みて」『会報』一〇七号〈明40・9〉三一〜三三頁）。水野局長の「合併せられたる神社の神職は為めに俄かに生活上の困難を感ずるなきやの問題は一応理由あるに似たれども現在の実況に見れば（中略）合併せらるゝ神社は平生之を掌理する神職を存せざるが故に従って合併の為めに影響を被むるが如きことは事実上絶えて無しといふを得べし」との談話は、一方的な断定といわなければならない（「神社局長の東北視察」『雑誌』五年九号〈明39・9〉五六〜五七頁）。なお、琴浦漁史「余の所感」『雑誌』八年一号（明42・1）四五頁、大森轡雨「合祀難」『雑誌』八年四号（明42・4）四七〜四八頁、北野尚人「偶感漫話(八)」『雑誌』八年四号（明42・4）四九頁、を見よ。

（3）本文で紹介した委員の原案第一項に、「特別の由緒ある神社を除くの外維持法不確実の神社は地方長官より命令を発して合祀することを得」とあり、合祀を全国一様ならしめるため、命令的合祀も可能としたところに、神社界の態度が認められる。ただしこの原案第一項は反対意見が出て削除された。資料は(1)と同じ。

（4）山口正興「神社の合併に就て」『会報』九六号（明39・12）二三〜二五頁。

（5）「社寺合併に就て」『雑誌』五年九号（明39・9）三六頁、「神社局長の東北視察」『雑誌』同上、五七頁。

（6）『雑誌』七年三号（明41・3）六九頁。

（7）「然るに（宇治山田）市外の度会郡諸町村に於ては県庁よりの出張官吏及び町村長等の態度頗る不遜を極め合祀勧誘主任の官吏は車を八方に駆って素朴の町村民等に威圧的又は強制的の干渉を試み合祀反対の町村民等に対しては『目下は維持費（私註基本財産）二千円（私註村社の場合）の規程なるも遠からず四千円となるべき筈なり《（ママ）》』など威し甚だしきは存立を欲せば存立せよ官は用捨なく其の神地を取上ぐべしなど甚だしき威嚇を敢てする者あり御薗村大字高向村村長の如きは仝村奉祀の高向大社廃止の説を主張し『若し存立を計らむとせば今夜中に二千円の積立金を造るべし』など暴言を吐くに至り甚く村民の激昂を招けり（下略）」（「伊勢の合祀問題」『会報』一一一号〈明41・1〉五六〜五七頁）

（8）生川鉄忠「神社整理難を論して神職配置法に及ふ」『雑誌』八年八号（明42・8）四五頁。

(9)「徳島通信、神社仏閣の命令的合併」『会報』一一九号（明41・9）八三頁、琴浦漁史「余の所感」『雑誌』八年一号（明42・1）四五〜四六頁、串山長重「神社の振興策に就て所信を述ぶ」『雑誌』八年一号（明42・1）四七頁、和田陽三「府県社以下神社の為に根本的整理を望む」『会報』一二七号（明42・5）四〇〜四一頁、など。

(10)『雑誌』（五年一〇号〈明39・10〉解疑欄、四八頁）にはつぎのような問答が掲載されている。

（問）神社合併を勧誘奨励するも信徒等に於て旧慣を固守し維持法を講ぜず建物破損を修繕せず其儘にして説諭を聞かざる場合には何等の制裁ありや望らくは是等に対しては三年或は五年を期し官より社号取上とか自然消滅とかの方法を設けられたし如何のものにや

（京都森本正典）

（答）本問の如き事実は各地にも尠からざるべけれど此等に対しては何等の制裁を加ふること能はざるなり而して神社合併のことたる当局に於ても強行せらるゝものにあらざるべければ唯だ神社の体面を尊厳にし維持を鞏固にする為め適当の方法にて合併の必要を勧奨誘導して実績を挙ぐるより外に方法なし後段の意見に対しては今茲に記者の管見を述ぶることを得ず

当局が命令的強制的合祀の意図もしくは「勇気」を始めからもっていなかったことは明らかである。

(11)「愛媛通信」『会報』一一五号（明41・5）七〇〜七一頁。

(12)「徳島通信、神社仏閣の命令的合併」『会報』一一九号（明41・9）八三頁。ほかに強制的合祀を伝えるものとして、「刈羽通信」『会報』一一三号（明41・3）七三頁、などがある。

(13) 大阪府についてつぎのように報告されている。「按ずるに当府の方針は此の際各村落の神社廃合を決行せんとし表面神社合併の好意勧告てふ名の下に実際は下級郡村吏員を督励して殆ど強制圧迫に均しき干渉を為し若し町村にして廃合を肯ぜざるに於ては六千円積立の基本財産問題を以て窘窮せんとすれど之が根拠は至つて薄弱の者にて唯一片の訓令たり内規たり去れば各郡到る処に於て反対の挙に出づる者続出し当局が豊能、泉南、南河内の三郡を以て最もよく廃合の実を得たりと称するも其の実殆ど強制の結果此に至りしものにて（下略）」（「神社廃合と町村」『会報』一一〇号〈明40・12〉五二頁）

(14) 生川鉄忠「神社整理に伴ふ弊害」『雑誌』七年二号（明41・2）三六〜三七頁。

(15) 生川鉄忠「神社整理難を論じて神職配置法に及ふ」『雑誌』八年八号（明42・8）四八頁。なお、第四章註(12)参照。

(16)『南方熊楠全集』八巻（乾元社、昭26）一五四頁。

(17) ほかに、「会説・神社の整理（其の三）」『会報』九一号（明39・9）四頁。

(18) ほかに、大高常麿「神社廃合に就ての卑見」『会報』一二〇号（明41・10）四三頁、など。

(19) ほかに、佐伯有義「敬神思想と神社合祀」『会報』一三六号（明43・2）八二頁、会報子「神社合祀の本旨を誤る勿れ」『会報』一三八号（明43・4）三頁、など。

(20) ほかに、会報子「神社合祀の本旨を誤る勿れ」『会報』一三八号（明43・4）七〜八頁、「無関門」『会報』一五七号（明44・11）八五頁。

(21) ほかに、南方熊楠「神社合併反対意見」『日本及日本人』五八一号（明45・5）二三〜二九頁、五八三号（明45・6）二一〜二六頁。

(22) ほかに、「神社廃合の典を厳粛にせよ」『雑誌』六年二号（明40・2）一頁、「栃木県神社合併状況」『会報』一三五号（明43・1）七一頁、会報子「神社合祀の本旨を誤る勿れ」『会報』一三八号（明43・4）三〜四頁、など。

(23) 『雑誌』六年七号（明40・7）四三頁、『雑誌』八年一一号（明42・11）六〇頁。

(24) 三重県下では基本財産造成の件で威圧的に合祀を強制した町村長があり（『会報』一一一号〈明41・1〉五六〜五七頁）、和歌山県下では合祀請願書を偽造して、村民から告訴された村長もあった（明44・1・21付古田幸吉あて南方熊楠書簡、南方文枝、前掲、二一九頁）。なお、長野県下の同様の例については、「惜まれた神社合併」『長野県神社百年誌』（長野県神社庁、昭39）六五三〜六五四頁、を見よ。

(25) 「模範村に於ける神社」『雑誌』一一年一〇号（大1・10）六五頁。これは三重県阿山郡玉滝村の例であるが、その外、『三重県神社誌』全四巻の中に多くの実例が語られている。なお、前掲明41・10・21付内務省社甲二二号通牒参照。

(26) 孝本貢「神社整理と地域社会――神奈川県相模原市の事例――」笠原一男編『日本における政治と宗教』（吉川弘文館、昭49）三三三頁。

(27) 明42・12・7付古田幸吉あて南方熊楠書簡、南方文枝、前掲、一八一頁。

(28) 『雑誌』八年二号（明42・2）四八頁。なお、三重県阿山郡東柘植村では風致林の名目で神社から大字に売却し、大字の共有として保持させた（『雑誌』九年四号〈明43・4〉五九頁）。現地における聞取り調査では、この種の処分をしたものが多かったようである。

(29) 政府は神社整理に先立って非公認神社を整理することの必要性を認識し、これらは私邸内に移転させるか廃社等の手続きをとらせるよう指導した。しかるに、無格社等の公認神社をもこの手で私邸内に移転させることにより、整理を免れさせようとする者があったわけである（明40・11・25付非公認神社整理徹底方依命通牒、『長野県史・近代史料編』一〇巻〈一〉宗教、二二七頁）。

(30)「電車賃一銭のためにすら焼打事件が起ったではありませぬか、是は江戸ッ子の鼻先ばかり強い人のやることである、村落敬神の徒は斯る空ら騒ぎはしないで唯泣いて居るばかりであります」（「神社合祀に関する質問」『会報』一三八号〈明43・4〉七九頁）。また「（大阪府南河内郡赤阪村の郷社建水分神社へ近郷一九カ村の氏神が）今日は遷座といふ其の朝であった。村々の同じ氏子の中でも殊に年齢を取った老人達は、いよいよ今日からうちの氏神様がお転宅をなさる、時世時節とは言ひながら何程軒の傾いた柱の歪んだお社ぢやとて何百年の昔から此の在所に御座ってお拝み申しお縋り申して沢山の御利益を戴いた氏神様此処は厭ぢやとはお仰やらぬに何といふ情ないことになりましたと声を揃へて泣き出す」（「神様の転宅」『会報』一一八号〈41・8〉七八頁）という記事もある。存置に必要な金額の基本財産造成の見込みが立たないため、泣く泣く合祀に応じた事例の一つは、「自明治三十九年至四十一年更級郡布施村神社合併等回想記」にみることができる（『長野県史・近代史料編』一〇巻〈一〉宗教、二一六〜二一八頁）。三重県度会郡穂原村では伊勢路の八柱神社へ他の四部落から合祀したとき、「伊勢路までみんなで氏神さんをお送りし、まるで親に別れるようにして別れを惜んだ」といわれ、内城田村鮠川では棚橋の八柱神社へ合祀したとき、「合祀日には紅白の旗をもって、神さんつらいでしょう、と言いながら合祀先へムラ中で送った」という（桜井治男・森安仁「神社合併と村祭の変化」『社会と伝承』一二巻四号〈昭46・3〉四五頁、桜井治男「神社合併と村祭りの変化」『皇学館大学紀要』一七輯〈昭54・3〉二四五頁）。

第六章　神社整理の終熄

第一節　神社整理政策の転換と南方熊楠

前章でとりあげた神職・一般有識者および「各字の人民」の合祀に対する反響は、『神社協会雑誌』『全国神職会々報』等にたまたま掲載されたものに限られているから、九牛の一毛ともいうべき僅かなものであるが、その種々相を一通り代表しうるのではないかと思われる。合祀に賛意を表するものもあり、さらには合祀を知事の手加減に委ねた政府の態度を手ぬるしとして、命令的合祀を叫ぶ声さえごく一部に聞かれたが、一町村一社を目標に強圧的に整理を進めた県では、合祀強行に対する怨嗟の声、反撥の呻きが野を掩い里に満ちたと称しても云いすぎではなかった。反対の声は世論となって帝国議会に谺した。その始まりは明治四十二年二月のことである。

去月二十三日貴族院予算分科会第三分科に於いて江木高木氏等より神社の合併問題に付き経費節減の為め続々合併せらるゝ様子なるが経費節減を目的とするの結果徒らに合併を行ひて善悪混合し終に主体を認むべからざる事となり信仰失墜して参詣者絶ゆるに至らんことを憂ふと述べ井上神社局長は全国神社にして台帳に上り居るものは十三万を以て数へ神職一人にて四五十の神社を兼任する地方もあれば合併は已むを得ざるも

のありとの答弁ありたり(1)

経済を主にした整理強行により信仰が失われることを憂えた質問に対して、神社局長は、神職数に比して神社数が多すぎる現在、合併もやむをえぬと答えた。水野前局長の強い方針が井上局長によって継承されていることは明らかである。そして明治四十二年は、全国で前年の一万四千余社減却をさらに上廻る、一万五千社の減少をみた。当然、明治四十一年よりも一大字一社を超えて一町村一社の段階に入っている県が多く、それだけ強制が強化されており、したがって合祀に対する抵抗・反撥も強まったのである。

ここに異彩を放つ一人の洋行帰りの粘菌学者がいた。和歌山県西牟婁郡田辺町に居住する南方熊楠(一八六七〜一九四一)その人である。大学予備門で同級であった水野錬太郎が神社局長としてうち出した合祀政策にたいして、彼は淫祠小社の整理のために有効な措置としてむしろ歓迎の態度を示していた。しかるに、内務大臣平田東助(明41・7〜44・8)のもとで合祀が厳格に遂行されるや、さまざまな弊害が出現しだした。とくに、廃社となった神社の杜は、民間に払い下げられて伐採され、ために南方が発見した植物の新種が絶滅する懼れもある一方、払い下げによって私腹を肥やす官吏や神職さえ現われたので、合祀反対に転じ、四十二年九月から言論によって反対運動を展開したのである。(2)

南方はまず地元の『牟婁新報』に論陣を張ったが、忽ち和歌山の僻地から中央を撃つの挙に出た。すなわち、御坊近くの嶋出身で当時行政裁判所評定官の地位にあった旧友木下友三郎に、神社局長井上友一を訪問して南方の反対意見を説明することを依頼し、その結果頗る同情をえて井上から平田内相へ南方の意見書を取りついでもらうことになったのが、その一つである。あわせて、第二六回帝国議会に請願書を提出すべく、有田郡日高郡選出の代議士中村啓次郎と東西牟婁郡選出の同山口熊野に衆議院への紹介を依頼した。しかし、請願書では効力が薄いだけでなく、相手方に好機会、好材料を与える危惧のあることが判明したので、パンチ力のある建議案に改め、政友会所属の中村が質問演説の形でこれを山県系官僚の桂内閣につきつけることとし、南方がその草稿を準備したのであった。中村は政府にたいする質問の要件である三〇名以上の賛成をえて、明治四十三年三月十八日左の質問書を議会に提出し、演説を行った(3)。

神社合祀ハ国民ノ敬神思想ヲ損シ、国民ノ愛国心ヲ傷ケ、国民ノ慰安ヲ奪ヒ、又科学、考古学、史学ノ参考資料ヲ失フモノナリ、何故ニ政府ハ速ニ地方ニ訓令シテ神社合祀ノ挙ヲ中止セシメサル乎、右及質問候也

中村は電信をもって「神社合祀に関する質問を提出せり」と南方に報じた。だが、この、合祀の中止を求めた質問書に対する政府の同月二十二日付答弁書は、

神社ノ合併ハ規模狭小ナルモノニシテ格別ノ由緒ナク社殿廃頽シ氏子又ハ崇敬者ニ於テ其維持ニ堪ヘス随テ神社ノ体面ヲ保チ難ク崇敬ノ実ヲ挙クル能ハサルモノニ在リテ行ハルヽモノニシテ之ニ由リ却テ敬神ノ念ヲ厚カラシメ又之ニ由リテ神社ノ興隆ヲ期セムトスルニ外ナラス政府ハ質問書ニ記載スルカ如キ弊害アルヲ認メサルヲ以テ神社合併ヲ中止セシムルノ要ナシト信ス

といった、強い調子の拒否回答であった。中村はこの答弁の文脈に沿いつつ、同日重ねてつぎのような質問書を提出し、かつ南方が提供した資料によって質問演説を行ったのである。

神社ノ合祀ハ規模狭小ナルモノニシテ格別ノ由緒ナク社殿廃頽シ氏子又ハ崇敬者ニ於テ其護持ニ堪ヘス随テ神社ノ体面ヲ保チ難ク崇敬ノ実ヲ挙クル能ハサルモノニ在リテ行ハルヽモノニシテ之ニ由リ却テ敬神ノ念ヲ厚カラシメ又之ニ由リテ神社ノ興隆ヲ期セムトスルニ外ナラストハ政府ノ答弁スル所ナレトモ従来行ハレツヽアル神社合併ノ事実ハ全ク之ニ反シ社殿頽廃セス氏子又ハ崇敬者カ切ニ之ヲ維持セムト勗メツヽアルニ拘ラス政府ハ地方吏員ヲシテ強テ神社合併ヲ行ハシメツヽアリ政府ハ何ソ速ニ這般ノ真事実ヲ調査シ之カ非行ヲ匡正セサル乎

政府の言明するところは事実と違うというきびしい追及の前に、政府は窮して、地方庁に対する十分な監督指導を約した左の答弁書を翌二十三日（議会閉会当日）にもたらした。

政府ハ神社合併ニ関シテ地方庁ヲシテ常ニ慎重ノ調査ヲ加ヘシメ其事ヲ苟モセサルコトニ努メツヽアルハ勿論由緒アル神社ニ就テハ其ノ手続ノ鄭重ニシテ主務省ノ認許ヲ受ケシメ特別ノ審議ヲ為シ居レリ地方庁ハ曩ニ政府カ答弁セル主旨ニ拠リテ夫々措置ヲナシ居レルモノト認ムト雖モ尚将来ニ於テモ十分ナル監督指導ヲ尽サンコトヲ期ス(4)

南方は、由緒ある神社の合併については慎重を期することを政府が誓ったものと評価したが、この答弁が予想外に大きい成果を随伴するものであったことは、明治四十三年四月地方長官会議での内務大臣平田東助の神社合併に関する指示に窺うことができる。平田は、地方の実況に鑑み慎重なる調査と周到なる注意をもって将来の整理にとりくむことを指示し、とくに留意すべき点三項を挙げて注意を促した。すなわち、一今日ニ在リテハ、府県社以下ノ神社ハ氏子崇敬者ノ崇敬ニ依リテ存立シ、之カ維持経営ノ為メニ要スル経費ノ如キモ、慣習ニ依リ氏子崇敬者ノ醵出スル金穀ヲ以テ之ヲ支弁シ、氏子崇敬者ハ神社ノ維持ヲ計ルヘキ慣習上ノ義務ヲ有スルカ故ニ、万一基本財産蓄積ノ有無ノミヲ以テ直ニ維持ノ難易ヲ定メ、是ヲ唯一ノ標準トシテ神社ノ存廃ヲ決セントスルカ如キコトアリテハ、往々ニシテ神社ノ実情ニ適セサルノ憾ナキヲ保セス。基本財産ハ素ヨリ神社維持ノ良法タリト雖モ、其ノ氏子又ハ崇敬者ノ協力ニ依テ能ク神社ノ体面ヲ維持シ、崇敬ノ実ヲ挙クルコトヲ得ルモノアルニ拘ハラス、余リ急激ニ一定ノ基本財産ヲ造成セシメンカ為メ強テ合併ノ止ムナキニ至ラシムルカ如キハ考慮ヲ要スヘシト信ス。

二合併ニ依リ廃頽セル神社ノ数ヲ減シ、存続ノ神社ヲシテ其ノ結構ノ完備ヲ謀リ、一層敬神ノ念ヲ厚ウシ、延テ一般民心ノ統一緝睦ヲ来シタル善例、各地其ノ事ノ少カラサルハ余ノ満足スル所ナリト雖モ、若シ単ニ神社ノ数ヲ減シ、結構ノ完備ヲ期スルヲ以テ足レリトスルノ結果、深ク土地ノ状況ヲモ察セス、偏ニ社殿ト境域トノミヲ標準トシテ、強テ神社ノ合併ヲナサシメントセハ、山間僻遠ノ地ニアリテハ、或ハ老幼婦女ヲシテ参拝ノ便ヲ失ハシメ、甚タシキニ至リテハ数里ノ外ニ出テサレハ氏神ニ詣ルコト能ハス、又一村全ク神社ヲ存セサルニ至ルカ如キ事ナキヲ保セス。此ノ如キハ宜ク地理ノ関係ヲ審査シ、人民ヲシテ神社崇敬ノ意ヲ致サシムルニ於テ更ニ遺憾ナキ措置ニ出テサルヘカラス。

三神社合併ノ結果ニ依ル跡地ノ処分ハ、合併先神社ヘ崇敬心ヲ集中シ、基金造成財産整理ノ必要其ノ他四周ノ状況等、各種ノ事情ヲ参酌スヘキハ素ヨリ言ヲ俟タスト雖モ、若シ其ノ跡地ノ樹木ヲ伐採スルカ為メ、其ノ地方ノ風致ヲ毀損シ、又古来ノ勝地史蹟ヲ滅スルカ如キモノニアリテハ、特ニ其ノ保存ヲ務ムルト共ニ、栽植保護ヲ怠ラサルコトニ注意セサルヘカラス。(5)

右の第一項と第二項は、基本財産造成規程や境内設備規程を楯として合祀を強制することを戒めたもので、これらが合祀実現のきめ手として有効であったことを裏書きしている。また、第二項と第三項は合祀に伴う弊害に言及し、これらを回避するよう特別の配意を求めたものであって、中村らの第一次質問書に照応し、またさきに掲げた合祀反対の論説（とくにF1とF2、一二二～一二四頁）を想起せしめる。ここにおいて、陽には強制的合祀ではないといいながら、陰には合祀強制を認めていた内務省の神社整理方針は、強制を許さない方向へと大きく転換した。(6) その主旨は井上神社局長の談話、「内務省の方針としては一定の基本財産を有せず又敬神の実挙らざる無格社は之れを或程度まで合併するは勿論なるも若し一定の基本財産を有せざるも尚其氏子中に敬神の実を認め得らるゝものは其合併と否とは一般人民の帰趨に一任することにしたり」(7) ということである。こうなっては、神社

表6　社格別府県別，府県社以下神社数の減少
（明治38年～43年）

		明38・12末	明43・6末	増　減	増減率
全国	府県社	571	581	10	1.8
	郷社	3,474	3,451	△ 23	△ 0.7
	村社	52,467	47,503	△ 4,964	△ 9.5
	無格社	138,560	90,075	△48,485	△ 35.0
	合計	195,072	141,610	△53,462	△ 27.4
減少率50%以上	三重県	10,411	989	△ 9,422	△ 90.5
	和歌山県	3,772	879	△ 2,893	△ 76.7
	愛媛県	5,376	2,261	△ 3,115	△ 57.9
	大阪府	1,893	836	△ 1,057	△ 55.8
	群馬県	4,028	1,783	△ 2,245	△ 55.7
	埼玉県	7,378	3,583	△ 3,795	△ 51.4
減少率5%未満	福島県	4,448	4,367	△ 81	△ 1.8
	鳥取県	1,628	1,578	△ 50	△ 3.1
	熊本県	4,708	4,524	△ 184	△ 3.9
	山梨県	1,848	1,762	△ 86	△ 4.7

資料：岡田包義『神祇制度大要』317～319頁
△印は減少を示す。

合祀そのものの中止でないことはもちろん、合祀推進の中止でもないが、合祀強制の禁止にほかならず、以後、合祀成果は目に見えて低下に向かうことは争われない(8)（表7参照）。

明治三十八年末を起点として、四十三年六月末までの合祀成果の全国的概括および府県別比較は、表6に一覧されている。府県社郷社の減少はきわめて少なく（府県社の増加は郷社からの昇格による）、整理は専らそれ以下の神社、なかでも無格社を対象としたことが明らかである。府県別では、整理九割を超えた三重県のような例がある一方で、二%にも達しなかった福島県の例もあり、府県によって大差のあることが歴然としている。神社の分布状態にもともと差があったのだから、減少率でとらえた合祀成果に差のあるのは当然だが、さらに一町村当り社数、一社当り戸数で検討しても、府県による著差はこれをうち消すことができない。このように合祀実績のまちまちなままに、明治四十三年四月をもって整理強行にストップがかけられたのである(9)。

ところで、同年五月いわゆる大逆事件の検挙が開始され、関係者に新宮を中心とする和歌山県人が少なくないことが明らかになると、合祀反対論者は、新たな、そして論理的には全くの飛躍だが感情的には訴える力をもった反対理由を見つけた(10)。すなわち、神社合祀は神社にたいする社会主義の実施であり、したがって社会主義の地盤を培養するという理由である。なぜなら、和歌山県ではきわめて強引な神社整理が実施されたからである。

社会主義を理由に掲げた神社整理批判は、早くも明治四十三年六月にその最初のものが現われ、以後ひしめき出る観を呈すること左の通りである。

（上略）斯る合祀は神社整理に非ずして、神社破壊とでも称すべきである。其弊害及ぼして社会主義の跋扈、国体の危地となるかも知れぬ、無法なる合祀は或点より観察すれば、神社の上に対する社会主義の励行、財産共有制度の施行とでも称すべきもので、実に神社の為、国家の為憂惧に堪へざる次第である。（下略）（中島固成「神社整理に就て」『会報』一四〇号〈明43・6〉一一頁）

群馬県群馬郡にては未整理神社は明年七月迄に整理延期を出願せしめ尚行はざるに於て廃社の手続を為す筈なりと廃社は神社の滅絶なり敬神上影響する所大なり延いて国体上に波及する所あり神社を器械視して神国の美風を破る勿れ社会主義無政府党発生の時期なるを知らずや（「十把一束」『会報』一四一号〈明43・7〉六九頁）

（上略）この（幸徳秋水一派の）大罪人を、吾国民中より出した原因は、抑も那辺にあるのだらうか、原因はいくらもあらうが、財産以外、由緒も歴史も何も見ざる今日の無謀なる神社合祀方針の如きも其の一をなして居るのである。（中略）縦無謀なる合祀が、直接に社会主義を生ぜしめた原因でなくても、少なくも彼ら悪魔の乗ずべき機会を与ふるものである。（「社会主義と神社合祀」『会報』一四五号〈明43・11〉六六頁）

無謀なる神社合祀の裏には社会主義あり？　自分は前号で、無謀なる神社合祀は社会主義者を発生せしめた原因ではなからうかと疑つたが、事実は然らずして、無謀なる神社合祀の裏面には、どうやら社会主義者があるやうに思はれるのである、此の事に関しては多くは語らないが、とにかく内務当局者は、此の際極端なる神社合祀を強行する官吏や、又之れが尻馬に乗りつゝあるヤリテ神主輩は、ドシドシ首を斬てもらひたい、彼らは社会主義でなくても、なりやすい動物である、当局者よ、無謀なる神社合祀は、社会主義者と同様、世界無比の我国体の足を切り手を落さんとするものである、（『会報』一四六号〈明43・12〉六五頁）

（上略）其（一村一社の）仕方が神社の由緒を無視せる事は、宛も社会主義が我国史を無視し、万世一系の皇統を無視せるに似て居るのである。（中略）是れ（一村一社は）従来に於ける神社の組織を根本的に破壊して、新神社を造り出さんとするものにして、所謂社会主義が現行の社会組織を破壊して、新社会を造り出さむとするに比して、殆ど択ぶ所は無いのである。（下略）（中島固成「一村一社と社会主義」『会報』一四七号〈明44・1〉三一頁）

これらの主張を通観すると、経済以外、由緒も歴史も無視する神社合祀は、社会主義者を生ぜしめた原因であるばかりでなく、そうした合祀強行の裏には社会主義者あり、と告発している(11)。こうした論説に刺激されたためか、第二七回帝国議会衆議院の委員会において、香川県辺りの代議士村松悦一郎が危険思想防止にかんする質問のなかで、「中村啓次郎氏昨年演説せし通り、神社合祀は甚く危険思想を養成せり」と指摘して、政府を攻撃したという(12)。いずれも時の事件に乗じた中傷であることは明らかであるが、このような、神社合祀は国体を危からしめる、という議論がなされ始めると、神社整理事業に更なる強い抑制がかかったに違いない。しかし南方によれば、「神社合併に関することは政府方はなかなかわけ分かりおり（中略）、はなはだ寛和《ママ》の訓令を出しおられ候に、当県のみはいろいろと理窟をこじつけ今に不届きなこと多く(13)」、そのため合祀反対運動の手を緩めるわけにはいかなかった。

代議士中村啓次郎は第二七回帝国議会に神社整理善後策を建議すべく、前回同様南方にその草案の準備を託した。南方は収集した多くの材料を駆使して、「たとひ議会を通過せずとも、政府に向ては、大警告を与るの功あり」と自認する草案を作成した。しかるに四十四年一月、中村が所属する政友会と桂内閣との妥協が成立したあおりを受けて、政府攻撃の神社問題を提案しがたい雲行きとなった上に、南北朝正閏論など紛糾する議案が多く、また中村としては紀勢鉄道案により多くの精力を奪われたことも重なって、空しく明治四十四年三月の会期末を迎え、建議案の提出は翌年に見送られた。その代り中村は、南方の依頼を受けて三月三十日平田内務大臣に面会し、一村一社主義の採用は無謀なり、神社合祀は禁止すべし、などの主張を含む九カ条の申し入れを行った。それにたいして平田は、「予は全然君と同様の意見を有す。（中略）一村一社主義抔は全然政府の意に非ず。素より予は之を喜ばず」と答え、その年四月の地方長官会議において濫併を戒めることを約した。この知らせを受けた南方は、一村一社制破る、と喜んだ。(14)

政府要路者への陳情的意見提出、帝国議会での政府にたいする質問と建議の黒幕的根回しについで、南方が展開した中央への運動は、柳田國男を仲介者とするもので、右の建議案提出を翌年送りにするほかなくなった四十四年三月中旬、彼と書面の往復が始まったのがきっかけであった。かねて神社合祀に批判的であった柳田は、官吏の身で自ら公然と政府攻撃をする代りに、南方の依頼に応ずると同時に彼に勧めさえして、いわゆる「南方二書」（明44・8・29および同31付松村任三あて神社合祀反対の長文の意見書）を同年九月私費で版行し、会計検査院長田尻稲次郎、内務次官床次竹二郎、和歌山県知事ほか約三〇名の朝野の名士に配付した。柳田は右の意見書を一読して「御文はあまり複雑にて活版にしても常人には消化六つかし」と歎声を放ったが、その反響は意外に大きく、「機運に際会したりとも申すべく候」と柳田に言わせるほどの成果であった。(15)

南方の運動の第四は、合祀反対論を海外の名士に送るとともに、それを翻訳して大新聞に掲載すること、および『日本及日本人』のような「東京第一の大雑誌」に寄稿すること、つまり、マスコミを利用しての世論喚起であった。後者は俳人河東碧梧桐の紹介で四十五年四月から実現し、これに先立って掲載をみた同誌の合祀反対論に豊富な肉付けを与えた。(16)

南方のこのような運動の成果、とくに政府筋・議会筋への運動の成果として特筆すべきは、合祀を強制し来った和歌山県が、明治四十四年七月三日付学三〇三七号通牒で左のように未合祀社の存置を認めたことである。

　曩きに整理の本旨を愆まり合併を出願し許可を受けたる者にして、未だ之を実行せず、其存置を切望する者有らば、懇ろに神社崇敬の本旨を諭し、従前の如く荒廃無礼に流れざる見込確実にして、他に悪影響を及ぼさゞる者に限り、前願書変更の手続きを成さしめられたし。

　現存神社に対しては、素より強制的に合併を勧奨せず、専ら崇敬の実を挙しめ、以て神社整理の本旨を徹底せしめられたし。但し、復旧の見込・維持の途立ず、自ら進みて合併を出願する者有らば、速かに之を進達せしめらるべきは勿論とす。(17)

この通牒によって、西牟婁郡では富田中村の金毘羅社が同年十二月県から公然と復社を許された。しかし、日高郡役所などではこの通牒を握りつぶして人民に知らせず、その写しをも破り捨てて合祀を推進したようである。(18)だから、南方はなおも追及の手を緩めることができなかった。

中村啓次郎と提携した南方の対議会工作は、明治四十五年も続いた。(19)明治四十三年四月の段階ですでに、「微弱なる一身を以て、政府相手に事を起し、八ケ月の間、倦まず屈せず、終に政府をして、合祀を止むる迄なくとも、慎重にすべしと誓はしめたる上は、小生の目的は十の八迄済みたるもの」[20]と総括した南方であったが、後さらに何年も執拗に運動を展開したことは特筆に値する。彼こそ全国の世論に明確な運動の形を与え、政府の方針にいく度か修正を迫った中心人物である。かくて神社整理は、その歩度を緩めて終熄に向かったのである。[21]

第二節　集落神社に対する社費供進の実現

神社整理が終熄の日を迎えたことは、この事業と結びついていた神社中心説が野たれ死にし、また社費供進実現の企図が挫折することにつながったかどうか。

神社中心説の方は、結論的にいえば、依然として地方改良事業に精神的基盤と方法論を提供するものであり続けた。[22]他方、宿願の社費供進の方も間もなく実現をみるのである。この点をやや詳細に追ってみよう。

社費の公費供進は神社界の長い夢であった。明治四十年に始まる神饌幣帛料の供進はその部分的実現であったが、これが達成されてからも、毎年の全国神職会大会において社費供進の全面的実現への努力が決議され、関係方面への打診請願がくりかえされた。[23]明治四十二年の大会後、決議により内務省神社局に対して交渉打診した結果、願いの向きは全く同意であるが、教育費や衛生費等の膨脹によって町村財政が苦しい現在、多数の神社の体面を保たせるだけの費用を町村に負担させることは甚だ困難である、それゆえ供進実現は正当の方法をもって神社を合併してからのことだ、との回答をえた。[24]神社局では整理→社費供進実現のコースを考えていたのである。

整理さえすめば、神社中心説からしても、社費の公費供進は実現したいところであったと思われる。

神社局の右の態度から、整理事業が殆どすんだ県では公費による社費供進も可能である、との判断が導き出される。最も早く強力な整理に着手し、明治四十二年末にはもう完了も間近であった三重県が、この判断をもったのは当然ともいえよう。三重県は、一町村一社となったものに限り、神社経費を町村費から支出するも差支えなしと判断し、明治四十三年一月十八日付社二一八号で内務省神社局長・地方局長あて左のように照会し来った。

本県ニ於ケル神社ノ整理ハ漸次進捗シ一町村一社トナリシモノ既ニ百四十有余社ト相成候処従来神社ノ経費ハ町村又ハ区ノ協議費等ヲ以テ支弁スルモノ多ク現今部落有財産ノ統一ヲ謀リ是等協議費ノ整理ヲナサシムルコトヲ督励セル結果神社経費ハ勢ヒ氏子ヨリ直接徴収セサルヘカラサルコトヽ相成候然ルニ其徴収方法タルヤ町村費徴収ト同一ノ方法ニ依リ単ニ形式ヲ異ニスルニ止マリ各自ノ出金額ニ至テハ何等ノ差違ナク且ツ二重ノ手数ト費用トヲ要シ神職ハ一面神社ニ奉仕スルト同時ニ恰モ町村長ト収入役トヲ兼ヌルカ如キ状況ニシテ神職取締上面白カラス候既ニ一町村一社トナリシ神社ニ在テハ村民ハ全部氏子ナルヲ以テ其経費ヲ町村予算ニ計上スルモ実際上ニ於テハ何等不都合ノ廉ヲ発見セサルノミナラス官国幣社ノ経費ハ国庫ノ支弁ニ属シ府県社以下ノ神社ニ於テモ亦府県以下ニ於テ神饌幣帛料ヲ支出スルヲ得ルトセハ今一歩進ンテ町村ノ神社費ハ之ヲ町村費ニ移シ以テ神社ノ維持経営ヲ確実ナラシメ神社ヲ中心トシテ敬神愛国ノ念ヲ涵養セシムルハ最モ適切ノコトヽ被存候ニ付テハ御考慮煩度此段及御照会候也(25)

この照会に対し、ほどなく「貴見ノ通リ」といった回答がはね返ってくるものと予想されたことであろう。しかるに事実はこれに反して、五カ月もたってから頗る慎重な照会に接することになった。それはおそらく、この間に起こった合祀に対する内務省の方針の転換により、整理→社費供進のコースがとりにくくなったためであろう。神社局照会(六月二十一日付局六号)は社費供進の語を避けて補助金交付と問題をやや限定的にとらえなおしたもので、したがってその内容も、町村費をもって神社経費を補助しようとする神社名、ならびにその所在地、補助額、使途の詳細、であった。三重県はこれに答えてつぎのように説明した(七月二十九日付社二一八号)。

一経費ヲ補助セムトスル神社ハ一町村一社トナリ完全ニ整理ノ実ヲ挙ケタル神社及一町村一社トナラサルモ諸般ノ整理完成シ其社経営上並町村ノ事情ヲ顧ミ必要ト認メタル村社ニシテ差当リ北牟婁郡ニ於テハ一村一社ニ整理済ノ村社全部ニ補助致度旨希望致居尚他ニ同様ノモノ二三郡有之候

一補助金ハ基本財産収入及社入金中ヨリ基本財産ニ組入タル残額ヲ経費ニ充テタル不足額即現今氏子崇敬者醵出金ノ目的ヲ以テ徴収シツヽアル額ニ相当スル額トス而シテ其用途ハ特ニ区分シ難キモ祭典費同供料及神職給料ニ相当ス尤モ既ニ多額ノ基本財産ヲ有スル村社ニ在テハ其補助自然僅少ノ額ニ止ルヘキハ勿論ニ有之候

三重県の回答はつづいて最初の照会の要旨を再説し、①一町村一社となった神社にあっては、その町村民が全部氏子であり、氏子は経費の負担をなすべきは勿論であるから、別途神社経費を徴収するも、あるいは町村予算に計上するも、実際において何の差異もないこと、②国家の宗祀たる神社に対して尊崇の誠を尽さしめる上で、町村費から支弁させる方が適当であること、この二点は神社が町村の営造物(26)であるかどうかの問題を別としても成り立つと考えられるので、町村費から支弁することができるようになるまで、整理完了社に町村から補助金を交付したい、と述べている。

このような往復があったのち、その年の十二月になって漸く内務省神社・地方両局長の回答が届いた（十二月十二日付社一六九四号）。それによれば、①補助の対象は一町村一社もしくは整理完了社に限定せず、明治三十九年勅令九六号によって指定された神社と、三重県照会の線よりもやや幅広くなっている。また、②地方費の余裕を見計って必要な経費の一部を補助するも差支えなしと、経費不足部分の補助というよりは幅のある指示を与え、かつ補助することができる地方団体に、町村だけではなく府県郡市も含まれていることは、記憶せらるべきであろう。[27]ともあれ、こうして公費による社費供進は実現され、翌明治四十四年四月七日改正の市制（法律六八号）町村制（法律六九号）に、「市（町村）ハ其ノ公費上必要アル場合ニ於テハ寄附又ハ補助ヲナスコトヲ得」の明文規定が追加されると共に、幣饌料供進制度の足枷となった付則（八二頁参照）の削除により、必要な法的措置も完成したのである。[28]そして、この法律改正は、明治四十三年全国神職会大会の決議のレベルをも超えるものであった。[29]このことは、神社整理の強制的実施を否認する方向に政策変更があったのちも、神社を地方公共団体の中心に据え、その活動の冠としようという、神社中心説の一層の徹底を政府が意図したことを示すものにほかならないと思われるのである。

第三節　神観念の変化と信仰の荒廃

神社整理は日本人の神観念をどのように変化させたか。もしくは、どのような神観念と結びついて実施されたか。——

この設問に答える上で参考になるのは、その頃国学院の研究科を卒業したばかりの、若き河野省三の筆になる「神道不振の原因」と題する明治四十一年の論文(30)である。これによれば、神は宗教神と道徳神とに大別しうる。前者は理想ないし実在の神で霊と力とを信仰の対象とするが、後者は祖先崇拝の結果としての現実の神であって功績と恩賚とを崇拝の対象とする。神典とまで尊信されて来た記紀やその他の古書には、人を神化したものでなく、自然物(もしくは力)を神化しあるいは人格化して神と称えられるに至ったものが夥しい。また修祓や祈禱などの神事は人間以上のある霊妙な力をもっているものに対する所作であって、宗教神の存在を信じたことは明らかとしなければならぬ。しかるに明治となった今日、一方では科学的思想の影響を受け他方では純宗教たる仏耶の神に対抗するため、神道をできるだけ祖先崇拝の道徳教にしようと勉めることになり、神に対する従来の宗教的信仰を措いて、健全な道徳的崇拝を尽さねばならぬという説が盛んに起こりつつある。かくて河野はつぎのように説く。

神社は何故に今日の不振を来したかといへば、第一の原因として、神に対する観念の移動変化を数へなければばならぬ。今それを簡単に述べてみれば、従来神としいえば、宗教的の俤を以てうつつてゐたものが、近ごろは道徳的の姿に変つて来た。偉大な力としての神が功績のあらわれた神となつて来た。不滅性とのみ信ぜられた神が単に御祖先といふ者になつて来てをる。悪く解せられると、常に有がたかるべき神が、嘗て有がたかつた神といふ風にとられるやうになつた。神の観念に、かやうな変化が起り、又さる傾向を助長する者があることは疑ひもない。而して是が疑もなく神道界に確かな力を欠いてをる原因であると思ふ。

要するに、宗教神から道徳神への神観念の変化、信仰から崇拝への神に対する心情の変化、これが神道不振の第一原因だというのである。神社は宗教にあらずと規定したときこの意識上の変化が公然と始まり、のちに社寺局の神社・宗教両局への分化（明33）と相互規定し、さらに神社整理と相互規定した。井上局長らの神社中心説は、道徳神の観念とよく結びつくが、宗教神とは結びつきがたい（八九頁の引用参照）。そして合祀強制は宗教神の観念からは出てこない。政府の神社観は合理主義的啓蒙主義的な、道徳的非宗教的色彩のものだった。(31) 道徳的崇敬にしても、神社に対する氏子の心の在り方や態度の問題としてよりも、社殿や境内の設備といった物的水準で判断するきらいがあり、(32) それが神社にたいする在来の信仰心を踏みにじり、傷つけ、ついに荒廃させたのである。

明治四十三年の帝国議会において神社合祀の中止を政府に迫った中村啓次郎は、理由の第一に、「神社合祀を強ゆるは国民の敬神思想を損傷するもの」たることを指摘し、例えば「其夫を戦場へ出し遣り見送る妻女は夫のために髻を斬って氏神に供へ、無事凱旋を祈った」というような信仰心が、合祀強制によって損われることを訴えた。(33) 神社整理は神祇尊崇を大義名分に掲げたけれども、それが懐く神観念は道徳神としての神であり、かつ整理の強行によって宗教神としての神観念に損傷を加え、神観念の変化を促進したのである。敬神を知って神信心を知らない行政官が指導した神社合祀政策は、国民の氏神社信仰を荒廃させたとの柳田國男の主張[34]も、さらには神社に対する国民の崇敬心をそいだという左の談話も、同じ点を指摘したものといえよう。

（上略）三重県の方々を視察致しまして、三重県に於ける神社の跡を沢山見まして、（中略）神社を合併した跡が惨憺たる状態になつて居りまして、小さい祠が、二尺、三尺の祠を造つて祭つて居るといふやうな訳で、（中略）果して神社の合併と云ふことが斯う云ふことで宜しいかどうかと云ふことを、私は疑問にいたしまして、（中略）神社合併を非常に奨励されて居つたやうでありますが、此の合併に依つて得る所は、それに依つて神社の設備を良くし、奉仕を十分にして崇敬心を増すと云ふことにあつたらうと思ふのでありますが、結果は国民の神社に対する崇敬心（私註信仰心）と云ふものを、之によつて失つてしまふと云ふことになるのではないかと思ひます。[35]（下略）

神観念の変化は、他面において民衆的神道の官僚的神道への変貌であったが、これは官国幣社においてより強烈に現われたことはいうまでもない[36]。他方、神観念の変化にもかかわらず、神社崇敬に附随する宗教的分子は、基督者によって憲法が保障する信教自由と抵触すると批判されたのである[37]。

註

（1）「貴族院と神社合併問題」『会報』一二五号（明42・3）九三〜九四頁。

（2）南方熊楠「神社合祀反対随筆」、明42・12・7付古田幸吉あて南方書簡、およびその解説、南方文枝『父南方熊楠を語る、付神社合祀反対運動未公刊史料』（日本エディタースクール出版部、昭56）八五、九二、一二六、一八三頁。

（3）南方熊楠「一杉日高郡長宛書簡」、明43・1・7付、明43・1・28付、明43・3・6付、明43・3・24付、明43・3・29付、明44・1・21付古田幸吉あて南方書簡、南方文枝、前掲、一四二、一八六～一九〇、一九五～一九九、二一九頁。南方は、意見書を内相に出したとて握り潰しとなるのに、とも角返事が来るまで行動を制約されることを慮って、結局出さずじまいになったことを後に悔んでいる。南方、明44・5・25付柳田國男あて書簡、『南方熊楠全集』八巻（平凡社、昭46）三六頁。

（4）以上一連の引用は、「神社合祀に関する質問」『会報』一三八号（明43・4）七四～八三頁。なお、明43・3・23付『官報』参照。

（5）岡田包義『神祇制度大要』（政治教育協会、昭17）三二〇～三二一頁。府県ではこの指示に対応して郡市長会議に訓示し、合祀の手を緩めた（例えば、長野県、米地実『村落祭祀と国家統制』〈御茶の水書房、昭52〉四三二頁）。もともと一大字一社を標榜して合祀の督励があまり厳しくなかった兵庫県でも、「社寺の合併に関しては年来の方針を持続して之が奨励に力むべきも極端なる社寺合併の余弊は衆庶の参拝に不便を醸生し為めに敬神の念を薄からしめ宗教的信仰を妨ぐることなき様非常識的の合併を避け以て適当にして円満なる整理を行ふべき方針を取る筈なりといふ」（「兵庫県社寺整理方針」『会報』一四一号〈明43・7〉五三頁）。

（6）この辺の経過について荻野仲三郎は後年つぎのように語った。三重・和歌山・大阪などの神社合併に対して、「政府は初めのうちは能くやってくれると考へた様です。其の中に世の中から反対が起つて来たり色々して当局の者も追々変つて来ると、その方針も亦少しづつ変つて来ると云ふやうな訳でありました」（神祇院編『神社局時代を語る』〈昭17〉一八〇頁）。なお、「神社合祀方針に付内務大臣の訓示」『会報』一三九号（明43・5）七二頁、「皇典講究所と一村一社」『会報』一四五号（明43・11）六五～六六頁、参照。

（7）「内務省の神社合併方針」『会報』一四一号（明43・7）五二頁。なお、「神社整理と当局の方針」『会報』一四二号（明43・8）五二頁、「合併強制に付き神社局長の言明」『会報』一四八号（明44・2）五三頁、参照。

（8）旧社合祀実例として報道された三重県下の例のうち最も新しいのは、明治四十三年三月中に生起した南牟婁郡阿田和村大字引作の強圧的合祀である。これは、三重県属大久保銑三なる者が、刑罰というおどし文句さえ用い、高圧手段を弄して強制した結果であったが、同年四月以降かかる例は三重県下とても跡を絶ったはずである（「旧社合祀実例」『会報』一五八号〈明44・12〉七八～七九頁）。

（9）それでも整理自体を中止したのではなかったから、整理は続行され、したがってこのあとも合併中止を求める世論が現われる。例えば、「神社合併を中止すべし」『会報』一五六号（明44・10）七三～七五頁（『読売新聞』より転載）。

(10) 吉田久一『日本近代仏教史研究』（吉川弘文館、昭34）第六章第二節。

(11) 三重県下の合祀を強行した有松英義が、時に内務省警保局長として幸徳らの検挙を指揮し、他方で神社界の一部からは合祀強行の裏に社会主義者ありといわれたことは、歴史の皮肉というべきか。

(12) 南方熊楠、明44・4・8付古田幸吉あて書簡、南方文枝、前掲、二二五頁。

(13) 南方熊楠、明44・3・26付柳田國男あて書簡、『南方熊楠全集』八巻、七頁。

(14) 南方熊楠、明44・1・4付、明44・1・21付、明44・2・11付、明44・3・26付、明44・4・2付、明44・5・15付古田幸吉あて書簡、南方文枝、前掲、二一七～二一八、二二〇～二二一、二二三～二二四、二二七頁。

(15) 南方熊楠、明44・9・28付、明44・10・26付古田幸吉あて書簡および解説、南方文枝、前掲、一六六、二三五～二三六頁。『南方熊楠全集』七巻（平凡社、昭46）四七七～五二四頁。『定本柳田國男集』別巻四（筑摩書房、昭46）四一四頁。

(16) 南方熊楠、明44・1・21付、明44・3・26付、明44・6・1付、明44・10・26付古田幸吉あて書簡、南方文枝、前掲、二一九、二二一、二二九、二三六頁。南方「神社合併反対意見」『日本及日本人』五八〇、五八一、五八三、五八四号（明44・4～6）。

(17) 南方熊楠、大2・5・6付古田幸吉あて書簡、南方文枝、前掲、二六〇頁。

(18) 南方熊楠、明44・12・15付古田幸吉あて書簡、南方文枝、前掲、二三七頁。

(19) 南方熊楠、明45・3・7付古田幸吉あて書簡、南方文枝、前掲、二四二頁。

(20) 南方熊楠、明43・4・12付古田幸吉あて書簡、南方文枝、前掲、二〇三頁。

(21) 大正三年三月の南方熊楠の日記に、「本日の大阪毎日に×××日貴族院にて高木兼寛・江木千之二氏神社合祀絶対に廃止を主張し、一同之に賛成せし報あり、余此事を言出して九年にして此吉報あり、本日甚だ機嫌よし」とあり、県によってはまだ合祀の余燼がくすぶりつづけていたことが判る。高木・江木の両議員は明治四十二年初めて神社整理の問題を俎上にのぼせた人であって、南方とは一応別箇に運動をつづけたようである。高木は長年海軍医総監をつとめ、江木は内務省県治局長から多年知事を歴任して、ともに貴族院議員に勅選された。江木はのち文相となり、全国神職会会長をつとめた。

(22) 例えば、香川県綾歌郡では、神社中心説にかんする内務省高官の論説と、各府県の実例を多数収録した『神社経営参考資料』を、大正四年に印刷配布している。大正五年一月内務省が主催した第九回地方改良講習会では、「神社中心」の実験談が奈良県の一部長から報告された（『講演集』大6、参照）。その他多くの類例がある。

(23) 明治四十年五月の大会には、「神饌幣帛料供進の指定を受けたる府県社には府県費郷社には郡市費村社には市町村費を以て其神社の経費を供進すべき法令を発布せられたきことを其筋に請願すること」が決議された（「本会記事」『会報』一〇六号〈明40・8〉八六頁）。また、明治四十一年六月の大会でも、一府六県団体の建議により同様の決議がなされた（「本会記事」『会報』一一六号〈明41・6〉九九頁）。明治四十二年五月の大会でも同じ（「全国神職通常会」『雑誌』八年六号〈明42・6〉六一頁）。

(24) 「本会記事」『会報』一四一号（明43・7）八五頁。

(25) 三重県社寺兵事課、例規。「府県社以下神社費市町村費補助に付き通牒」『会報』一四八号（明44・2）五〇〜五一頁。

(26) 営造物とは、明治四十一年三月の水野錬太郎の講演にいう「アンスタルト」（八八頁参照）であって、法律的には国家または公共団体の設立するものと規定された。府県社以下の神社は現状においてこの要件を満たさないから営造物ではないが、理想としては府県・郡・市町村の営造物にするか、やはり国家の宗祀であるから小学校のように国家の営造物として、その維持経営を公共団体に負わせるのがよいか、神社行政でもまだ意見が一定していなかった。明治四十三年六〜七月の地方改良事業講習会における内務省参事官塚本清治の講演「神社制度の概要」、参照。

(27) 以上の資料は(25)に同じ。三重県では明治四十三年内務省社一六九四号回答にもとづき、明43・12・27付訓令甲四三号により、市町村費を以て県社以下の神社に対しその経費を補助しようとする場合の、認可申請要領を示した。ただし、補助をなしうべき団体を神社合祀実行済市町村に限った点は、右の回答にはない条件といってよい。『三重県神職管理所公報』三五四号（明44・1）参照。また、和歌山県も本文の回答を受けて、神饌幣帛料供進社に限り、神社経費に不足を生じ、到底奉祀を完全にすることができないものには、市町村費をもって補助するも差支えなし、と各郡町村に通牒した。南方熊楠は当初これをもって、一定以上の基本財産の造成不可能な神社を合祀させた県の政策の廃止とみたが、後、村費の補助を受けえない諸社をつぶす、まわたで首をしめる法であるとみて反対した。南方熊楠、明44・1・15付、明44・4・2付古田幸吉あて書簡、南方文枝、前掲、二一八、二二三頁、参照。

(28) 西田広義「明治以後神社法制史の一断面」『明治維新神道百年史』四巻（神道文化会、昭43）一二五頁。なお、この改正施行に伴い、明45・4・17付神社局発一六号通牒および一七号通牒が発せられた（三重県社寺兵事課、例規）。

(29) 決議は左のようなものであった。

府県は府県社、郡又は市は郷社、市又は町村は村社の神社費を供進することを得

理由　法律を変更し神社経費を府県郡市町村費を以て支弁せしむるは多年の希望なりと雖も昨年交渉委員交渉の結果に見て直に実行を期し難しと認む故に明治三十九年神饌幣帛料供進勅令の義に準じ勅令を以て本規定を発布せられんことを交渉委員を設けて其筋へ交渉すること（「神社費に関する建議案」『会報』一三九号〈明43・5〉八七頁）

右は目的達成のミニマムな水準であって、神饌幣帛料の供進から社費の供進へとエスカレートさせる意図をもっていた前局長水野錬太郎も、最小限この水準を考えていたようである（『神社制度調査会議事録』〈昭6・10、第一八回特別委員会〉二〇頁）。

(30) 河野省三「神道不振の原因」『会報』一二〇号（明41・10）二二～三一頁。河野は明治十五年（一八八二）生まれであるから、時に僅か二六歳。のち国学院大学学長となり、昭和三十八年（一九六三）逝去。

(31) 葦津珍彦「帝国憲法時代の神社と宗教」『明治維新神道百年史』二巻（神道文化会、昭41）二三〇頁、目黒雨峰「神社本来の性質」『会報』一八二号（大2・12）四～九頁。

(32) 山田準次郎「神社に関する注意事項」内務省地方局編『第八回地方改良講演集』（大4）一九～二三頁。

(33) 「神社合祀に関する質問」『会報』一三八号（明43・4）七七～七九頁。

(34) 柳田國男『氏神と氏子』（小山書店、昭22）一三九～一四九頁。なお、同時代のものとしては、「今日の所謂神道は、皆様の御想像以上に国民生活と交渉の浅いものだと云ふことに就て、少しく意見を申述べたい」との口上で始まる「神道私見」（『丁酉倫理会倫理講演集』一八五・一八六〈大7・1～2〉）、「神社中心の地方統一など、云ふ策」の非難に終る「祭礼と世間」（『東京朝日新聞』〈大8〉）など、参照。

(35) 赤木朝治談（神祇院編『神社局時代を語る』〈昭17〉八三頁）。

(36) 西田広義「明治以後神社法制史の一断面」『明治維新神道百年史』四巻（神道文化会、昭43）一一五頁。神祇院編『神社局時代を語る』（昭17）七〇頁（佐上信一談）、七八頁（松本学談）。

(37) 海老名弾正『国民道徳と基督教』（北文館、明45）三五～四四頁。

第七章　神社整理強度の府県差

以上辿り来った神社整理過程を、神社数の推移として統計的に捉えなおし、あわせて府県別の整理速度と徹底度の差異を浮彫りにしておきたい。まず表7は、全国神社の推移を明治十三年から昭和五年までの五〇年間について辿ったものである。神社総数は明治十三年で一八万台であった。それが、明治三十五年までの二二年間に約一万社増加して一九万台となるが、それ以降減少に転じ、昭和五年までの二八年間に実に約八万社減じて一一万台となっている。その間、とくに減少幅の著しいのは、明治三十九年から四十四年までの五年間であって、一九万社から一三万社まで六万社減却した。これがとりもなおさず神社整理の成果なのである。この推移を国幣社以上の官社と府県社以下の民社に二大別すると、民社がさきの傾向をそのまま示すのに対し、官社のほうは絶対数が小さいとはいうものの、この五〇年間、神社整理の嵐が民社の上に吹き荒れた期間でさえ、一貫して増加している。集落神社と私が呼ぶ民社と、国家神道の柱である官社との間に、こうした大きな落差のあることに、まず注意を促しておきたい。

つぎに、神社の九九%を占める民社を、氏子区域の大小ないし氏子崇敬者の重複関係を目安として、府県社・郷社、村社、境外無格社の三階級に分け、甚だしい減少を示した期間を含む明治三十四年から大正六年までの一

表7　全国神社数の推移（明治13年～昭和5年）

	国幣社以上	府県社以下	合計		国幣社以上	府県社以下	合計
明治13(1880)	124	186,578	186,702	明治38(1905)	171	192,195	192,366
14	124	187,233	187,357	39	171	190,265	190,436
15	133	188,036	188,169	40	171	176,569	176,740
16	134	189,739	189,873	41	171	162,271	162,442
17	134	190,284	190,418	42	173	147,270	147,443
18(1885)	152	192,024	192,176	43(1910)	173	136,963	137,136
19	152	191,816	191,968	44	173	130,087	130,260
20	152	192,207	192,359	大正 1	173	126,905	127,078
21	156	192,875	193,031	3	173	122,422	122,595
22	158	193,133	193,291	4(1915)	173	120,638	120,811
23(1890)	163	193,079	193,242	5	177	118,742	118,919
24	163	192,990	193,153	6	180	117,551	117,731
25	163	193,313	193,476	7	180	116,687	116,867
26	163	193,267	193,430	8	181	116,016	116,197
27	164	190,639	190,803	9(1920)	181	115,328	115,509
28(1895)	166	190,588	190,754	10	182	114,849	115,031
29	167	191,833	192,000	11	184	114,365	114,549
30	167	191,795	191,962	12	187	113,900	114,087
31	167	191,739	191,906	13	187	113,318	113,505
32	169	191,709	191,878	14(1925)	189	112,564	112,753
33(1900)	169	196,189	196,358	昭和 1	190	112,518	112,708
34	169	195,087	195,256	2	189	112,202	112,391
35	171	195,885	196,056	3	198	111,992	112,190
36	171	193,127	193,298	4	199	111,699	111,898
37	171	192,656	192,827	5(1930)	199	111,540	111,739

資料：『日本帝国統計年鑑』
註：国幣社以上とは，神宮，官幣社，国幣社を含む。年末現在。府県社以下とは，府県社，郷社，村社，境外無格社を含む（境内無格社は含まれていない）。その年の6月末現在。なお，大正2年は資料欠。

六年間について、神社数の減少状況を表1に対応させて理解するため、明治三十六年の神社数を一〇〇とする指数で示してみた。それが表8である。神社総数はこの一六年間に四割減少したが、官国幣社は六％の増を記録している。先述のとおり、これに対して民社は減少したが、そのうち府県社・郷社は、この間減少どころか増加の勢いを露にしている。これらの社格を有する神社は、由緒がありかつ氏子戸数も多いため、合祀の対象とされなかったばかりでなく、村社から郷社への昇格もあり（他方府県社から国幣社への昇格は考えにくい）、全体として微増の潜勢力を発揚しえたのである。ところが、村社は一五％の減少を示し、境外無格社に至っては半減している。これにより、神社整理は村社以下に標的をしぼったこと、とくに無格社には激甚な嵐となって荒れ狂ったことが判明するのである。合祀徹底度のこうした社格差は、神社数の社格別シェアーに影響を及ぼし、明治三十四年には村社以下で九八％を占めたのが、大正六年には九六％となり、そのなかでも無格社のシェアーが一三％落ち、村社のシェアーが一一％上昇するという結果を生んだ。

表8　社格別，神社指数およびシェアーの推移（全国，明治34年～大正6年）

		神社総数*	官国幣社	府県社・郷社	村社	境外無格社
明治36年の社数を100とした指数	明治34	101	99	95	102	101
	36	100	100	100	100	100
	38	100	100	100	101	99
	40	91	100	100	98	89
	42	76	101	100	92	70
	44	67	101	100	89	58
	大正 2	65	101	100	88	55
	4	62	101	100	87	52
	6	61	105	101	87	50
社格別分布	明治34	100.0	0.1	2.0	27.2	70.8
	大正 6	100.0	0.2	3.5	38.4	57.9

資料：『日本帝国統計年鑑』
＊神社総数には神宮を含まず。

　つぎに、神社整理の徹底度の府県差をみるために、全国四七道府県から統計書の利用が可能であった二二道府県を選び、神社を表8同様四階級に分け、明治三十三年から大正六年までの社数（年末現在）の推移を、実数と明治三十六年を一〇〇とする指数で掲出した。それが表9の二二表である。

　どの道府県でも、さきに全国的景況として述べたように、官国幣社と府県郷社には、増減がないか微増の傾向が窺われるのに対し、村社以下に神社整理の跡が著しい。しかも後者の府県差が大きい。神社整理の府県差は、社数の多い村社以下の合祀成果のいかんから生じていることが判明する。そこで、村社と無格社に注目し、指数の推移を取り出して一覧にしたのが表10である。

表10で明らかなように、二二道府県とは、北海道、東北地方から岩手・秋田の二県、関東地方から茨城県と東京府、北陸地方から富山・福井の二県、東海地方から静岡・愛知・三重の三県、近畿地方から滋賀・奈良・京都・大阪・和歌山の二府三県、中国地方から広島・島根の二県、四国地方から愛媛・高知の二県、九州地方から宮崎・鹿児島の二県、そして沖縄県である。

表9において、道府県ごとに大正三年の神社総数の指数をとり、それが三〇未満を激甚県(A)、三〇〜六〇未満を強行県(B)、六〇〜八〇未満を順応県(C)、八〇以上を無視県(D)、として、A〜Dの記号を表10の府県名に付けた。これを一瞥すれば明らかなように、整理の徹底度に地方による斉一性はみられず、隣接県でも大いに異なる場合さえあって、知事の方針いかんによって徹底度が左右されたことが明白となるのである。なお、表1によって、大正三年までの徹底度で全国四七道府県をA〜Dの四ランクに分別すると、表11に掲げたようにA五県、B八府県、C二二道府県、D一二府県となる。これにたいし表10の二二道府県は、A四、B二、C一〇、D六となり、徹底度からいっても全国的景況をこのサンプルでほぼ捉えうることが判明しよう。

つぎに各ランクで集団化し、表9について各道府県の推移をみよう。

A 激 甚 県

1 三重県(表9—10) 激甚をきわめた三重県下では、無格社が明治三十九年九一のところ二年後の四十一年には九と徹底的に潰され、それを追う形で村社も潰されていった。潰さなくともすむ境内無格社まで容赦なく対象になっていった。とくに明治四十年、四十一年の整理実績は驚異的で、なんと村社・境外無格社の合祀合計五〇〇〇社を超え、僅か二年間で県下神社の三分の二が潰されたのである。

2　和歌山県（表9―15）　三重県よりはいく分後発であったが、ここでも激甚をきわめ、郷社さえ合祀されるものがあった。三重県が手を緩めてからもなお無格社の整理を強行した結果、三重県に匹敵する成果を収めた。その代り、南方熊楠の運動が奏功して、大正三、四年以降、許可をえただけでその実合祀をしなかった神社の復祀が行われ、若干の反転現象が生じた。

3　秋田県（表9―3）　和歌山県下の村社減却率は三重県下でのそれに及ばないのに、全体として三重県に匹敵する整理の成果を挙げたのは、整理対象にしやすい無格社の神社総数にたいする比率が高かったためである（三重県下の七四％にたいし和歌山県下の八二％）。和歌山県以上に同様のことが妥当するのは秋田県であって、村社・無格社ともに減却率が和歌山県よりもかなり低いのに、無格社比が高いため（八五％）、激甚県に含まれる。

4　沖縄県（表9―22）　沖縄県下の無格社比は一〇〇％に近いため、整理徹底度も全国一で、三重県のレベルを遙かに抜いている。これに加えて、無格社数の不正規な動きに反映しているとおり、無格社認定の問題があり、どの御嶽《ウタキ》まで無格社と認定するかによって、合祀成果も異なった現われ方をした。本土とは異なる状況にある沖縄県を除き、他の三県に共通することは、一社当り氏子戸数が少ないこと、つまり、神社過密県であったことであるが、過密県がみな激甚県であったわけではない（表1参照）。

B　強　行　県

1　大阪府（表9―14）　大阪府の村社減少率が和歌山県のそれを凌駕することは、合祀がきびしく励行されたことを裏書きしている。しかし、無格社の減少率は和歌山県に及ばなかった。蓋し、無格社がもともと少なく（和歌山県の六分の一ほど）、減少させようにも大幅な減少を達成することがきわめて困難だったからであろう。それでも秋田県に勝る減少率であったのに、全体としては激甚県のレベルに達しなかった。これは、無格社比が断然低い（二六％）ためと考えられる。

2 島根県（表9—17） 村社・無格社の減少率は秋田県のそれに匹敵するが、無格社比が秋田県よりも低い（六四％）ため、強行県の水準に留まったといえよう。急激ではないにせよ、長期間にわたり執拗に整理が実施されたことが、この県の特色である。

島根県の一社当り戸数は全国並であったが、大阪府のそれは全国第三位という神社過疎県であった。それでも、合祀が強行されたのである。

C 順応県

順応県は最も多く一〇道府県に達する。そのうち、社寺の創立がとくに認可されうる移民地の北海道、人口が集中する東京府、人口の停滞的な滋賀県の三つを取り上げる。

1 北海道（表9—1） 移民地のゆえに社寺の創立が特例として認められたにもかかわらず、全体では約二五％の減であり、なかでも無格社は四割近く減少したことが注目される。整理の嵐が終息してからも、無格社の減少が続いたのは、村社への昇格による減少だけでは説明しきれない。

2 東京府（表9—5） 東京は人口の集中する地域であるけれども、無格社を中心として社数が減少した。村社から郷社への昇格が多かったのは、人口集中地域ならではの現象といえよう。

3　滋賀県（表9―11）　北海道と東京府は、一社当り戸数の多いことで全国第一位、第二位の地域であり、その点から順応県であったことがうなずけるとすれば、神社密度が全国平均並の滋賀県が、どうして北海道レベルの整理に留まりえたのか、興味のあるところである。

D　無　視　県

私のサンプルでは、六府県が無視県の範疇にはいる。宮崎県を除いて、どれも隣接県より一社当り戸数がとくに多いわけではない。京都や奈良のように古社が多く、したがって由緒のある神社が多いために神社整理を実施しがたかったとみなしうるのもあるが、そうとは考えられない県もあり、全体として知事の裁量一つにかかった感が深い。知事が合祀政策に疑問をもっている場合、由緒の深い神社の多いことが整理を断行せぬ理由とされることは、さきにふれた京都府知事大森鐘一の例が示すとおりである。

六府県のうち、京都府と宮崎県はとくに残存率が高い。しかし、宮崎県の場合、誤謬訂正を考慮すれば残存率は九割を下回り、九割を超えるのは京都府のみである。京都府では村社すらほとんど減却なく、境外無格社においても一割強の減少がみられたにすぎない。念のため境内無格社の推移を調べると、これは全く減少していない。全国で六三％という神社残存率に比較すれば、合祀の嵐は京都府の頭上を吹きぬけただけ、という印象を免れえない。このような、サボタージュともいえる事態を招いたのは、地方行政にたいする神社整理の意義の認識が、知事大森において、内務省の中央高官のそれとは異なっていたからである。

表9－1　北　海　道（明治33年～大正6年）

	実				数	指				数
	神社総数	官国幣社	県社・郷社	村社	無格社	神社総数	官国幣社	県社・郷社	村社	無格社
明治 33	544	2	52	232	258	95	100	100	100	90
34	563	2	51	232	278	98	100	100	100	97
35	568	2	51	232	283	99	100	100	100	98
36	573	2	51	232	288	100	100	100	100	100
37	561	2	51	233	275	98	100	100	100	95
38	568	2	51	232	283	99	100	100	100	98
39	580	2	51	233	294	101	100	100	100	102
40	570	2	50	226	292	99	100	98	97	101
41	573	2	50	225	296	100	100	98	97	103
42	550	2	50	219	279	96	100	98	94	97
43	538	2	50	224	262	94	100	98	97	91
44	461	2	50	209	200	80	100	98	90	69
大正 1	454	2	50	199	203	79	100	98	86	70
2	462	2	51	208	201	81	100	100	90	70
3	424	2	51	189	182	74	100	100	81	63
4	414	2	52	191	169	72	100	102	82	59
5	413	2	52	193	166	72	100	102	83	58
6	417	2	52	198	165	73	100	102	85	57

資料：『北海道統計書』

表9－2　岩　手　県（明治33年～大正6年）

	実				数	指				数
	神社総数	国幣社	県社・郷社	村社	無格社	神社総数	国幣社	県社・郷社	村社	無格社
明治 33	1,227	1	36	457	733	102	100	100	100	104
34	1,228	1	36	456	735	102	100	100	100	104
35	1,206	1	36	455	714	101	100	100	100	101
36	1,200	1	36	456	707	100	100	100	100	100
37	1,201	1	36	456	708	100	100	100	100	100
38	1,191	1	36	456	698	99	100	100	100	99
39	1,187	1	36	454	696	99	100	100	100	98
40	1,174	1	36	452	685	98	100	100	99	97
41	1,153	1	36	451	665	96	100	100	99	94
42	1,101	1	36	449	615	92	100	100	98	87
43	1,068	1	36	444	587	89	100	100	97	83
44	1,026	1	36	441	548	86	100	100	97	78
大正 1	1,022	1	36	440	545	85	100	100	96	77
2	1,008	1	36	436	535	84	100	100	96	76
3	1,006	1	36	437	532	84	100	100	96	75
4	1,007	1	36	438	532	84	100	100	96	75
5	1,002	1	36	436	529	84	100	100	96	75
6	1,002	1	36	436	529	84	100	100	96	75

資料：『岩手県統計書』

表9-3　秋　田　県（明治33年～大正6年）

	実		数			指		数			実数
	神社総数	国幣社	県社・郷社	村社	無格社	神社総数	国幣社	県社・郷社	村社	無格社	境内無格社
明治 33	4,840	1	53	699	4,087	100	100	100	100	100	939
34	4,839	1	53	699	4,086	100	100	100	100	100	940
35	4,842	1	53	699	4,089	100	100	100	100	100	949
36	4,834	1	53	697	4,083	100	100	100	100	100	950
37	4,801	1	52	679	4,069	99	100	98	97	100	950
38	4,801	1	52	679	4,069	99	100	98	97	100	950
39	4,801	1	52	679	4,069	99	100	98	97	100	950
40	4,697	1	51	673	3,972	9	100	96	97	97	
41	4,264	1	51	671	3,541	88	100	96	96	87	
42	3,798	1	51	671	3,075	79	100	96	96	75	
43	2,269	1	51	636	1,581	47	100	96	91	39	
44	1,910	1	51	611	1,247	40	100	96	88	31	
大正 1	1,574	1	51	587	935	33	100	96	84	23	
2	1,458	1	51	584	822	30	100	96	84	20	
3	1,395	1	51	578	765	29	100	96	83	19	
4	1,369	1	51	577	740	28	100	96	83	18	
5	1,369	1	51	577	740	28	100	96	83	18	
6	1,367	1	51	578	737	28	100	96	83	18	

資料：『秋田県統計書』

表9-4　茨　城　県（明治33年～大正6年）

	実		数			指		数			実数
	神社総数	官国幣社	県社・郷社	村社	無格社	神社総数	官国幣社	県社・郷社	村社	無格社	境内無格社
明治 33	4,412	4	54	1,630	2,724	100	100	100	100	100	5,855
34	4,412	4	54	1,631	2,723	100	100	100	100	100	5,855
35	4,411	4	54	1,631	2,722	100	100	100	100	100	5,855
36	4,411	4	54	1,631	2,722	100	100	100	100	100	5,855
37	4,411	4	54	1,631	2,722	100	100	100	100	100	5,855
38	4,411	4	54	1,631	2,722	100	100	100	100	100	5,855
39	4,307	4	55	1,592	2,656	98	100	102	98	98	5,855
40	4,156	4	55	1,620	2,477	94	100	102	99	91	
41	3,900	4	54	1,620	2,221	88	100	100	99	82	
42	3,665	4	54	1,622	1,985	83	100	100	99	73	
43	3,506	4	54	1,605	1,843	79	100	100	98	68	
44	3,380	4	54	1,593	1,729	77	100	100	98	64	
大正 1	3,231	4	54	1,585	1,588	73	100	100	97	58	
2	3,000	4	55	1,568	1,373	68	100	102	96	50	
3	2,971	4	56	1,563	1,348	67	100	104	96	50	
4	2,907	4	56	1,555	1,292	66	100	104	95	47	
5	2,860	4	56	1,555	1,245	65	100	104	95	46	
6	2,835	4	56	1,557	1,218	64	100	104	95	45	

資料：『茨城県統計書』

表9－5　東　京　府（明治33年～大正6年）

	実数					指数				
	神社総数	官幣社	府社・郷社	村社	無格社	神社総数	官幣社	府社・郷社	村社	無格社
明治 33	2,360	3	68	604	1,685	95	100	100	98	94
34	2,387	3	68	598	1,718	96	100	100	97	96
35	2,504	3	68	621	1,812	101	100	100	101	101
36	2,482	3	68	614	1,797	100	100	100	100	100
37	2,472	3	68	614	1,787	100	100	100	100	99
38	2,452	3	68	619	1,762	99	100	100	101	98
39	2,416	3	68	619	1,726	97	100	100	101	96
40	2,305	3	68	621	1,613	93	100	100	101	90
41	2,307	3	78	606	1,620	93	100	115	99	90
42	2,031	3	78	610	1,340	82	100	115	99	75
43	2,024	2	77	610	1,335	82	67	113	99	74
44	1,976	2	78	602	1,294	80	67	115	98	72
大正 1	1,923	2	78	602	1,241	77	67	115	98	69
2	1,900	2	78	604	1,216	77	67	115	98	68
3	1,900	2	78	604	1,216	77	67	115	98	68
4	1,882	2	78	603	1,199	76	67	115	98	67
5	1,876	2	78	603	1,193	76	67	115	98	66
6	1,856	2	78	604	1,172	75	67	115	98	65

資料：『東京府統計書』

表9－6　富　山　県（明治33年～大正6年）

	実数					指数					実数
	神社総数	国幣社	県社・郷社	村社	無格社	神社総数	国幣社	県社・郷社	村社	無格社	境内無格社
明治 33	3,811	1	45	2,407	1,358	100	100	100	100	100	5
34	3,811	1	45	2,407	1,358	100	100	100	100	100	5
35	3,811	1	45	2,407	1,358	100	100	100	100	100	5
36	3,808	1	45	2,405	1,357	100	100	100	100	100	5
37	3,808	1	45	2,405	1,357	100	100	100	100	100	5
38	3,793	1	46	2,384	1,362	100	100	102	99	100	90
39	3,793	1	46	2,384	1,362	100	100	102	99	100	90
40	3,791	1	46	2,385	1,359	100	100	102	99	100	90
41	3,723	1	46	2,362	1,314	98	100	102	98	97	66
42	3,645	1	46	2,330	1,268	96	100	102	97	93	86
43	3,454	1	46	2,287	1,120	91	100	102	95	83	79
44	3,335	1	46	2,254	1,034	88	100	102	94	76	69
大正 1	3,321	1	46	2,261	1,013	87	100	102	94	75	69
2	3,258	1	46	2,246	965	86	100	102	93	71	69
3	3,188	1	46	2,222	919	84	100	102	92	68	67
4	3,136	1	46	2,220	869	82	100	102	92	64	64
5	3,118	1	46	2,217	854	82	100	102	92	63	63
6	3,093	1	47	2,201	844	81	100	104	92	62	

資料：『富山県統計書』

表9-7　福　井　県（明治35年～大正6年）

	実数					指数					実数
	神社総数	官国幣社	県社・郷社	村社	無格社	神社総数	官国幣社	県社・郷社	村社	無格社	境内無格社
明治 33											
34											
35	2,814	4	66	1,559	1,185	100	100	100	100	100	968
36	2,814	4	66	1,559	1,185	100	100	100	100	100	968
37	2,814	4	66	1,559	1,185	100	100	100	100	100	968
38	2,814	4	66	1,559	1,185	100	100	100	100	100	968
39	2,827	4	66	1,571	1,186	100	100	100	101	100	1,026
40	2,667	4	66	1,537	1,060	95	100	100	99	89	1,018
41	2,355	4	66	1,487	798	84	100	100	95	67	889
42	2,139	4	66	1,433	636	76	100	100	92	54	855
43	1,967	4	66	1,375	522	70	100	100	88	44	839
44	1,867	4	66	1,342	455	66	100	100	86	38	808
大正 1	1,834	4	66	1,324	444	65	100	100	85	37	795
2	1,753	4	66	1,274	409	62	100	100	82	35	729
3	1,741	4	67	1,268	402	62	100	102	81	34	
4	1,749	4	68	1,282	395	62	100	103	82	33	
5	1,754	4	69	1,284	397	62	100	105	82	34	
6	1,752	4	69	1,284	395	62	100	105	82	33	

資料：『福井県統計書』

表9-8　静　岡　県（明治33年～大正6年）

	実数					指数				
	神社総数	官国幣社	県社・郷社	村社	無格社	神社総数	官国幣社	県社・郷社	村社	無格社
明治 33	3,944	8	157	1,696	2,083	100	100	101	101	98
34	3,922	8	158	1,696	2,060	99	100	101	101	97
35	3,905	8	157	1,694	2,046	99	100	101	101	97
36	3,961	8	156	1,679	2,118	100	100	100	100	100
37	3,955	8	156	1,677	2,114	100	100	100	100	100
38	3,951	8	156	1,677	2,110	100	100	100	100	100
39	3,888	8	156	1,669	2,055	98	100	100	99	97
40	3,777	8	156	1,642	1,971	95	100	100	98	93
41	3,787	8	158	1,666	1,955	96	100	101	99	92
42	3,727	8	158	1,661	1,900	94	100	101	99	90
43	3,679	8	157	1,654	1,860	93	100	101	99	88
44	3,646	8	157	1,650	1,831	92	100	101	98	86
大正 1	3,618	8	157	1,645	1,808	91	100	101	98	85
2	3,490	8	157	1,541	1,784	88	100	101	92	84
3	3,434	8	157	1,515	1,754	87	100	101	90	83
4	3,393	8	158	1,511	1,716	86	100	101	90	81
5	3,324	8	161	1,490	1,665	84	100	103	89	79
6	3,362	8	161	1,543	1,650	85	100	103	92	78

資料：『静岡県統計書』

表9-9　愛　知　県（明治33年～大正6年）

	実数					指数				
	神社総数	官国幣社	県社・郷社	村社	無格社	神社総数	官国幣社	県社・郷社	村社	無格社
明治 33	5,087	3	174	2,575	2,335	100	100	100	100	100
34	5,087	3	174	2,575	2,335	100	100	100	100	100
35	5,093	3	174	2,576	2,340	100	100	100	100	100
36	5,094	3	174	2,574	2,343	100	100	100	100	100
37	5,056	3	174	2,567	2,312	99	100	100	100	99
38	5,057	3	175	2,563	2,316	99	100	101	100	99
39	5,049	3	175	2,563	2,308	99	100	101	100	99
40	4,962	3	175	2,550	2,234	97	100	101	99	95
41	4,835	3	175	2,546	2,111	95	100	101	99	90
42	4,588	3	176	2,506	1,903	90	100	101	97	81
43	4,446	3	176	2,488	1,779	87	100	101	97	76
44	4,338	3	176	2,479	1,680	85	100	101	96	72
大正 1	4,139	3	176	2,455	1,505	81	100	101	95	64
2	3,880	3	175	2,416	1,286	76	100	101	94	55
3	3,929	3	179	2,428	1,319	77	100	103	94	56
4	3,848	3	178	2,413	1,254	76	100	102	94	54
5	3,770	3	181	2,402	1,184	74	100	104	93	51
6	3,720	3	181	2,389	1,147	73	100	104	93	49

資料：『愛知県統計書』

表9-10　三　重　県（明治33年～大正6年）

	実数					指数					実数(指数)
	神社総数	官国幣社	県社・郷社	村社	無格社	神社総数	官国幣社	県社・郷社	村社	無格社	境内無格社
明治 33	6,985	2	55	1,704	5,224	101	100	92	100	102	3,954(109)
34	6,985	2	55	1,703	5,225	101	100	92	100	102	3,951(109)
35	6,891	2	57	1,702	5,130	100	100	95	100	100	3,641(100)
36	6,887	2	60	1,699	5,126	100	100	100	100	100	3,637(100)
37	6,825	2	61	1,694	5,068	99	100	102	100	99	3,648(100)
38	6,791	2	61	1,692	5,036	99	100	102	100	98	3,622(100)
39	6,385	2	62	1,676	4,645	93	100	103	99	91	3,466(95)
40	3,723	2	61	1,435	2,225	54	100	102	84	43	2,185(60)
41	1,319	2	60	803	454	19	100	100	47	9	729(20)
42	1,051	2	60	708	281	15	100	100	42	5	579(15)
43	944	2	60	659	223	14	100	100	39	4	471(13)
44	876	2	60	629	185	13	100	100	37	4	396(11)
大正 1	836	2	60	617	157	12	100	100	36	3	362(10)
2	811	2	60	613	136	12	100	100	36	3	354(10)
3	802	2	60	611	129	12	100	100	36	3	350(10)
4	771	3	59	603	106	11	150	98	35	2	325(9)
5	759	3	59	595	102	11	150	98	35	2	310(9)
6	746	3	60	588	95	11	150	100	35	2	300(8)

資料：『三重県統計書』

表９-11　滋　賀　県（明治33年～大正６年）

	実		数			指		数			実数
	神社総数	官幣社	県社・郷社	村社	無格社	神社総数	官幣社	県社・郷社	村社	無格社	境　内無格社
明治 33	2,878	3	93	929	1,853	100	100	100	100	100	1,464
34	2,876	3	93	930	1,850	100	100	100	100	100	1,464
35	2,877	3	93	930	1,851	100	100	100	100	100	1,464
36	2,877	3	93	933	1,848	100	100	100	100	100	
37	2,873	3	93	932	1,845	100	100	100	100	100	
38	2,875	3	93	933	1,846	100	100	100	100	100	1,775
39	2,874	3	93	933	1,845	100	100	100	100	100	1,776
40	2,870	3	93	933	1,841	100	100	100	100	100	1,771
41	2,789	3	94	932	1,760	97	100	101	100	95	1,784
42	2,482	3	94	931	1,454	86	100	101	100	79	1,835
43	2,259	3	94	928	1,234	79	100	101	99	67	1,835
44	2,163	3	94	923	1,143	75	100	101	99	62	1,990
大正 1	2,123	3	94	923	1,103	74	100	101	99	60	1,990
2	2,101	3	94	921	1,083	73	100	101	99	59	1,985
3	2,094	3	95	918	1,078	73	100	102	98	58	1,981
4	1,989	3	95	919	972	69	100	102	98	53	1,991
5	1,966	3	95	920	948	68	100	102	99	51	2,000
6	1,950	3	95	920	932	68	100	102	99	50	1,900

資料：『滋賀県統計書』

表９-12　奈　良　県（明治33年～大正６年）

	実		数			指		数		
	神社総数	官幣社	県社・郷社	村社	無格社	神社総数	官幣社	県社・郷社	村社	無格社
明治 33	1,904	10	42	1,149	703	100	100	98	100	99
34	1,904	10	42	1,149	703	100	100	98	100	99
35	1,912	10	43	1,151	708	100	100	100	100	100
36	1,912	10	43	1,151	708	100	100	100	100	100
37	1,913	11	43	1,151	708	100	110	100	100	100
38	1,913	11	43	1,151	708	100	110	100	100	100
39	1,897	11	43	1,146	697	99	110	100	100	98
40	1,841	11	43	1,145	642	96	110	100	99	91
41	1,810	11	43	1,140	616	95	110	100	99	87
42	1,743	11	43	1,119	570	91	110	100	97	81
43	1,679	11	43	1,097	528	88	110	100	95	75
44	1,635	11	43	1,079	502	86	110	100	94	71
大正 1	1,619	11	43	1,078	487	85	110	100	94	69
2	1,616	11	43	1,076	486	85	110	100	93	69
3	1,582	10	43	1,066	463	83	100	100	93	65
4	1,566	10	43	1,061	452	82	100	100	92	64
5	1,533	10	43	1,058	422	80	100	100	92	60
6	1,523	10	43	1,049	421	80	100	100	91	59

資料：『奈良県統計書』

表9-13　京　都　府（明治33年〜大正6年）

	実数					指数					実数
	神社総数	官国幣社	府社・郷社	村社	無格社	神社総数	官国幣社	府社・郷社	村社	無格社	境内無格社
明治 33	3,078	20	76	1,075	1,907	104	100	95	105	105	
34	2,982	20	79	981	1,902	101	100	99	96	104	
35	2,949	20	78	1,027	1,824	100	100	98	100	100	3,910
36	2,949	20	80	1,026	1,823	100	100	100	100	100	3,910
37	2,949	20	80	1,026	1,823	100	100	100	100	100	3,910
38	2,945	20	80	1,026	1,819	100	100	100	100	100	3,910
39	2,921	20	80	1,024	1,797	99	100	100	100	99	3,910
40	2,838	20	80	1,026	1,712	96	100	100	100	94	3,924
41	2,812	20	80	1,024	1,688	95	100	100	100	93	3,932
42	2,786	20	80	1,016	1,670	94	100	100	99	92	3,930
43	2,753	20	80	1,016	1,637	93	100	100	99	90	3,941
44	2,748	20	80	1,016	1,632	93	100	100	99	90	3,936
大正 1	2,732	20	81	1,015	1,616	93	100	101	99	89	3,934
2	2,730	20	81	1,014	1,615	93	100	101	99	89	3,936
3	2,725	20	81	1,014	1,610	92	100	101	99	88	3,934
4	2,723	20	81	1,014	1,608	92	100	101	99	88	3,928
5	2,724	20	84	1,014	1,606	92	100	105	99	88	3,925
6	2,723	20	84	1,014	1,605	92	100	105	99	88	3,925

資料：『京都府統計書』

表9-14　大　阪　府（明治33年〜大正6年）

	実数					指数				
	神社総数	官幣社	府社・郷社	村社	無格社	神社総数	官幣社	府社・郷社	村社	無格社
明治 33	1,922	8	84	1,316	514	101	100	101	100	102
34	1,919	8	84	1,314	513	101	100	101	100	102
35	1,912	8	83	1,315	506	100	100	100	100	100
36	1,909	8	83	1,313	505	100	100	100	100	100
37	1,908	8	83	1,313	504	100	100	100	100	100
38	1,901	8	83	1,308	502	100	100	100	100	99
39	1,892	8	83	1,309	492	99	100	100	100	97
40	1,423	8	83	1,027	305	75	100	100	78	60
41	1,033	8	83	761	181	54	100	100	58	36
42	861	8	83	626	144	45	100	100	48	29
43	753	8	83	546	116	39	100	100	42	23
44	753	8	83	550	112	39	100	100	42	22
大正 1	732	8	84	536	104	38	100	101	41	21
2	727	7*	86	537	97	38	100	104	41	19
3	697	7	86	517	87	37	100	104	39	17
4	687	7	86	512	82	36	100	104	39	16
5	681	7	87	510	77	36	100	105	39	15
6	680	7	89	506	78	36	100	107	39	15

資料：『大阪府統計書』。　*1社は京都府の管理ゆえ除く。

表9-15　和歌山県（明治36年～大正6年）

	実数					指数					実数
	神社総数	官国幣社	県社・郷社	村社	無格社	神社総数	官国幣社	県社・郷社	村社	無格社	境内無格社
明治 33	3,811	5	25	664	3,117	100	100	100	100	101	2,074
34	3,811	5	25	664	3,117	100	100	100	100	101	2,074
35	3,809	5	25	664	3,115	100	100	100	100	100	2,074
36	3,793	5	25	662	3,101	100	100	100	100	100	2,068
37	3,785	5	25	662	3,093	100	100	100	100	100	2,068
38	3,767	5	24	655	3,083	99	100	96	99	99	2,069
39	3,748	5	24	649	3,070	99	100	96	98	99	2,071
40	3,017	5	24	551	2,437	80	100	96	83	79	
41	1,922	5	23	457	1,437	51	100	92	69	46	
42	1,091	5	23	393	670	29	100	92	59	22	
43	609	5	23	342	239	16	100	92	52	8	
44	726	5	22	373	326	19	100	88	56	11	
大正 1	468	4	23	335	106	12	80	92	51	3	
2	442	5	23	337	77	12	100	92	51	2	
3	463	5	23	339	96	12	100	92	51	3	
4	551	7	23	360	161	15	140	92	54	5	
5	550	6	25	354	165	15	120	100	53	5	
6	536	6	25	356	149	14	120	100	54	5	

資料：『和歌山県統計書』

表9-16　広島県（明治33年～大正6年）

	実数					指数				
	神社総数	官国幣社	県社・郷社	村社	無格社	神社総数	官国幣社	県社・郷社	村社	無格社
明治 33	9,751	2	29	1,019	8,701	105	100	107	98	106
34	9,748	2	29	1,019	8,698	105	100	107	98	106
35	10,291	2	27	1,036	9,226	111	100	100	100	112
36	9,276	2	27	1,036	8,211	100	100	100	100	100
37	9,555	2	28	1,042	8,483*	103	100	104	101	103
38	9,522	2	28	1,053	8,439	103	100	104	102	103
39	9,470	2	29	1,052	8,387	102	100	107	102	102
40	9,355	2	29	1,044	8,280	101	100	107	101	101
41		2	29				100	107		
42		2	29				100	107		
43	6,037	2	29	987	5,019	65	100	107	95	61
44	6,296	2	29	983	5,282	68	100	107	95	64
大正 1	5,943	2	29	979	4,933	64	100	107	94	60
2	5,756	2	30	973	4,751	62	100	111	94	58
3	5,753	2	30	970	4,751	62	100	111	94	58
4		2	30				100	111		
5	5,499	2	30	951	4,516	59	100	111	92	55
6	5,416	2	30	953	4,431	58	100	111	92	54

資料：『広島県統計書』。＊ほかに境内無格社2,387社。

表9-17　島　根　県（明治33年～大正6年）

	実数					指数				
	神社総数	官国幣社	県社・郷社	村社	無格社	神社総数	官国幣社	県社・郷社	村社	無格社
明治 33	3,044	7	141	1,048	1,848	93	100	100	100	88
34	3,290	7	141	1,042	2,100	100	100	100	100	100
35	3,290	7	141	1,042	2,100	100	100	100	100	100
36	3,289	7	141	1,043	2,098	100	100	100	100	100
37	3,287	7	141	1,041	2,098	100	100	100	100	100
38	3,280	7	141	1,041	2,091	100	100	100	100	100
39	3,158	7	141	1,037	1,973	96	100	100	99	94
40	2,787	7	141	999	1,640	85	100	100	96	78
41	2,425	7	141	943	1,334	74	100	100	90	63
42	2,010	7	141	880	982	61	100	100	84	47
43	1,913	7	141	872	893	58	100	100	84	43
44	1,787	7	141	851	788	54	100	100	82	38
大正 1	1,686	7	141	844	694	51	100	100	81	33
2	1,626	7	141	833	645	50	100	100	80	31
3	1,576	7	141	826	602	48	100	100	79	29
4	1,546	7	141	821	577	47	100	100	79	28
5	1,519	7	142	817	553	46	100	101	78	26
6	1,504	7	142	814	541	46	100	101	78	26

資料：『島根県統計書』

表9-18　愛　媛　県（明治33年～大正6年）

	実数					指数				
	神社総数	国幣社	県社・郷社	村社	無格社	神社総数	国幣社	県社・郷社	村社	無格社
明治 33	5,830	1	136	1,038	4,655	243	100	100	130	316
34		1					100			
35	3,366	1	136	797	2,432	140	100	105	100	165
36	2,401	1	129	796	1,475	100	100	100	100	100
37	2,480	1	131	872	1,476	103	100	102	110	100
38	2,496	1	134	869	1,492	104	100	104	109	101
39	2,496	1	134	869	1,492	104	100	104	109	101
40	2,491	1	134	871	1,485	104	100	104	109	101
41		1	134				100	104		
42	2,691	1	134	807	1,749	112	100	104	101	119
43	2,028	1	134	756	1,137	84	100	104	95	77
44	1,743	1	134	739	869	73	100	104	93	59
大正 1	1,655	1	135	726	793	69	100	105	91	54
2	1,554	1	135	714	704	64	100	105	90	48
3	1,493	1	135	706	651	62	100	105	89	44
4	1,430	1	135	703	591	60	100	105	88	40
5	1,397	1	135	703	558	58	100	105	88	38
6	1,382	1	135	703	543	58	100	105	88	37

資料：『愛媛県統計書』。註：1.明治33年の（境外）無格社数は明治35年に接続せず。2.明治36～40年の無格社数は、35年以前とまた42年以後と接続せず。3.明治37・38年について、このほかに境外末社、摂社それぞれ2,789、72社、2,840、72社あり。無格社に合算すれば、4,337社、4,404社となり、明治33年の数字に接続する。

表9-19　高　知　県（明治33年～大正6年）

	実数					指数				
	神社総数	国幣社	県社・郷社	村社	無格社*	神社総数	国幣社	県社・郷社	村社	無格社
明治 33	7,914	1	220	1,357	6,336	100	100	100	100	100
34	7,922	1	220	1,358	6,343	100	100	100	100	100
35	7,922	1	220	1,359	6,342	100	100	100	100	100
36	7,921	1	220	1,359	6,341	100	100	100	100	100
37	7,920	1	220	1,359	6,340	100	100	100	100	100
38	7,920	1	220	1,359	6,340	100	100	100	100	100
39	7,896	1	220	1,359	6,316	100	100	100	100	100
40	7,783	1	220	1,351	6,211	98	100	100	99	98
41	6,038	1	220	1,337	4,480	76	100	100	98	71
42	5,774	1	220	1,319	4,234	73	100	100	97	67
43	5,241	1	220	1,290	3,730	66	100	100	95	59
44	5,065	1	220	1,282	3,562	64	100	100	94	56
大正 1	5,009	1	220	1,275	3,513	63	100	100	94	55
2	4,905	1	220	1,274	3,410	62	100	100	94	54
3	4,861	1	220	1,265	3,375	61	100	100	93	53
4	4,802	1	220	1,271	3,310	61	100	100	94	52
5	4,787	1	221	1,269	3,296	60	100	100	93	52
6	4,773	1	221	1,265	3,286	60	100	100	93	52

資料：『高知県統計書』。＊明治39年までは境外・境内に分け，40年以後両者の合計が掲出されているので，一貫して合計を掲げた。

表9-20　宮　崎　県（明治33年～大正6年）

	実数					指数					実数
	神社総数	官国幣社	県社・郷社	村社	無格社	神社総数	官国幣社	県社・郷社	村社	無格社	境内無格社
明治 33	824	3	63	447	311	100	100	100	100	100	340
34	824	3	63	447	311	100	100	100	100	100	340
35	825	3	63	447	312	100	100	100	100	100	340
36	825	3	63	447	312	100	100	100	100	100	340
37	873	3	63	459*	348*	106	100	100	103	112	456*
38	881	3	67	464*	347	107	100	106	104	111	464*
39	870	3	67	462	338	105	100	106	103	108	451
40	851	3	67	460	321	103	100	106	103	103	428
41	824	3	67	447	307	100	100	106	100	98	351
42	785	3	67	427	288	95	100	106	96	92	446
43	778	3	67	429	279	94	100	106	96	89	441
44	769	3	67	426	273	93	100	106	95	88	460
大正 1	764	3	67	424	270	93	100	106	95	87	441
2	764	3	67	425	269	93	100	106	95	86	441
3	762	3	67	424	268	92	100	106	95	86	439
4	767	3	68	423	273	93	100	108	95	88	439
5	764	3	66	423	272	93	100	105	95	87	439
6	764	3	66	423	272	93	100	105	95	87	439

資料：『宮崎県統計書』。＊誤謬訂正による増。

表9-21　鹿児島県（明治33年～大正6年）

	実数					指数				
	神社総数	官国幣社	県社・郷社	村社	無格社	神社総数	官国幣社	県社・郷社	村社	無格社
明治 33	2,281	5	116	499	1,661	99	100	99	99	99
34	2,312	5	119	504	1,684	101	100	102	100	101
35	2,311	5	118	504	1,684	101	100	101	100	101
36	2,299	5	117	505	1,672	100	100	100	100	100
37	2,299	5	119	505	1,670	100	100	102	100	100
38	2,297	5	119	505	1,668	100	100	102	100	100
39	2,287	5	119	505	1,658	99	100	102	100	99
40	2,264	5	119	484	1,656	98	100	102	96	99
41	2,252	5	119	481	1,647	98	100	102	95	99
42	1,743	5	108	419	1,211	76	100	92	83	72
43	1,741	5	106	419	1,211	76	100	91	83	72
44	1,670	5	107	411	1,147	73	100	91	81	69
大正 1	1,634	5	107	413	1,109	71	100	91	82	66
2	1,610	5	108	416	1,081	70	100	92	82	65
3	1,610	5	108	416	1,081	70	100	92	82	65
4	1,638	5	114	444	1,075	71	100	97	88	64
5	1,600	5	112	440	1,043	70	100	96	87	62
6	1,579	5	112	435	1,027	69	100	96	86	61

資料：『鹿児島県統計書』

表9-22　沖縄県（明治33年～大正8年）

	実数					指数				
	神社総数	官幣社	県社・郷社	村社	無格社	神社総数	官幣社	県社・郷社	村社	無格社
明治 33	237	1	0	0	236	32	100	—	—	32
34	736	1	0	0	735	100	100	—	—	100
35	736	1	0	0	735	100	100	—	—	100
36	736	1	0	0	735	100	100	—	—	100
37	736	1	0	0	735	100	100	—	—	100
38	736	1	0	0	735	100	100	—	—	100
39	260	1	0	0	259	35	100	—	—	35
40	255	1	0	0	254	35	100	—	—	35
41		1	0	0			100	—	—	
42		1	0	0			100	—	—	
43	480	1	0	0	479	65	100	—	—	65
44	483	1	0	0	482	66	100	—	—	66
大正 1	8	1	0	0	7	1	100	—	—	1
2	8	1	0	0	7	1	100	—	—	1
3	8	1	0	0	7	1	100	—	—	1
4	8	1	0	0	7	1	100	—	—	1
5、6、7		1	0	0			100	—	—	
8	14	1	0	0	13	2	100	—	—	2

資料：『沖縄県統計書』

9-11	9-12	9-13	9-14	9-15	9-16	9-17	9-18	9-19	9-20	9-21	9-22
滋賀県	奈良県	京都府	大阪府	和歌山県	広島県	島根県	愛媛県	高知県	宮崎県	鹿児島県	沖縄県
C	D	D	B	A	C	B	C	C	D	C	A
100	100	96	100	100	98	100	—	100	100	100	—
100	100	100	100	100	100	100	100	100	100	100	—
100	100	100	100	99	102	100	109	100	104	100	—
100	99	100	78	83	101	96	109	99	103	96	—
100	97	99	48	59	—	84	101	97	96	83	—
99	94	99	42	56	95	82	93	94	95	81	—
99	93	99	41	51	94	80	90	94	95	82	—
98	92	99	39	54	93*	79	88	94	95	88	—
99	91	99	39	54	92	78	88	93	95	86	—
100	99	104	102	101	106	100	—	100	100	101	100
100	100	100	100	100	100	100	100	100	100	100	100
100	100	100	99	99	103	100	101	100	111	100	100
100	91	94	60	79	101	78	101	98	103	99	36
79	81	92	29	22	—	47	119	67	92	72	—
62	71	90	22	11	64	38	59	56	88	69	66
59	69	89	19	2	58	31	48	54	86	65	1
53	64	88	16	5	57*	28	40	52	88	64	1
50	59	88	15	5	54	26	37	52	87	61	2

境内外を含む。他はすべて境外のみ。

茨城(67)　滋賀(67)　兵庫(67)　石川(67)　大分(68)　鹿児島(69)　新潟(70)
東京(78)　香川(78)　奈良(79)　岐阜(79)　山形(80)
福島(88)　京都(89)　熊本(90)

が，表9-18の注記および表1と表9の資料の差異によって理解されよう。

表10　道府県別，低格神社の整理徹底度（明治34年～大正6年）

社格	年次	9-1	9-2	9-3	9-4	9-5	9-6	9-7	9-8	9-9	9-10
道府県		北海道	岩手県	秋田県	茨城県	東京府	富山県	福井県	静岡県	愛知県	三重県
徹底度		C	D	A	C	C	D	C	D	C	A
村社	明治 34	100	100	100	100	97	100	—	101	100	100
	36	100	100	100	100	100	100	100	100	100	100
	38	100	100	97	100	101	99	100	100	100	100
	40	97	99	97	99	101	99	99	98	99	84
	42	94	98	96	99	99	97	92	99	97	42
	44	90	97	88	98	98	94	86	98	96	37
	大正 2	90	96	84	96	98	93	82	92	94	36
	4	82	96	83	95	98	92	82	90	94	35
	6	85	96	83	95	98	92	82	92	93	35
無**格社	明治 34	97	104	100	100	96	100	—	97	100	102
	36	100	100	100	100	100	100	100	100	100	100
	38	98	99	100	100	98	100	100	100	99	98
	40	101	97	97	91	90	100	89	93	95	43
	42	97	87	75	73	75	93	54	90	81	5
	44	69	78	31	64	72	76	38	86	72	4
	大正 2	70	76	20	50	68	71	35	84	55	3
	4	59	75	18	47	67	64	33	81	54	2
	6	57	75	18	45	65	62	33	78	49	2

*その年の数値がないため，前年と翌年の数値の平均値を代入した。　**高知県のみ

表11　神社残存率（整理徹底度）の府県差

	神社残存率	府県数	該当府県名（%）
A	10%未満	1	沖縄（1）
	10～20%未満	2	三重（12）　和歌山（13）
	20～30　〃	2	秋田（28）　愛媛（28）
B	30～40　〃	4	山口（34）　埼玉（35）　群馬（35）　大阪（36）
	40～50　〃	2	島根（49）　長野（50）
	50～60　〃	2	宮城（51）　神奈川（58）
C	60～70　〃	12	福井（61）　広島（62）　佐賀（64）　岡山（64）　栃木（65）
	70～80　〃	10	千葉（71）　北海道（75）　高知（76）　徳島（76）　愛知（77）
D	80～90　〃	8	福岡（82）　岩手（84）　宮崎（85）　富山（88）　鳥取（88）
	90%以上	4	静岡（90）　山梨（93）　長崎（94）　青森（96）

注：表10とのランク付けの食い違いは，愛媛県（C：A）と奈良県（D：C）に見られる

第八章　現地にみる合祀と復祀

神社整理の終熄は、合祀への強制的指導が終結するのと並行して、未合祀社存置の確認および被合祀社復祀の問題を顕在化させたことを、前二章で掲げた和歌山県の事例が示唆している。この問題は、整理が徹底的に遂行された県ほど鋭角的な形でいわばモデル的に発現したはずである。そこで、合祀激甚県の三重県を取り上げて合祀の成果と復祀への動きを具体的に辿ってみよう。幸い、桜井治男が法令面の研究と実態調査を併せて実施し、多彩な成果を挙げているので、それによって私の資料を補強しつつ議論を進めることにする。なお、ここで復祀というのは、公認の有無にかかわらず、かつて廃したものを再び建設する再興、およびかつて合併したものを旧に復して独立させる復旧、の双方を含む概念であって、フォーマルな手続きをふんでなされた整理あるいは合祀に対応するものである。したがって、復祀を分祀といいかえても差支えない。公認されない復祀をも含めたのは、非公認復祀が圧倒的に多いため、これを無視して公認復祀だけを論じたのでは、実態に迫ることができないからである。同様の理由で、復祀に至らない祭礼復興にも、併せて目くばりしていきたい。

第一節　『三重県神社誌』が記録する合祀結末

県の殆ど一方的なリードのもとに強行された三重県下の合祀の経過については、全国的な景況を背景として、推進体である政府とくに内務省―県を中心に、媒介体たる神社界―神職、被推進体の町村住民―氏子崇敬者、という関係三者の相互作用のなかで論述してきたが、具体的な成果はどのようなものであったか。ここに、合祀によって廃社となった諸神祠への鎮魂譜ともいうべき『三重県神社誌』全四巻（三重県神職会、大8〜15）があり、大正二年現在について神社の沿革と現状を詳細に記録しているので、これを資料として課題に接近してみたい。ただし、この『神社誌』は未完結であって、既刊の四巻には津市・四日市市・宇治山田市・阿山郡・名賀郡・志摩郡・南牟婁郡の三市四郡所在の神社が収録されているにすぎず、残念ながら三重県の大部分を占める伊勢郡部（九郡）が全く脱落している。そこで、地理的に北勢・中勢・南勢に散在する三市と、伊賀から阿山郡、志摩は志摩郡、紀伊から南牟婁郡、以上三郡をとりあげ、問題の大きい村社以上の神社の合祀を中心に検討することにした。

津　市

合祀前には村社以上の神社が二一あった。うち県社二（高山神社と八幡神社）、郷社一、村社一八。明治三十九年の末にこれら県社郷社と村社三の合計六社が神饌幣帛料供進の指定をうけた。指定理由は藩祖奉祀・藩主の鎮守・式内社たることにあると推定され、うち氏子戸数一〇〇〇をこえるもの四社、これら六社に合祀された村社は一三社を算する。外に大正元年になって供進指定をうけた村社一、指定もれのままで存続した村社一があり、合計存続八社、被合祀一三社、という成果であった。

四日市市

合祀前に県社一（諏訪神社）、村社一があり、前者は明治三十九年末に供進指定、理由は四日市および浜田の鎮守たることにあると考えられる。氏子六〇〇〇戸と称する広い氏子場の無格社四四を合祀した。後者（氏子五二四戸）は明治四十年供進指定を受け、氏子場の無格社二社を合祀した。外に無格社にして存続しえたものが二社ある。

宇治山田市

『全国神職会々報』（一一一号〈明41・1〉五六頁）の報ずるところによれば、一市一社の強制を受けた由であるが、明治三十九年末に県社一（箕曲中松原神社）、村社三の計四社（何れも氏子戸数千以上）が供進指定を受けているから、少なくともこの四社は始めから存続を認められていたはずである。ただ県官は一市一社のおどし文句で爾余の神社の合祀を迫ったのであろう。そこで、この圧迫に憤慨した市民が有志者大会を開いて、県社および一二村社等の存置を決議したものと考えられる（一二五～一二六頁参照）。この強硬な抵抗が功を奏したものと見えて、明治四十一年にはさらに村社二が指定をうけ、そうこうしているうちに内務省の態度が軟化したため指定もれの五村社も存続をかちとった外に、無格社二もつぶれないですんだ。結局、無格社以外では村社二を合祀しただけで、ほぼ有志者大会の決議通りにことが運んだわけである。

以上、三市を通していいえることは、存置社一市平均八社、うち供進指定五社で、一市一社のスローガンから遙かに遠い。町村に比して市は境域が広く、さらにそれ以上に戸口が多いのであるから、この点は当然といえよう。事実、初期の指定社合計一一のうち、氏子一〇〇〇戸以上のものが九社に上るのである。その上に、津は旧藩時代の藩主居城の地であり、宇治山田は神宮のお膝もととて、自ら由緒のある神社が多い。これらの条件が平均存置社数を多からしめたのである。なお、反対運動が起きた宇治山田市では被合祀村社が少なく、そうした抵抗が示されなかった津市ではかなり多いという地域差も、見逃してはならないであろう。

阿山郡

阿山郡内二一町村に、県社一(菅原神社)、郷社六、村社一〇〇、計一〇七社あったのが、村社七〇社を合祀され、存置僅かに三七社となった。外に合祀をまぬかれた無格社が二社ある。合祀された無格社の数は夥しく、手許の控にある村々について例示すれば、阿波村五四社、布引村一五社、山田村七七社(ただし境外無格社のみ)、その悉くが合祀されて了ったのである。村社以上も一町村平均五社あったのが、その三分の一ほどの一・八社に減却されて了っている(全国平均では一町村当り四社強から四社弱へ減少せしのみ)。阿山郡における合祀の激烈さ思うべしである。しかし、一町村一社の目標にはまだ今一歩の距離がある。近くまでいきながら、この目標を達成しえなかったのは、どうしてであろうか。

そこでまず明治三十九年末の供進指定をみると、県社と郷社の悉くが指定を受けた外に、村社一七も指定に入っている。これら計二四社は領主崇敬・一郷鎮守・式内社・六国史所載社・がんらい一村一社等の理由で指定に入ったものと思われるが、これらの理由のうち式内社(一〇社)が最も多数を占めるのは、奈良・京都に近い阿山郡の特色といえよう。二四社は合祀事業が本格的に実施されるに先立って、存置社と認定された神社である。この段階で指定社がすでに二社を数える町村が六あり、一社のみが一二カ村、一社も指定のないもの三カ村であった。だから、式内社等の由緒によって氏子数が少なくても減却しえないもの、ないし減却しなくてよいものが、最初から一町村一社以上存したわけである（しかし、三重県では、とくにこの段階の三重県では、一村一社が結局理念にとどまって現実の目標ではなかった、とはいえないと思う）。その後、明治四十一年に三社、大正元年に三社、大正三年に一社、四年に二社、合計九社が追加指定を受けた。このうち四十一年の三社は一村一社実現、あるいはそれに匹敵する成果を挙げた後に指定され、他の六社は一村一社となしえないことが県の認めるところとなった後に、既指定の一社に追加して指定社となっている。かくて指定社総数三三、一町村二社一二件、一社九件となった。ところが、指定もれで存続を全うした村社がこの外に四社あり、無格社を加えると指定もれ存置社は六社となる。これを合算すれば存置社は三九となり、一町村三社三件、二社一二件、一社六件という成果であった。被合祀村社七〇は、明治三十九年末の指定社への合祀四九、その後の指定社への合祀一六、指定もれ存置社への合祀五、という内訳になる。指定社を合祀目標とさせ、また合祀成果の挙がったところを供進社に指定する、という県の指導方針がここに歴然たるものがある。要するに、明治三十九年の最初の指定の段階ですでに一町村二社のところが生じ、その後の経過のなかで二社の村が増し、さらに三社の村さえ出現するに至った全体の成績を平均すれば、一町村一・八社となるのである。後れて二社以上の存置が認められるようになった町村を現地について見る時、それ以上の合祀実施は、住民生活の地域的なまとまりを中心に考えただけでも、不可能に近いことが判明するのである。結果的に三社存続した村でも二社しか供進社に指定されておらず、また、合祀成績からみて指定されうる条件をもつ神社が、同村内に存する式内社二社が初期に指定されているために、遂に指定にならなかった例の存することは、指定社は一町村二社を超えないという内規が県に存したことを推測させるものである。なお、合祀によって旧称を捨て、新たに村名を冠したものが五件あり、うち一村一社ないしそれに準じうるもの二件。これが県の理想とするところであった。

志摩郡

志摩郡内二八町村に、郷社二、村社五六、計五八社存したが、村社二〇社を整理され、三八社残った。外に、合祀をまぬかれた無格社三。一町村につき平均二社あった郷村社が、一・四社まで減少したのである。初めから社数が少なかったので、減少率は小さい。

存置公認の過程を辿ってみると、まず明治三十九年末に郷社二と村社一七が供進の指定を受けている。指定理由として、国主崇敬・一郷鎮守各一社を除く他の大部分(一三社)については、がんらい一村一社で外に村社がない、ということしか考えられず、加えて式内社と認定しうべきものが一座もない点は、志摩郡の特色といえよう。この段階での指定社は、一町村二社一件、一社一七件、指定社なし一〇件、と未指定村が多かったことも志摩郡の特色であろう。その後、明治四十一年に九社、翌四十二年に一社、大正元年に一社、計一一社の指定をみたが、このうち八社はがんらい村内一村社たる故の指定であり、他の三社は合祀成就によって指定されたものである。この結果、一町村指定二社二件を除く他の二六件は、すべて一町村につき一社指定された。ところが、指定もれで存続しえた村社がこの外に八社あり、無格社にして潰れなかったのが三社ある。合算すれば存置四一社、一町村四社二件、三社一件、二社五件、一社二〇件で、被合祀村社二〇は、明治三十九年指定社への合祀四社、その後の指定社への合祀一四、指定もれ存置社への合祀二、となる。合祀成果の挙がったところを供進社に指定した節《ふし》は顕著であるが、何分にもがんらいの一村一村社が多いため、指定社を合祀の標的にしたとはいいがたい。一村一村社が多かったことから推知できるように、もともと村名と同じ社名を称したものが九社もあり、一村一社を実現して社名を村名に改めたもの四社がこれに加わった。なかに的矢村神社と、村名をまるまる社号とした例もある。

志摩郡における合祀の問題点は、一村に一村社しかない村が二一カ村もあったのに、最初の指定はうち一三カ村についてしかなされず、他の八カ村は二年近く指定を保留されたことである。これは、県では隣村の指定社へ合祀させることを考えていたのではないか、と疑わせるものである。そのように県が考えてもおかしくない位に、志摩郡には地積の小さい村がひしめいていた。今その狭小さを一村内の大字数を手がかりとして検討してみると、一村一大字の村が全郡二八町村のうち二一に達し、その悉くががんらい一村一村社なのである。だから、隣村の指定社に合祀することは、検討の価値ある課題とされたに違いない。しかし、この企図を正当化するには、神社中心主義の立場からして、合祀に先立って町村合併を実現しなければならない。だが、当時の地方行政の動きの中では町村の育成が主要問題であって、町村合併の不十分な地区について合併を再度促進するが如きことは、当面の中心問題たりえない。それに漁村の一大字は一つだけでも何百戸かの大集落である、という条件もあって、町村合併は日程に上るに至らなかったのであろう。かくて、指定の後れた一村一社の村々も、続々と供進の追加

表12　三重県下氏子戸数別郡市別，存置県郷村社数

郡市別／神社区別／氏子戸数	津市・四日市市・宇治山田市				阿　山　郡				志　摩　郡				南牟婁郡			
	A	B	C	計	A	B	C	計	A	B	C	計	A	B	C	計
1～ 100戸			2	2	4			4			5	5		1	2	3
101～ 200			1	1	6	4		10	9	3	3	15	2		5	7
201～ 300		1		1	4	3	2	9					4	1	2	7
301～ 400		1	1	2	4	2	1	7	4	6		10	4		1	5
401～ 500	2			2	1			1	4			4	6		1	7
501～ 600		2	1	3	2			2	1			1	2			2
601～ 700					1			1		1		1	2	1		3
701～ 800					1			1								
801～ 900									1			1				
901～1000										1		1				
1001以　上	9			9	1		1**	2					1			1
合　　計	11	4	5*	20*	24	9	4	37	19	11	8	38	21	3	11	35

神社区別　A：明治39年に神饌幣帛料供進社に指定された神社。
　　　　　B：明治41年～大正4年の間に指定を受けた村社。
　　　　　C：指定もれの村社。
* 氏子戸数不明の村社が外に1社あり。** 誤植と思われる。

指定を受けたのである。

がんらいの一村一村社が二一件もあったことは、一村一大字が二一件あり、それが悉く一村一村社であることによって説明される。合祀前の阿山郡には一大字三村社の例が三件あったことを思えば、漁村の一大字は何百という戸数を擁し、中には六〇〇を越える例さえあるのだから、一大字に村社が何社もあってもよいのに、ただ一社しかないのは何故か。これは山村と漁村との集落構造の差に由るところが大きい。小集落に分れた小字のそれぞれが鎮守をもち、全体の鎮守がない時には、二社以上が村社あるいは郷社と格づけられうるのに対し、全村一大聚落をなし、そこに一つの鎮守が存する時には旧村に一村社ということになろう。しかしまた、明治四年に社格決定の事業を行った鳥羽藩の査定基準が、阿山郡方面を管した津藩のそれよりも幾分厳格であったせいでもあろうと思われる。とに

かく、いくら戸数が多くても一大字（旧村）について一社しか村社以上の社格を認めず、他の小社は悉く無格社たらしめたことが、明治末期における合祀を、とくに一村一大字地区における合祀を、きわめて容易にした、と評することができるのである。

なお、村社以上だけでも合祀率が断然高い阿山郡と遙かに低い志摩郡とを、存置社の氏子数について比較すると、どうなるか。表12の氏子戸数別存置社数によれば、阿山郡の氏子戸数のモードは一〇〇戸から四〇〇戸のところにあり、志摩郡もその点はほぼ同じといえる。つまり、志摩郡では大して合祀をしていないのに存置社の氏子規模は阿山郡とほぼひとしいのである。一村一大字一村社の例が多いが、これらの神社は島部を除きがんらい多数の氏子を擁していたのである。因みに、阿山郡では氏子数一〇〇戸以下の零細社は式内社等由緒ある神社であり、指定もれ存置社が逆に二、三百戸の氏子をもつのに、志摩郡では零細社に指定もれ社が集中している。この点にも両郡の差異が示されているといえよう。

南牟婁郡

南牟婁郡内二一町村に、郷社二、村社六五、計六七社存したのが、村社三二社が合祀されて、三五社に減じた。この外、合祀を免れた無格社四。こうして郷村社一町村平均三・二社から一・七社にまで減少した。減却率は阿山郡と志摩郡の中間にある。

ここでも前同様の手法で存置公認の経過をみるに、まず明治三十九年末に郷社二と村社一九が供進社に指定されている。その大部分について指定理由の推測は困難であるが、式内社の見当らぬ点は志摩郡にひとしく、半面、村内に余社なしという理由を掲げうるもののごく少ない点は阿山郡にひとしい。指定社一町村二社二件、一社一七件、指定社なし二件、というのがこの段階の景況であった。その後、明治四十三年に二社、大正三年に一社追加指定された結果、一町村指定二社が三件、他の一八件は悉く指定社一をもつことになった。しかるに、指定もれで存続しえた村社がこの外に一一社あり、無格社で合祀を免れたのが四社あるので、結局存置三九社。うち一町村四社一、三社四、二社七、一社九、となるのである。被合祀村社三二の内訳は、明治三十九年指定社への合祀二四、その後の指定社への合祀二、指定もれ村社への合祀六であった。大体、初期の指定社を合祀の標的として事業を推進せしめたことが窺われるのであるが、にもかかわらず非指定村社の存置が二カ村に一社の割合で生じたことは、この郡の特色のように思われるのである。

阿山郡は農山村、志摩郡は漁村、といえるのに対して、南牟婁郡は漁村と農山村の両方を含む郡である。すでに、阿山郡と志摩郡の性格が混在することに言及したが、南牟婁郡を漁村地区と農山村地区に分けて考察することが、この郡の合祀の特色を理解する上に基本的に重要であろう。

まず漁村(臨海町村)一二と農山村九に分けると、合祀前の郷村社数平均は前者で二・二社、後者で四・四社という大差がみられ、それぞれ志摩郡と阿山郡に近いことが明らかである。合祀成績について、一村一社を実現しえたものと然らざるものとに区別すると、漁村では三対九、農山村では六対三となる。つまり、漁村ではもともと社数が少なかったのに一村一社を実現したものは少なく、農山村では元来社数が比較的多かったのに一村一社の理想を実現しえたものが多いのである。同じ郡内で、したがって同じような指導と圧力が加えられたと予想されるのに、どうしてこのような差が生じたのであろうか。これについては、農山村の方が地勢的に一村一社になりやすい条件を備えていたことがあげられよう。南牟婁郡の和歌山県境沿いには交通の不便な山村が少なくないけれども、同じ河谷の集落の間には湾を隔てて相対する集落間よりも遙かに多くの交流が存するのである。その上に、志摩郡に多かった一村一大字という例が、漁村一二のうち僅か二例しかない。一村数カ大字からなり、しかも海岸が湾入した多くの漁村では、一社に統合することがきわめて困難であった。これが、漁村に存置社を多からしめ、また郡全体として非指定村社の存置を多からしめることになったのである。

なお、もともと社名と村名の合致するもの六件、外に合祀により社号を改めて村名をとったもの四件、しかしてこの四件の悉くが農山村地区でみられることも、両地区の合祀差を反映するものといえよう。

以上三郡を通観していえることは、県社と郷社は悉く明治三十九年十二月に神饌幣帛料供進社に指定され、いち早く存置が公認されたこと、しかるに村社はそのころ三割しか指定を受けなかったこと、これら指定社を標的として合祀が督励されたこと、この段階では一社も指定を受けていない村があったが、一村一社を実現するに及び指定を受けたこと、やがて内務省の合祀方針が軟化したのを承けて指定社が追加されていったこと、しかし、一町村二社をこえる指定はなされなかったこと、などであろう。町村の生態学的条件が一村一社を実現するに当って決定的ともいうべき作用をしており、その生態学的条件が郡によって大きく異なっていた。にもかかわらず右のように概括することが可能である。

第二節　三重県阿山郡東部四カ村の合祀顚末

前節でとり挙げた三重県下三郡のなかでは、阿山郡の村社減却率が最も高かった。この阿山郡の東部山地に位する阿波村・布引村・山田村・友生村（何れも町村合併以前の旧称）の四カ村を合わせて、もと山田郡と呼ばれ、当時の阿拝郡と合して阿山郡となったのである。ここでは旧山田郡の四カ村について、実態調査にもとづき合祀顚末を詳細に追跡してみよう。

阿波村と山田村では、明治三十九年十二月の段階ですでに二社ずつ神饌幣帛料供進の指定を受け、指定社を標的として合祀が遂行されたのであるが、他方、布引村と友生村では、指定社を欠いたままで合祀が強行され、合祀なった後に指定を受けるという対照的な経過を辿った。しかしながら、前二者の間にも、また後二者の間にも、見逃しえぬ相違が見られることは、以下述べる通りである。

阿　波　村（現大山田村）

合祀前に、郷社一、村社四、境外無格社三五が存した。このうち郷社阿波神社と村社葦《あしの》神社が明治三十九年末に供進社に指定された。合祀のための協議は明治三十八年の四月頃には始められており(1)、やがて合祀に対する県の態度が明らかになって一村一社が喧伝されると、有力者が多い(2)上阿波の村社延喜式内葦神社へ全村の神社を悉く合併する方針が出されたが、下阿波の阿波神社は郷社であると共に延喜式内社であったので、結局両社を併立させることになって落着したのである。

阿波神社

大字下阿波の鎮守で氏子一五〇戸。明治十六年五月に郷社に昇格した。境内四八二坪、背後の境外山林五反一畝二七歩に鬱蒼たる樹林を負う。祭日は十月十四日。明治四十年三月には境内社一、下阿波の境外無格社一九を合祀した。阿波神社の氏子区域内の合祀であるので、三重県の神社境内設備規程等が発せられる前に、抵抗どころか、阿波神社が供進社に指定され存続が承認された喜びとひきかえに、問題なく遂行されたと考えられる。被合祀一九社の所在小字名、社号、創立年代、社殿・須屋の大きさ、境内坪数、祭日、信徒戸数等は表13に一覧にした通りである。

被合祀社には、信徒範囲からみて、下阿波全戸を信徒とする菅原・津島・愛宕の三社（A）、下阿波は六区と七区とに分れるが、六区全域を信徒とする八柱と金刀比羅の二社（B）、七区全域を信徒とする金刀比羅社（C）、六区と七区それぞれの一部を信徒とする少彦社以下一三社（bかc）の三種が類別される。このうちAは、資料が不備であるが備考を考慮に入れると、県の神社境内設備規程の無格社基準を充足するとみてよさそうである。B・Cには充足するものとしないものがある。しかるにbとcはいかなる意味においても基準に及ばない。その大多数が山神社で、社地には山神の二字を彫り込んだ自然石の神体が存するのみである。合祀に当ってこの石体は阿波神社の境内に集められた。

葦神社

表13　郷社阿波神社へ合祀された大字下阿波所在の境外無格社

類別	所　在（小字名）	社　号	創　立	社　殿	須　屋	境内坪数	祭　日	信徒戸数	備　考
A	天　神	菅原神社	慶長年中	4尺3寸×3尺6寸	?	73坪	11月5日	150戸	幟・幕・三方・提燈・燭台等
A	狩ヶ谷	津島神社	天和年中	3尺1寸×2尺7寸	?	92	7月9日	150	幟・三方・提燈・掛行燈等
A	寺　坂	愛宕神社	慶長年中	3尺×2尺7寸	2間四面	165	4月24日	150	
B	米ヶ谷	八柱神社	天正8年	1尺8寸×1尺6寸	1間5寸×1間	110	10月29日	70	拝殿（1間×5尺） 参籠舎（7間×3間）
B	岡	金刀比羅神社	明和年中	1尺8寸四面	1間1尺5寸×1間	34	9月10日	70	
・C	下　広	金刀比羅神社	慶応3年	1尺5寸×1尺	1間四面	60	9月10日	80	山林4畝23歩
・c	北ノ前	少彦神社	天正8年	2尺四面	ナシ	2	11月21日	12	
・c	野　中	熊野神社	天正8年	1尺2寸×1尺	5尺×4尺2寸	22	12月1日	8	
・c	寺　坂	山王社	天正8年	3尺四面	?	41	3月15日	25	
・b	永　田	山神社	不詳	ナシ・石	ナシ	32	2月9日 11月9日	15	
・b	永　田	山神社	不詳	ナシ・石	ナシ	13	〃	15	
・b	岡	山神社	不詳	ナシ・石	ナシ	29	〃	15	
・b	見曾野	山神社	不詳	ナシ・石	ナシ	18	〃	15	
c	寺　坂	山神社	不詳	ナシ・石	ナシ	17	〃	15	
・c	寺　坂	山神社	不詳	ナシ・石	ナシ	20	〃	15	
・c	小山田	山神社	不詳	ナシ・石	ナシ	12	〃	15	
・c	藤ノ木	山神社	不詳	ナシ・石	ナシ	13	〃	15	
・c	桑　原	山神社	不詳	ナシ・石	ナシ	14	〃	15	
・c	西　代	山神社	不詳	ナシ・石	ナシ	45	〃	15	

資料：明治20年6月「下阿波村郷社無格社什物目録」，明治20年9月『地誌取調書下阿波村』，年号欠「取調書」，「合祀済神社明細帳・阿山郡」（三重県神社庁蔵）

汁付《しりつけ》を除く大字上阿波の鎮守で、氏子一七二戸。境内六一七坪、境外山林二反二畝二三歩。神社境内設備規程等の発せられる前に、境内社六、上阿波（汁付を除く）の境外無格社二〇、その境内社三を合祀し、規程が発せられた後に、上阿波（汁付）の村社五社八幡神社とその境内社三、大字猿野《ましの》の村社貴雄《たこ》神社とその境内社二、大字富永《とみなが》の村社菅原神社を合祀して、氏子区域は全上阿波・猿野・富永に拡大し、大正二年で氏子三〇九戸を擁することになった。ところが、被合祀村社は規程発布の前にそれぞれの旧氏子地域内の境外無格社を合祀したのであって、五社八幡神社に二社、貴雄神社に六社、菅原神社に七社、その例がある。かくて、規程の前に旧氏子区域内での合祀があり、規程の後にそれを超えた合祀がなされて、その結果、葦神社に村社三と境外無格社三五（うち山神社一九）が集められたことになるのである。つまり、阿波神社では氏子区域に変動がなかったから、前期の一段合祀ですんだが、葦神社では氏子区域の拡大を伴ったために、前期と中期の二段合祀を必要としたのであった。

合祀された三村社が、それぞれの氏子区域における中心社であったことは、表14の境内坪数・什物目録などによって判然する。そしてこれら旧村社への被合祀無格社が、村社の氏子区域と重なるかその一部分をなす信徒区域をもっていたことは、先に掲げた阿波神社の場合と大同小異であるので、煩を避けて詳細にわたらないことにする。ただ一言ふれておかねばならないのは、何故三村社が、とくに上阿波と下阿波の中間に位置する大字猿野と大字富永の二村社まで、悉く葦神社へ合併されざるをえなかったかという、その事情である。

三村社の氏子はそれぞれの鎮守を存置せしめうる期待のもとに区域内の全無格社の合祀を出願した。ところが、この出願に対して許可が下りるのと前後して、この種の出願を組織的にしていなかった葦神社のみ供進社に指定

表14　村社葦神社とそれへの被合祀村社

所在(大字・小字)	社号	創立	境内坪数	境外山林	祭日	氏子戸数	什物
			坪			戸	
上阿波・迎	葦神社		617	2反223	10月9日	172	太鼓・神輿・神幸具・膳200・椀200・皿158等
上阿波・汁付	五社八幡神社	天正8年	417	3反204	10月15日	20	太鼓・神輿・膳30・椀80等
猿野・木地	貴雄神社	慶長年間	284	1反320	7月13日 10月27日	64	神楽太鼓・神輿・獅子舞・大太鼓・膳90・椀80等
富永・宮谷	菅原神社	慶長元年	335	2反323	1月14日 10月14日	72	神楽太鼓・神輿・獅子舞・膳60・椀60・皿60等

資料：明治20年6月「神社什物目録」，明治20年9月『地誌取調書』

され、他の村社の存置は県の認めるところでないことが示唆された。その上に明治四十年度の後半は基本財産蓄積で責めたてられた。こうして、村の首脳が一村の中心社たらしめようとしていた、中央位置に近い葦神社へ合祀することになったのである。他方、葦神社が存続を全うしえたのは、先述のように延喜式内社であるゆえであるが、また氏子戸数の示す実勢力からみても断然大きく、他の三村社の比ではなかった。この点は二〇〇人分の膳椀の備付けがあり、他の村社に見られない神幸具さえ整っていることでも知られよう。しかし、他の三村社にも神輿・獅子舞の備付けがあり、小規模ながら氏子の「しゅうし」(直会)のための膳椀もあって、村落生活の中心神社たるの実を備えていたことは明らかである(表14)。したがって、合祀には抵抗といわないまでも、哀惜の情の尽きぬものがあったことが推測されるのである。

山田村(現大山田村)

もと、郷社一、村社一四、境外無格社七七(うち山神社四二)があったうち、郷社植木《うえき》神社と村社鳥坂《とさか》神社が明治三十九年末に供進社に指定され、この二社を目ざして合祀が遂行された。植木神社は山田村一〇大字のうち九大字の鎮守ということで、鳥坂神社は延喜式内社の名跡を継承する由緒をもって、存置が認められたようである。しかして、鳥坂神社は所在地大字甲野の村社一と境外無格社一九を悉く合併し、植木神社は甲野を除く山田村全大字の村社・無格社を悉く合併したのであった。被合祀社財産の処分は旧氏子に任せられた。

右のようにいうと簡単であるが、両者ともに二段合祀の経過を辿っている。すなわち、山田村一〇大字の何れにも、村社が少なくも一、大字の生態学的条件によっては二社もしくは三社、計一四存したのであるが、前期の合祀は村社にそれぞれの氏子区域内の無格社を合併することであり、中期の合祀はかくて残った一四社を、甲野の村社は鳥坂神社に、その他の大字の一二村社は植木神社に合併することであった。前期と中期の間に神社境内設備規程の発布が介在し、中期の合祀は氏子区域の合併を伴うものとて頻繁な協議を要したことは、前出葦神社の場合と全く同一である。

もう一つふれて置かなければならないことがある。右の一四村社が元来それぞれ氏子区域をもっており、植木神社は大字千戸《せんど》を除く九大字村社の氏子区域の上に大きく覆いかぶさる形で、惣社的地位を占めていた。その九大字のうち甲野を植木神社の崇敬区域から外して鳥坂神社の完全な氏子区域とすると共に、甲野以外の全村の村社を植木神社に集めることにより、従来崇敬区域外であった大字千戸をもその傘下に加えることになった。もと植木神社の崇敬区域であった布引村川北もこのさい離脱した。かように、合併のなかで氏子区域の加除再編が行われたことは興味深い。さらに、九大字村社を直接植木神社に合祀せず、村社群は合殿山田神社としてまとめたのは、自ら氏子区域をもった村社の連合体と、それに対応する崇敬区域をもった郷社との区別を維持するものとして、頗る興味深いものがあるのである。(3)

布《ぬの》引《びき》村（現大山田村）

もと村内五大字に村社各一と、境外無格社が全村で一五社（うち山神社八）あったが、明治三十九年末には村社のうち一社もまだ供進指定を受けえなかった。そこで、各大字内の無格社をとにかく村社に合併するという形で前期の合祀が進められ、中期の合祀では大字川北の村社を大字広瀬の村社に併せ、大字中馬野《ばの》と奥馬野の村社を大字坂下《さかげ》の村社に併せることにより、村の北部と南部とで各一社にまとめた。南部では坂下と中馬野・奥馬野の間に峠があって交通が不便であったが、坂下の村社は規模からしても最も由緒ありと見える神社であった。北部は服部川に沿い、南部は支流馬野川を遡った峡谷に点在するので、自ら両者の間は空間的にもまた業態差によっても隔てられている。したがって、村としては地区毎にまとめることで合祀の趣意を達成したと考えたに違いないが、県はこれでも満足せず、一旦供進指定を受けた大字広瀬の村社を坂下の村社酒解《さかげ》神社に合併させて、一村一社とし、明治四十一年の暮、これに供進指定を移したのである。かくて、一村一社を目ざしての三段合祀という徹底的な事業が成就した。その結果、諸社を統合した酒解神社は、氏子区域を全村に拡大させ、また飛躍的に氏子数を増大（大正二年で二二六戸）させえたのであるが、果たして北部の氏子が村の最南端に位置する神社の祭礼に有効な参加をしたかどうか、甚だ疑わしいのである。北部氏子の疎外が予想されないわけでなかったのに、布引村はどうして統合を強行したのであろうか。(4) 次の友生《ともの》村の例と対比する時、そのような疑問を回避することができないのである。当時、村役場は大字広瀬にあった。それに対して南部の谷間の村民は甚だ不満であったに違いない。南部には後に代議士になった山林地主もいて強力であったから、県の合祀強制に便乗して一村の神社を南の大字坂下に集めることで、不満の補償を狙ったのではあるまいか。

友《との》生《の》村（現上野市）

村内七大字に村社各一、境外無格社が全村で四一社あった。しかし、明治三十九年末には村社七社のうち一社も供進指定を受けえなかったのは、布引村同様、とくに由緒があって指定を正当化するだけの神社がなかったことを反映するものであろう。この村での合祀の歩みは、他村と同じく各大字の村社にその大字の無格社を集中させることで始まり、次に村の東部では蓮池《はすいけ》の木代《きじろ》神社に集め、西部では下友生の菅原神社（合祀後友生《ともの》神社と改称）に集めたが、さらに一歩を進めて両社を統合することは遂に断念され、大正元年に両社がともに供進の指定を受けた。友生村は東西に長く延び、東部と西部の間には奥と里ともいいうる生態学的相違が存するため、もし一社に統合すれば統合された側に甚だしい不便が生ずることは明らかである。そこで、一社に統合しないでぐずぐずしているうちに内務省の態度が軟化し、これが友生村に幸いしたのである。因に、布引村とは違って、村役場は村の中央上友生にあった。布引村も後年坂下へ越える上津《こうづ》路を整備して社参を便ならしめると共に、役場を村の中央に当る路沿いに移築した。このようなところに却って、役場の位置が一村一社の神社を選定するさいの条件に加わりえたことが推知されるのである。

第三節　被合祀社復祀の運動

さきにふれた非指定村社や無格社の存置のなかに、合祀に対する住民側の抵抗を窺うことができるのであるが、被合祀社の場合、その復祀をもくろんだところに、根強い抵抗の発現をとらえることができよう。早くも、明治四十年九月十九日付内務省神社局長あて三重県知事の遙拝所設置にかんする照会が、遠隔、道路嶮悪、交通不便を理由に遙拝所の設置を切望する被合祀社側住民の存在を浮彫りにしている。これは遙拝所に名を借りて、事実上の復祀を狙うものと推察される。この照会にたいして内務省は、明治十九年の訓令三九七号を引用して、詮議あいなるまじくと回答し、正式の遙拝所設置は合祀により必要となった場合でも不可能であることを明らかにした。(5) そうなると、合祀しても旧社殿をそのまま存置して、事実上の遙拝所設置、いな復祀を狙う者があっても不思議ではない。これが明治四十二年一月の被合祀社跡地建物の処置を求めた三重県内務部長通牒によって始末されることになる。(6) このように、三重県では公然と復祀する方途は全く閉ざされた上に、非公式に復祀することも防遏され、徹底的な合祀成果の定着が期されたのであった。

被合祀社旧氏子の復祀への熱望は枯れることなく、伏流となって噴出の機会を待っていた。それが漸く大正十五年の県議会において復祀の論議に出口を見出した。これにより、われわれはその年俄に事実上の復祀の例が十数件も出現したことを知ることができるのである。翌年はその例三十数件を数えたことを背景に、昭和三年九月一日付で三重県学務部長から内務書記官に対し神社復祀にかんする照会が発せられた。すなわち、

本県ニ於テハ往年一村一社ニ合併セシ村落ニ於テ神社ノ存在セサル大字ノ氏子ハ神社合併ニヨリ氏神ヲ失ヒタル感ヲ起シ之ヲ旧態ニ分離復旧セムトシ延テ氏子拠出金等ニ異議ヲ申出テ神社維持上面白カラサル状

況ノ向キ相生シ候ニ付テハ左記事項及御問合候間何分ノ御意見拝承致シ度此段得貴意候

一、明治四十一年一村一社ノ目的ヲ以テ村社並無格社数社ヲ一社ニ合併ノ許可ヲ受ケ爾来一村一社ノ形式ヲ装ヘルモ事実ハ合併ヲ行ハス各社依然旧態ヲ存シテ現今ニ及ヘルモノアリ昨今ニ到リテ大正二年四月内務省令第六号第三十四条ニ依リ復旧ヲ出願セムトスルモノアリ

二、村社並無格社数社合併ノ許可ヲ受ケ事実一村一社合併済ノモノニシテ鎮座地等ノ関係上之ヲ二社若クハ数社ニ分離復旧ヲ出願セムトスルモノアリ而シテ窃ニ相当設備ヲ完成セルモノアリ

前二項ノ如キハ境内設備相当ニシテ基本財産ヲ有シ維持ノ方法確立セルモノニ対シテハ許可相成ルヘキ見込ニ候也(7)

三重県では、おそらく他県に類例のなかったきびしい神社整理への反省を迫られて、一村一社の合祀を形式的でもあれ実施した場合について、一定基準を充足する氏子数、境内設備、基本財産を有し、維持の方法が確立しているものに対しては、大正二年内務省令六号三四条により、復旧を許可する方針であったが、念のため内務省あて意見を求めたのである。右の内務省令六号三四条にいう「復旧」とは、「抵ネ嘗テ合併セシモノヲ旧ニ復シ独立スルノ類(8)」をさす。

この照会に対する内務省の回答（九月十四日付）は、三重県側に慎重な考慮を求めているが、許可は不適当との担当官の本音が透けてみえるものであった。その理由は大きくつぎの三項に要約される。第一は、神社復旧は「神社ノ設立ニ準シ特別ノ事由アル場合ノ外許可不相成方針ニ有之候」ということで、前掲内務省令六号の三一条の

規定に注意を喚起するものであった。第二は、「合併ノ許可ヲ受ケタルモノニシテ事実合併ヲ行ハス又ハ合併済ノモノニシテ分離ノ目的ヲ以テ窃カニ相当設備ヲ完成シタルカ如キ不都合ノ事実アルモノニ対シ許可ヲ与フルニ於テハ現ニ右事実アリシ事カ詮議上却ツテ利益トナリタルカ如ク一般ヲシテ感セシムヘク延イテ他ノ神社ニ悪影響ヲ及ホスノ虞アリ行政上妥当ナラサル儀ト被認」ということで、行政は違法な既成事実を追認するような措置をしてはならぬとの立場を鮮明にするものであった。第三は、「曩年貴県カ一村一社ノ方針ノ下ニ合併ヲ奨励セラレタル御趣旨ヲ没却スルニ到ラムヤトモ被存候」(9)ということで、合祀を強行した当時の知事有松英義は、枢密顧問官在任のまま前年死去していたが、強行によるひずみ是正の発想が全く見られない。おそらく、第二項がまず担当官の判断をいく分感情的に構成し、それを第三項で補強しつつ、第一項でその判断を理性的に根拠づける法源を示したのであろう。この、三重県の担当官の認識との食い違いは、現場にある者と本省でデスクワークをする者との状況差に因るところが大きいように思われるのである。

内務省の回答により、三重県側の態度が修正され、復旧許可は見送りとなったが、県議会を舞台として復祀を公認せよとの論議が毎年のように現われた。県では、昭和五年十二月十八日「神社分祀」について市町村長あて通牒し、「県社以下神社ニシテ往年合併セル神社ヲ分祀ノ目的ヲ以テ合祀前ノ跡地又ハ新地ヲ選定シ神社同様ノ諸設備ヲナス私祭神社ハ現今ノ処ニテハ許可セラレサル実状ニ有之候」と、おそらく県議会で答弁したところと思われる認識を表明するとともに、「右設備ノ企画アル場合ハ遅滞ナク中止セシムル等適当ノ処置ヲ取ル様御配慮相煩度」といい、同時に「其状況当庁ヘ御報告相成度候」と示達した。(10)

翌昭和六年三月、県は神職にあてて分祀の中止を指令するとともに、一、分祀の目的をもって本殿拝殿鳥居等を具備せるもの、二、分祀の目的をもって各種建物を備うるもの、の二類について、その所在、建設年、建設費用、維持費、関係部落戸数、公認神社への距離、分祀の基因等を神職もしくは区長から報告させ、その結果を『分祀調書』としてまとめた。この調書を研究した桜井治男[11]によれば、右の第一類の分祀を報告するもの八六大字、第二類の分祀を報告するもの五八大字、計一四四大字に達し、五七市町村にわたる。建設年を明治初年、不明、合併当時（合祀にかかわらず建物を存置）としたものを除く一〇八事例についてみると、明治三十八年から四十三年までの六年間に四例（四％）、四十四年から大正六年までの七年間に九例（八％）、七年から十三年までの七年間に七例（六％）、十四年から昭和六年までの七年間に八八例（八一％）となり、復祀の運動が大正末年から噴き上げたことを示唆している。

復祀を行った大字の分布をみると、北勢（桑名・員弁・三重の三郡と四日市市）四〇、中勢（鈴鹿・河芸・一志の三郡）二九、南勢（飯南・多気・度会の三郡）四三、志摩六、紀伊（南北牟婁郡）二二、伊賀（名賀郡）四、となる。南勢に復祀の例が比較的多いことについて、神社減却率と復祀頻度との対応関係に加えて、桜井は神宮鎮座地に近いという地域特性と、神宮の式年遷宮にあわせて社殿を更新する慣行ゆえ合祀されることが多く、したがって復祀の蓋然性も高かったことを指摘するとともに、漁村では漁撈活動にかかわる祈願のため農村以上に神社との関係が深く、自らの集落内に神社を存置したいという希望が強いという産業上の地域特性に言及している。しかし、その実がないのに分祀の報告をした事例があると桜井が批評している反面、分祀の実がある（例えば、建物はないにせよ神名を刻んだ石を置いてある等）のに報告をしなかった例は多々あるべく、そうしたものまで拾い上げて復祀の総体をとらえた上でないと、復祀事例の地域的分布を適切に説明することができないだろうと思われる。

桜井の分析でとくに興味深いのは、右の調書のうち「分祀スル主要ナル基因」の分類である。理由は必ずしも一つとは限らないので、理由総数は一四四を上回るが、分類すればつぎのようになる。

一、参拝不便――七〇例（四九％）

二、もの淋しさ、寂莫感（一五例）、氏神への追慕（一二例）、敬神のやむなき気持ち（八例）、旧社地保存・追慕（八例）――計四三例（三〇％）

三、病気流行・死者・火災などの事故があった（一一例）、産業不振（一例）、神の御告（一例）、ムラが暗くなり衰退した（二例）、氏神なきため思想が悪くなった（六例）、合併後の住民に対する不首尾（七例）、氏神と氏子の関係が疎遠になった（一例）――計二九例（二〇％）

四、行事・祈願の場所がない（五例）、残した神体の祀り場所として（三例）、合祀反対の感情が残っている（五例）――計一三例（九％）

五、他所も分祀した――六例（四％）[12]

分祀理由は右の五つに大別できるとしても、実は相互に関連し、一つは他と表裏の関係にあるとみられる。例えば、参拝不便という五割に達する最大の理由にしても、単に地理的に遠隔であるということに留まらぬ社会心理的要素を内包している。僅かな距離でも、合祀社へ参拝したとき疎外感を感ずれば、参拝しにくい、つまり参拝不便ということになるからである。とすれば、参拝不便（一）、被合祀によるもの淋しさ（二）、合祀に帰せられる好ましくない状況（三）といったことは、集落を超える一村一社を目標とした合祀の場合、どこでも存した理由といえよう。それらだけでも復祀への動きは必至であるが、さらに四、五の条件が加わればこの動きは明確な形をとって、集落ごとに一社の割合で復祀されることになるのである。

桜井はまた、復祀の具体例として、『分祀調書』により河芸郡若松村（現鈴鹿市）大字南若松字原永の例を紹介している。もと原永にあった春日社は南若松の中心社小川神社に合祀されたのであるが、漁村の原永にとっては神社なしで集落生活の心理的安定を保ちがたく、ひいては部落の衰退につながることも憂慮された。そこで、県の黙認のもとに、大正四年小川神社旅所の形で復祀を図り、大正末年分祀の風各地に起こるのを見て、社殿を増改築したのであった。旅所とは三重県下各地に見られる飛地境内的施設のことで、祭礼には神輿の巡行を迎えることからこの名称があるが、大正二年の内務省令六号の用語では「建物アル遙拝所」に相当する。

復祀の動きは三重県下だけのことではなかった。深刻化する農村不況のなかで沈滞ムードを切り抜けるため地元神社の祭が求められ、各地で復祀が人々の関心を集めたのであった。かくて、昭和六年二月、第五九回帝国議会において愛媛県選出の松田喜三郎ほか二名から、「廃合整理ニ係ル神社ノ復旧ニ関スル建議案」が衆議院に提出せられて採択をみた。建議は、「政府ハ宜シク地方ノ情況ヲ察知シ、神社本来ノ性質ニ基キテ徒ニ其ノ数ヲ制限シ又ハ之ヲ阻止スルコトナク、相当ノ条件ヲ具備シテ其ノ復旧再興ヲ企図スルモノニ関シテハ容易ニ実現可能ナラシムル様適当ノ措置アラムコトヲ望ム」という文言で結ばれており、被合祀神社の復祀に道を開くよう政府に強く要望するものであった。三重県議会でも昭和六、八、九、十一年とほとんど毎年のように、復祀を公認すべしとの議論が登場した。しかし、内務省は、したがって三重県も、かねての態度を崩すことはなかった。桜井によると、県議会に紹介された内務省の方針は、

よほど特別の事情がない限り、原則として、この問題を取り扱わない。神社制度調査会で検討中であるのに加えて、復祀が三重県だけのことならば処理も可能だが、他県にも見られる現象なので、全国的に調査してから方針を決めたい。

というものであった。また、県議会での答弁に示された県の態度を、つぎのようにまとめることができる。「復旧」については、十分調査のうえ、特別の場合があれば認めたい希望である。しかし、内務省ではほぼ絶対に認めないから、既に復祀したものについては本省の方針を待ってきめたいし、今後復祀されそうなものは事前に中止するよう指導したい。最終的な許可権は県にないので、県としては地方長官会議で方針の決定を急ぐように、また三重県の特殊性を考えて認可してくれるよう何度も要望中である。

神社制度調査会では整理賛成論が神社側委員から展開されていた。昭和六、七年頃のことであるが、吉井良晃委員は、実際に存立の要がなくまた存立しがたいような神社の廃合を、今後の維持経費のための一方策として提案し、地方官と神職と氏子の三者が協議して実施すれば円満に行いうるとして、神社整理の緊要性を主張した。また宮西惟助委員は、無格社で独立する力のない社はこれを氏神鎮守社の兼摂社・所管社にすれば、相当の整理がつくのではないかと述べて、移転合併のほかに法人格合併の道を採りうることを示唆した。このような風潮の

なかでは、無格社を含む復祀のごとき、容易に認められる筋合のものではなかったのである。(13)

三重県は、神社行政の特別官庁である神祇院の設置により、この問題の解決が早まるものと見込んだ。果たして、昭和十五年十一月に発足した神祇院は、府県から提出された復祀願書の取り扱い方の研究に取り組み、翌年十二月十日付で知事あてに神社復旧の件を通牒した。この通牒は「厳ニ必要ナルモノニ限リ」「事情真ニ不得止モノニ付」詮議する方針を明らかにするとともに、八項目の詮議基準を示した。それはつぎの三群に分けることができる。

一、まず四〜七項は、府県郷村社昇格内規（明治三十年）が示す村社程度の基準を確認するもので、「四、相当ノ本殿拝殿鳥居ヲ具備スルコト、五、境内坪数三百坪以上ヲ有スルコト、六、氏子百戸以上ヲ有スルコト、此ノ場合、他社トノ二重氏子ハ認メサルコト、七、神社維持費年額五百円以上ヲ負担シ得ルコト」と定めている。

二、しかし、これらの前に置かれた一〜三項こそ、今回の詮議基準の骨格を形成するものであった。すなわち、「一、神社ヲ復旧セントスル部落（大字）内ニ現在神社ノ存セサルコト、市ニアリテハ右ニ準シ取扱フヘキコト、二、復旧ハ部落全戸ノ希望ナルコト、三、復旧ニ依リ現在ノ神社経営上支障ヲ来ス虞ナキコト」であって、右の条件を充足する限り、一旧村に一社は存立を認めようという趣旨が窺われる。旧村内の合祀には問題は少ないが、旧村を超える合祀には抵抗も強く、したがって復祀の願望も強かったことが、考慮されているように思われるのである。

三、これは「八、大都市又ハ山間僻地等特別ノ事情アルモノニ付テハ、前各号ニ該当セサルモノト雖モ特ニ詮議スル場合アルコト」の一項であって、その適用は真に事情止むをえぬ場合に限ることにとくに注意が喚起されている。大都市で氏子戸数が多くて維持方法が確実な場合や、山間僻地のため参拝がとくに不便である場合には、前各号に該当しなくとも詮議の対象となりうる、というものである。

こうして、国民精神総動員の時代的要請のもとで神社崇敬の実を挙げるべく、地方住民の生活の実情に即応して、厳重な条件を付されてであるにせよ、復祀の公認が実現する道が開かれたのである(14)。

第四節　復祀と祭礼復興の実態

最後に、被合祀社の復祀もしくは祭礼復興の実態にふれておきたい。資料の第一は、さきに報告した三重県阿山郡東部四カ村のうち、阿波村（現大山田村）について私が昭和四十年に行った調査のさい集めたものであるが、そのなかでも特定の大字もしくは小字についての抜き取り調査的な記録であることをことわっておく。資料の第二は、桜井治男が三重県度会郡および三重郡のそれぞれ一部について昭和五十年前後に実施した調査の既刊報告である。桜井の報告は単に復祀の実態解明に止まらず、被合祀社の集落では氏神を送り出したのちその空白をどのように埋めたか、合祀先神社とどのような関係をもつことになったか、また合祀により集落の祭にどのような変化が生じたかを剔抉したまことに克明なもので、本節の叙述はそれに負うこと多大である。資料の第三は、和歌山県日高郡についての文献である。

一　三重県阿山郡阿波村（現大山田村）

大字下阿波七区（表13を参照せよ）

旧菅原神社社地は郷社阿波神社の飛地境内となり、例祭の行事たる騎乗稚児を中心とする神幸の旅所として用いられてきた。昭和十二年頃、拝殿の如きものが建てられたが、祭のさい神輿の座所として使用されるのみで、平常は何も祀っていない。元来この神社の祭礼は「天神まつり」と呼ばれ、神酒と飯で「しゅうし」（直会）があったのだが、合祀後廃されたまま今日に至っている。

旧津島神社社地は個人有に帰し、山林に復している。祭礼には盛大な踊りがあって賑わったが、合祀後廃絶し、再興をみていない。

旧愛宕神社の本尊は白馬に乗った仏像であった。祭礼の日に七区の神憧寺（臨済宗）にて、大盛りの一膳飯・茄子のからし味噌あえ・焼豆腐・汁などの献立で「しゅうし」をしたものであるが、合祀後廃止。社地も個人有になり、所有者が二、三年前から天竜大明神を祀る小祠を建て、毎年上野市千歳の祈禱師を招いて祭っているが、それは復活とは称しがたいであろう。

このように、大字下阿波全体を信徒区域とした三社は、何れも祭礼の復興を見なかった。その最も重要な理由は、阿波神社の祭祀を除いて、下阿波全体が参加する共同事業はなくなっていた、ということであろう。明治二十二年の町村制施行までは下阿波村として一本の自治と行政の単位であった。しかるに以後六区と七区に二分され、それでも大正十年までは何らかの形で協同し連合していたが、十一年に至って完全に分離した。そしてこの分離を正当化する諸条件には何らの後退が見られないのである。また、かつて大字下阿波の共有林もあったが、明治四十年頃から整理を始めて大字有は全く解消した。その代りにこれまでなかった区有がいくらか造成されさえしたのである。このようにして、下阿波自体の共有財産や協同事業が解体し、代って六区と七区それぞれが共有と事業の主体たる地位を強化したため、上記三社再興の基盤が解消していた。他方、六区もしくは七区の内部の祭祀には復興の拠り所が存したので、殆どみな再興された。表13左欄のC、b、cに・印が付せられたのがそれである。以下、七区に限って説明する。

下広の旧金刀比羅神社は昭和十年に社殿が復興され、これに納める神体が阿波神社から返還されると同時に「しゅうし」も復活した。これが七区全体の祭礼としては唯一のものである。四月十日に各戸から集めた米で当屋が握飯(今日では牡丹餅)をつくり、社前か区の集会所で「しゅうし」をするのが祭の行事である。ただし社地は区有でなく、七区の西半分、正確には社地をその地積に含む瀬古口橋組の共有に帰している。境内外を含めて台帳面積一反九畝二〇歩。

旧少彦神社は石垣を築いて盛り上げた一坪ほどの社地の中央に石燈籠があるばかりであるが、付近の数戸が薬師講と称して年二回祭をしていた。戦時中に休止し、昭和二十二年に復活したが、その後また廃れた。

旧熊野神社の小祠は三尺ほど盛り土をした頂きにあり、近所の家を中心とする一〇戸ほどが権現講と称して十二月一日に祭礼をしている。五畝ほどの権現田から上る収入で当屋に集まって飲食するのである。

旧山王社は神幢寺の鎮守の如きもので、「神幢寺檀家（七区以外にはない）全戸が十月一日に山王講と称して「しゅうし」を毎年行っている。再興後、戦中戦後の食糧不足の時代に再び休止したが、後にまた復活した。

旧山神社は七区に六カ所あった。一カ所を除き悉く復活したが、跡地を個人に売却してしまったものには、隣接の山神講に合流して「しゅうし」のみ復活した組や、合流せず単独で「しゅうし」のみ再興した組もある。社地を保有した組は、祭の対象となる石体の山神を阿波神社から持ち帰るか、新しく刻んで山路にさしかかった旧地に建てた。祭は一年二回で、十二月七日には当屋で「しゅうし」があり、一月九日には石体の山神前で鈎引き神事をした後、財産収入や醵金によって当屋で「しゅうし」をつとめるのである。現存する五つの山神講のなかで大きい組は三〇戸近くの仲間を擁し、小さい組は四戸ほど、なかに六区から参加する四戸と一組になっているものもある。「しゅうし」の献立は組によって異なるが、味付飯・あんころ餅・黄粉餅・雑煮・おろし餅・ぜんざい等で、また時代的な変遷もある。組の戸数により、「しゅうし」参加者を一戸一人（世帯主）に限るのもあれば、何人でも男全部が出る組もある。

以上、七区の内部で復興された祭礼を概観したが、旧社名を用いず概ね講の名称をもっているのが注目される。おそらく元来そうであったのであろう。講といえばこの外に愛染明王講がある。もと愛染堂というのが小字ロ小山田にあり、近所の数戸が鎮守としてこれを維持奉斎していたが、明治四十一年二月神幢寺に合併され、明治三十九年八月の勅令二二〇号（社寺合併跡地譲与）の趣旨によって跡地は神幢寺有となると共に、[15]付近の住民による「しゅうし」が絶えた。これが愛染明王講だったわけである。ところが、戦後神幢寺から本尊の愛染明王と大日如来を講に請い返して旧位置にまつり、講田一畝の作米と跡地一畝余の毛上収入によって毎年十二月二十五日の「しゅうし」を再興した。跡地は神憧寺へ無償譲与されたが、それは名目的な所有権ばかりで、実質的な毛上収納権は講員が留保していたのである（故松本亀太郎氏談）。この一件は、無格社も仏堂も集落生活における意味には共通するものがあり、むしろ同一平面で考慮すべきこと、共有財産がある場合には祭仲間は解体せず、廃止されたままでは勿体ないとて祭礼も復興されやすいこと、などを示唆する点で興味深い。なお、事実上分祀して祭祀が復興されても、非公認の私祭神社ゆえ公簿に神社として再登録されるわけではなく、したがって『日本帝国統計年鑑』などに神社数の増加として現われないこと勿論である。

大字富永《とみなが》

旧村社菅原神社が葦神社へ合祀された後、その社地は区有として保存され、菅原神社へ合祀された無格社愛宕神社・金刀比羅神社の社地は、それぞれに接した山林をもつ個人に売却された。山神五社の社地も同様のことと思われる。したがって、旧菅原神社のみ再興の十分な可能性があったわけである。もっとも昭和十八年頃まで愛宕講と呼ばれる祭礼があり、講員が祭日に「しゅうし」をしていたが、旧愛宕神社の社地とは切り離されたもので、戦時中に廃れたまま復活していない。

旧菅原神社の部分的な再興は、大正末年にその獅子舞を葦神社の例祭で奉納するという形をとって現われた。しかし、第二次大戦後在村青年の数が減少するに及んで獅子舞の維持も困難となり、結局廃絶した。ところが、これとは別に戦争直後富永で旧菅原神社の祭が再興された。すなわち、二月十四日に区の集会所で祭典と「しゅうし」をし、そのあとで年占いの射的を旧社地でするのである。それと共に山神の石体を旧菅原神社社地に集めて、正月七日と十二月七日の年二回富永一本で山神を祭ることになった。このように、富永では再興が後れたが、国家神道が廃止された後に再興が実現し、山神祭とともに富永一本の祭祀として復活されたことは、富永という集落社会の社会的統合にとって、神社祭祀がなお意味をもっていることをよく示している（西光男氏談）。

大字猿野《ましの》

富永と同様に元来独立の氏子区域をなした大字であるが、旧村社貴雄《たこ》神社の社地は葦神社への合祀後個人有となって畠と化し、祭礼の復興をみていない。ただ同社旧祇園祭の羯鼓踊りは葦神社の神事として再興されたが、後継者がないままに戦後廃絶した。しかし、貴雄神社へ合祀された愛宕神社と金刀比羅神社は、戦前から祠があり、それぞれ一間四面ほどの須屋が戦後新築され、毎年十月一日に猿野全体によって祭られている。猿野全戸から集金して京都の愛宕神社へ組当番で代参する行事も、今に維持されている。ただ十月一日の両社の祭日には、葦神社へ社参した後、公会堂で「しゅうし」があることでも知られるように、葦神社と結びつけられている点は、貴雄神社の完全な廃滅と共に注意すべき事柄であろう。

もと猿野全体で祭られた竈神社は「荒神さん」とよばれ、小祠の所在地に最も近い奥組の祭に縮小して、信経講の名で維持されている。毎月二十七日に般若心経五巻を読誦して会食する外、一月二十八日が例祭である。この外に山神社が三社あったのを大池《おいけ》の堤防わきに集めて、年二回猿野全体として祭をしている。ただし「しゅうし」は各組毎に分れて行うのである。葦神社に近いためその影響を受けて富永のような直截な形をとっていないが、それでも被合祀社の大部分が猿野全体もしくは組々によって祭礼を復興されていることは顕著な事実である（奥井荘剛氏談）。

大字上阿波汁付《しりつけ》

旧村社五社八幡神社の社地および境外山林は、植林のうえ葦神社の基本財産となった。五社八幡に合併された無格社横尾神社・同厳島神社の社地は個人に譲渡されたのであろう。汁付ではこの三社のどれも再興されていない。それには社地が残っていない、という以外の事情がある。がんらい汁付には四〇戸あり、その東にあった上《かみ》ノ東の二〇戸と共に計六〇戸が上阿波のなかで他と区別される地域的な社会的まとまりを示し、それでここに奉斎された五社八幡が村社に列せられていたのである。ところが、合祀が行われた明治末年には、すでに上ノ東に人家はなく、汁付も二〇戸を割っていた。この少数で県の基本財産基準を満たすことは難しかったから、葦神社に合祀したのであるが、維持だけでも荷がかちすぎていたといえよう。その上、他の区では続々祭礼の復興をみた昭和十年頃には、挙家離村のため汁付の戸数は一〇戸ほどに減少し、部落の伝統的秩序はがたがたに緩んで、祭礼の復興が軌道に乗るべくもなかった。汁付は服部川の水源に近い山奥の集落で、上ノ東はさらにその上流にあり、農耕条件が極度に悪いため、一部の山持ちを除いて、不況期には離村者が相ついだのである。ところが、戦後再び増加して約二〇戸で安定している。そこで汁付全体の新しい祭が組織されたのであるが、旧社の復興ではなく、戦死者慰霊のため弁財天を奉斎して月毎の講をいとなんでいるのである。したがって、汁付として共同の祭をもとうとする要求はやはりあった。ただその発現が旧社の再興に結びつかなかったところに、戸数の激減を経験した汁付の特色がある（故猪野金之助氏談）。

もう一つの事情は明治二十二年以降の区の制度である。すなわち、上阿波村は汁付・元町・平松・子延の四集落に分れ、汁付に五社八幡、あと三者の連合で葦神社が祭られていたのであるが、区制度の導入によって汁付と元町が一区をなし、子延が二区、平松が三区となった。これは汁付が区をなすに足る戸口をもたなかったからである。その結果、これまでになかった協同関係が汁付と元町の間に発生した。もっとも元町に復興された旧少宮神社と旧愛宕神社の祭祀は、旧慣にしたがって元町だけのもので、汁付は参加していないが、汁付が村政の上で元町と合併せしめられ、一区としての協同事業が育ってきたことは、汁付自身の祭祀の復興を長く阻んだもう一つの事情といえよう。

以上、汁付をいわば例外として、氏子区域を越えて合祀が強行された地区はもとより、氏子区域内の合祀に止まった地区でも、被合祀社の祭祀は大部分再興されている。廃止から再興までの間に祭祀形態に若干の変化が生じてはいるが、社地を保有したもの、ことに共有財産を保存しおおせた場合には、それを核として例外なく祭祀の復活が見られた。復興にさいして、旧祭祀集団の世俗的側面すなわち地域生活協同体としての実質が、祭祀面の解消にもかかわらず維持されていたことと、旧社地や共有財産といった物的基盤が保持されていたこと、この二要因がきわめて重要であると考えられるのである。

阿波村以外の阿山郡東部諸村についても、祭祀の復興状況を一通り調査してあるのであるが、被合祀社名簿とつき合わせて調査しなかったため脱漏を免れず、ここでは記載を省略することにした。しかし、そこからえた印象は右の要約と合致している。

二　三重県度会郡穂原村（現南勢町）

旧穂原村は、西南から東北へと、押淵・始神《はじかみ》・斎田《さいだ》・伊勢路・内瀬の順に、孤立した谷間に点在するムラムラ（大字）から成り立っていた。桜井の調査(16)は、昭和四十五年のことである。合祀社があり、村役場があった伊勢路からみよう。

伊　勢　路

字向山の村社八柱神社は明治三十九年十二月神饌幣帛料供進社の指定を受けた。明治四十一年五月、ここに全村の村社・無格社計一八社を合祀して一村一社を達成し、穂原神社と改称した。のち、昭和九年十一月穂原神社は穂原小学校の前に移された。

このムラでは祭といえば穂原神社のそれを指し、旧六月十四日の天王祭が一番よく賑わう。移転前の旧社地は空地のまま残っている。旧社地の近くにある薬師堂の広場で、旧正月十五日にムラのオシシ仲間によって獅子舞が行われる。戸数一八〇。

押　　淵

字中河内の八柱神社の旧社地は、合祀後ムラ人に分配されて田となった。このムラの山中の滝の傍らに、もと個人的に祭られていた白滝神社があり、三月二十八日の縁日に今では区の費用で穂原神社の神職を招いて祭典が行われ、ムラの人々が参拝する。社殿の前の籠り堂は漁民の信仰によって支えられている。また、志摩郡磯部町皇大神宮別宮伊雑宮への代参は、ムラ人の交替制で今に受け継がれている。戸数七五。

始　神

字里の若宮八幡神社の旧社地は、ムラ人に分配されて空地になっている。旧五月二十八日は浅間《せんげ》の祭であって、ムラ中の家々から供え物をもち、幣を先につけた長い竹を先頭にして、ムラの背後の山頂に祀られた大日さんに参る。また、ムラのほぼ中央、畑に囲まれた少しばかりの空地に石祠があって、十一月二十八日、ムラ中の家々から供え物をもって参り、念仏の頭が読経する。これを石供養という。戸数三〇。

斎　田

字御堂谷の八柱神社の旧社地は、ムラの入口にあり、今は檜林になっている。ムラの上の境の川岸に山神の小祠がある。祭日は十二月七日で、ヤドに集まって供え物等を用意し、トンド火で餅を焼いて食べる。また、旧正月十四日にムラ行事として青年が公民館前の広場で獅子舞をする。戸数七〇余。

内　瀬

字大坪の滝神社の旧社地は空地になっている。ムラを見下す山の中腹に金比羅さんがあり、もと個人の祭であったが、氏神が合祀された後ムラのものにしたという。祭日は四月十日、区として神職を頼み、ムラ中が仕事を休んで参る。また、字高浜の村島神社は、滝神社と同時に穂原神社に合祀されたことになっているが、合祀後も、終戦まではムラとして、以後は漁業組合が中心となって祭を行ってきた。内瀬は穂原神社に近いため、夏の天王祭には夕涼みがてら参拝する人が多いという。戸数一一〇。このムラのみ漁業を生活基盤としている。

右に要約した調査報告を、桜井はつぎの文言で結んでいる。「合祀後におけるこのようなムラ祭の対象は、村島神社を除いては、いずれも安永二年の指出帳にも洩れたほどの祠や堂であり、今も〈氏神〉とか〈宮さん〉といわれるまでいかないが、地下《じげ》において占める意義はほぼ氏神に代るものといって過言でなかろう」「氏神合祀がなされた各村落では、その対象が変っても、やはりムラの祭やそれに類する地下の祭は行われているということである」。

三　三重県度会郡内城田村（現度会町）

旧内城田村は、葛原・大野木・棚橋・牧戸・平生《ひろお》・大久保・立岡・鮠川《はいかわ》・茶屋広・当津・田間《たま》・上久具《くぐ》・下久具の区に分れている。村役場が所在し、そして一村一社の合祀社がある棚橋から述べる。桜井の調査(17)は、昭和五十三年に実施された。

棚　橋

明治四十一年三月村社八柱神社に内城田村全域の村社・無格社を合祀して村社内城田神社と改称し、神饌幣帛料供進社の指定を受けた。そのさい、各大字では大字内の境内外無格社を地域の村社に合祀した上で、同日をもって各村社を棚橋の八柱神社へ合祀するという、二段の手続きをへた。合祀後、境内地に異動はないが、社殿等は整備された。

現戸数二四三。十二月十二日の内城田神社の例祭は、一郷挙げての氏神の祭として盛大に執行され、各区から集めた餅米で搗いた餅撒きなどの行事がある。この神社と関係なく、区自体に一月二十四日の愛宕参り、旧正月十二日のお頭《かしら》神事、六月二十三日の浅間《せんげ》さん、七月十四日の天王さん、十二月十七日の山神祭といった年中行事がある。この区で「宮さん」といえば内城田神社を指すが、ムラ自体の祭礼としてはお頭神事がその代表であり、ムラの神は舞いの「お頭」に象徴されている。寺は二カ寺あるが、ムラとの関係は薄い。

葛　原

字黒土の村社八幡神社の旧社地は売却されて個人有となり、神社の跡をとどめない。また字岡之後の無格社浅間社の旧社地は位置すら判明しない。ムラの会所代りに用いている玉泉院（曹洞宗）の境内の一隅に、合祀後すぐ石で壇を築いて遙拝所が設けられた。内城田神社の例祭日には餅撒きがあるので、多くのムラ人は参拝するが、ムラの祭事や個人の宮参りは遙拝所ですませる。そこで、六月二十八日の浅間さんの祭は遙拝所で行われ、十二月十二日の内城田神社の例祭日にあわせて祭る秋葉さんは、遙拝所に祀られている。戸数五六。

大　野　木

字後垣内の村社八柱神社が明治三十九年十二月に神饌幣帛料供進社に指定されたが、四十一年三月棚橋の八柱神社へ合祀され、供進社の資格も棚橋へ移った。八柱神社の旧社地はそのまま遙拝所とされ、社殿跡に建てられた小祠には内城田神社の神符を祀っている。また、遙拝所に天王さんを祀り、七月十四日の祭日には区から供え物をする。そのほか、ムラの祭典や個人の宮参りはこの遙拝所ですませ、内城田神社へは例祭日に参拝するのみである。また、十一面観音を祀る観音堂をムラとして維持し、旧暦二月初午の縁日はムラ最大の行事となっている。また、ムラの西北方の浅間山頂の岩窟に行者と浅間さんを祀って、六月二十八日にはムラとしてオハケ竹をもって山へ登り、供え物をして経を唱える。またムラの入口に山神が祀られており、十二月七日にはその碑の前で火を焚き、供え物をあげて山仕事を休む。戸数五六。

大野木の出郷河津は無格社河津神社を擁した小集落で、現在三二戸。ムラの入口の区有地に庚申と山神が祀られており、河津の宮さんといえば今ではこれを指す。内城田神社の例祭には、ムラの役員がこの宮さんにお神酒を供えて参拝する。

牧　戸

合祀後本殿跡を石囲いにし、社地はそのまま残したが、戦中戦後の食糧難の時代に一部開墾された。戦後、当時のムラ役員の名義で登記し、実質的に区のものとして残されている。昭和四十四年、石囲いを整備して中央に合祀記念碑を建てた。宮田も一反あったが、戦後ムラ人に貸し、昭和五十二年から埋め立てて子供広場や老人クラブ建設予定地となっている。現在戸数六六。ムラ最大の行事は、旧暦十一月十日の神事である。合祀後、神事の日にムラ中揃って内城田神社へ参拝し、終ってムラの会所（曹洞宗長生寺、無住）で共同飲食をしたが、旧社地に碑を建ててからはこちらへの参拝ですませるようになり、主だった人たちが内城田神社へ参拝するのみとなった。そのほか区の主な行事として、一月七日の山神祭、二月十六日と九月十六日の弁天さん、六月二十八日の浅間さん、七月十四日の天王さんがある。山神は旧氏神の入口に祀られているが、もとこのムラには石体の山神が二カ所にあり、ともに内城田神社に合祀されたのを、一〇年ほどして山神くらいは持って帰ってもよいだろうといって、その一つをムラへ持ち帰ったという。また、七月初旬の虫送りも区の行事であるが、内城田神社の神符を先に挟んだ男竹を神職がもって虫送りを先導するのが注目される。

平　生

合祀後、一度社地の杜を伐採したが、その後植林しなおしたので、かつての林相を回復しつつある。往時は社殿を二〇年毎に造営した。その跡に白石を敷き、中央に石を据え、垣を巡らせてある。石鳥居、手水石もそのまま。宮田は一反ほどあったが、戦後の農地改革で手放した。現在戸数六八。氏神跡へは各戸交替で毎夜燈明を上げ、合祀先の内城田神社は遠いので、ここを遙拝所として宮参りをする。ムラの年中行事として、正月元旦の宮参り（もと甘酒神事が行われた）、六月二十八日の浅間さん、七月十四日の天王さん、八月八日の薬師さん（ともに会所――天台宗地蔵院、無住――に祀る）、八月二十四日の愛宕さん、十一月七日の山神祭がある。

大久保

棚橋へ合祀された無格社二社のうち、八雲神社については全く忘れ去られているが、あと一つの御滝社は合祀後も境内地はそのままで、ムラの西北の谷間にかかる滝の傍らにあり、ほぼ二〇年毎にムラとして祠を建て直している。現在四〇戸。ムラにとっての最大の年中行事は一月七日のお滝さんである。六月二十八日の浅間さん、七月十四日の天王さんはともにムラの会所（曹洞宗慶光庵、無住）で祭をする。十二月七日の山神祭も同様である。

立　岡

戸数四三。鮠川と共同での一月八日、十二日の薬師さん、ムラの辻に築かれた社壇で祀る七月十五日の天王さん、会所（廃寺）での十一月一日の会式が、主な年中行事である。

鮠　川

戸数二二。鮠川地内の八柱神社が立岡と共同の氏神であった。合祀後、旧社地は個人有となり、宮田は荒廃し、旧社を対象とする行事はない。年中行事としては、薬師堂（立岡と共同であるが鮠川地内に所在）を対象とする一月八日の薬師さん、会所（庵寺）に集まる一月二十四日の愛宕さん、五月の浜行き、六月二十八日の浅間さん、七月初めの虫送り、七月十四日の天王さん、十二月七日の山神祭がある。一番盛大なのは天王さんで、県道沿いの山神なども併祀された一種の聖地を対象とする。また、虫送りのさい、内城田神社の神符を先に挟んだ竹を田の畔にさすのが注目される。

茶　屋　広

戸数一五。鮠川からの出村で、母村とは宮川で隔てられている。合祀された氏神社（社名不詳、公簿に記載なし）の財産は区民に分配したといい、旧社趾は僅かに跡をとどめるのみである。合祀先の内城田神社へは例祭以外には参拝しない。一月二十四日の愛宕番、六月二十八日の浅間さん、および十二月七日の山神番に会食の場となり、また六月十四日の祭の対象である天王さんを境内に祀るのが、薬師堂である。薬師堂は会所を兼ね、各戸輪番で毎朝茶を供える。

当　津

戸数一八。被合祀社の跡地はムラ人に売却されて畑となっている。合祀先の内城田神社へ参拝することはほとんどない。主な年中行事としては、六月二十八日の浅間さん、七月十五日の天王さん、十一月七日の山神祭がある。ムラの会所として寺（曹洞宗徳林寺、無住）を用いている。

田　間

戸数二〇。合祀後、跡地は区有として残ったが、荒地になっている。ムラの入口に寺（曹洞宗蔵泉寺、無住）があり、その境内の一隅に設けられた遙拝所にムラ人は参り、内城田神社へは例祭ぐらいにしか参拝しない。年中行事としては、二月十四日の愛宕さん、六月二十八日の浅間さん、七月十四日の天王さん、旧暦の十一月七日の山神祭がある。後二者は遙拝所に祀られている。

上久具

戸数六一。被合祀社跡地は個人有に帰した。内城田神社へは例祭以外にはあまり参拝しない。年中行事としては、旧暦一月二十日、八月二十日の弁天さん、五月中の虫送り、六月二十八日の浅間さん、七月二十三日の不動さん、十二月七日の山神祭がある。虫送りにはムラ役員が万度サン（内城田神社の神符を竹に挟んだもの）を持って宮川河畔に立てる。

下久具

戸数六〇。被合祀社の旧社地は個人に売却された。合祀後間もなく、宮川を挟んで内城田神社の真向いに当る地点に遙拝所が設けられ、祭典や個人の宮参りはここでなされることが多い。主な年中行事としては、旧正月七日のお頭神事、二月二十四日の愛宕参り、五月二十八日の浅間さん、六月初めの虫送り、六月十四日の天王さん、十一月七日の山神祭がある。後二者は遙拝所に祀られている。また、ムラには会所（曹洞宗竜泉寺、無住）があり、八月の盆踊りや十月二日の会式がそこで行われる。

右に要約した報告から、桜井にしたがってつぎのA・Bを指摘することができるが、さらにそれらからCが抽出されよう。

A　内城田神社と各ムラおよびムラ人との関係

1　内城田神社は旧内城田村全体の氏神と認識されており、祭日には餅撒きがあることもあって多くの人が参拝するが、平素参拝する人は少なく、身近な「お宮さん」の印象は乏しい。

2　それでも、内城田神社の神符を常時祀る区（大野木）や、虫送りのムラ行事に使用する区（牧戸、鮠川、上久具）や、ムラの祭日を神社の例祭日にあわせた区（葛原の秋葉さん）もある。

B　合祀後の各ムラの信仰対象

1　正式の分祀手続きをへて社殿を再興した区はない。

2　しかし、旧社地を全部もしくは一部残して遙拝所あるいはムラの宮とした区（大野木、牧戸、平生、茶屋広）、旧社地はないが遙拝所を設けた区（葛原、河津、田間、下久具）があり、これらの遙拝所はそのムラの祭事や個人の宮参りの対象となっている。

3　遙拝所のない区には、その代りとなるべきムラ人共同の信仰対象が存在する。大久保のお滝さん、立岡・鮠川の薬師さん・天王さん、当津の天王さん・浅間さん、上久具の弁天さん・浅間さんがそれである。

4　そのほか、大野木の観音さん、牧戸の当番神事、下久具のお頭神事、大久保・田間の甘酒神事のように、ムラの信仰対象、そして主要年中行事となっているものもあり、また会所として用いられるムラ寺をもつ区も少なくない（葛原、牧戸、平生、大久保、当津、田間、下久具）。内城田神社を区内に擁する棚橋でさえ、お頭神事により棚橋自体の宗教社会的アイデンティティを維持している。

C　内城田神社と各ムラの信仰対象との比重

内城田神社の氏子圏は、一村一社を目標とする合祀によって行政的人為的につくられた。しかるに、各ムラの信仰対象ないし信仰行事は、生活協同体としてのムラのアイデンティティの宗教的表現とみることができる。生活協同体が存続する限り、よしんばそのアイデンティティの宗教的表現としての氏神が剝奪されても、それに代るものが出現する。正式の復祀でなければ事実上の復祀、もしくはその機能的代替物が出現することを、旧内城田村の事例研究がよく示している。すでに穂原村で観察されたことが、さらに詳細な調査によって検証されたのである。

四　三重県四日市市に合併された旧三重郡三カ村

桜井の調査(18)は昭和四十九年から五十年にかけてのことである。

三　重　村

大字西坂部の村社江田神社は、明治三十九年十二月神饌幣帛料供進社の指定を受け、四十一年九月ここにまず西坂部の諸社が合祀され、ついで翌年九月、大字東坂部の諸社を合した村社刑部神社が合祀された。ところが、刑部神社の合祀時に神体を運んだ東坂部の青年四名が何れも早死したため、神の祟りではないかと噂されたのがもとになって、昭和五年二月刑部神社が元の場所に分祀され、そのさい新たに拝殿が建造された。それ以来、東坂部と江田神社との関係はなくなった。

西坂部は、川向、山之平、御館の三区に分れている。江田神社で行われる西坂部全体の祭とは別に、九月一日には川向区の人だけが参加する天白祭があるが、これは江田神社に合祀された字垣内の無格社鏡淵神社の祭である。山之平区民のみが参加する七月十五日の八幡祭は、江田神社に合祀された字八幡の無格社八幡社の祭であり、また御館区民が参加する七月十五日の天王祭があるが、これは江田神社に合祀された字平崎の無格社屋前神社の祭である。

小山田村

大字山田の村社加富神社は、明治三十九年十二月神饌幣帛料供進社に指定され、明治四十一年四月山田の諸社を、四十三年十月山田の出郷・西山の無格社八所御霊神社を、そして大正元年十二月には大字六名の村社六名須賀社を合祀した。西山では、八所御霊神社の元拝殿を存置し、昭和四、五年頃加富神社の遙拝所として復興した。毎年四月と六月の弁天祭にはここで区費によって祭礼を行う。六名でも六名須賀社の旧社地に加富神社遙拝所を建てた。加富神社の祭日には遙拝所で六名としての祭礼を行っている。

内部村

大字波木の村社加富神社は、明治四十一年九月大字貝家の村社加尾神社を、ついで明治四十二年五月大字采女の村社采女八幡社と大字北小松の村社小松神社を合祀し、大正四年一月神饌幣帛料供進社の指定を受けた。ところが、大字釆女は大正十五年に分祀して旧社地に釆女八幡社を再興し、昭和十六年には大字北小松も分祀して旧社地に小松神社を建てたのである。これらはいずれも昭和二十六年に至って宗教法人として認証された。分祀の理由は、神社が遠くて不便であり、ムラうちに氏神がないとしっくりいかないということであった。貝家の旧社地は現在会所兼保育所として利用されており、加富神社が貝家よりの波木―貝家の中間にあるという位置関係から、貝家の人々は現在も加富神社の氏子として止まっている。

内部村で明治三十九年十二月に神饌幣帛料供進社の指定を受けたのは、大字小古曽の村社小許曽神社であった。小古曽の諸社は明治四十年当社に合祀されたが、他大字の諸社は結局波木の加富神社へ合祀となり、そちらも供進社の指定を受けるに至って、一村に供進社二社が併立することとなったのである。

以上三カ村を通観すると、東坂部・釆女・北小松では合祀先から復祀再興して合祀社との関係が薄くなっている。一方、六名・西山では遙拝所を建てて合祀社とは別にムラの祭を行っている。また、西坂部などでは、大字のなかの区単位で旧無格社の系統をひく祭が維持されている。さらに、貝家のように、合祀後の状態がそのまま続いているところもある。このような復祀の程度差は、社会的アイデンティティをもつ地域協同生活の範域と合祀氏子圏との関連の種々相を反映するものである。

五　和歌山県日高郡

三重県下の事例についで、神社整理のもう一つの代表的激甚県である和歌山県下から、南方熊楠がとくに執拗な合祀反対運動を展開した矢田村（現川辺町）入野の村社大山神社を含む日高郡を取り上げて、合祀と復祀のあと

をやや具体的になぞってみよう。(19)

日高郡所在の神社は、明治三十九年で郷社三、村社八四、境外無格社四三五、計五二二社、一町村当り一六社の多数にのぼった。これにたいして合祀が強制された結果、郷社は三社とも神饌幣帛料供進の指定を受けて残置されたが、村社の過半と無格社の全部が整理され、郡内三三町村のうち、一町村一社を達成したもの二六、残りも一町村二社となった。かくて、一町村当り一・二社にまで減少したのである。

ところが、合祀の許可を受けながらその実施をしぶる例が少なくなかった。南方の反対運動に触発されたのに加えて、和歌山県の明治四十四年七月三日付通牒により、合併許可済みのものにも出願変更の手続きが可能となったためである。前記の大山神社は、南方らの抵抗にかかわらず、殆どの大字民が整理を受け入れたので、大正二年十月に合祀されたが、しぶとく出願の変更を求める村もあった。比井崎村(現日高町)阿尾の白鬚神社、同村産湯の八幡神社、同村小浦の御霊神社の三村社は、同村比井の村社王子神社に合祀されるはずであったが、出願変更が認められたのか、御霊神社は大正四年に社殿を再建し、八幡神社は大正七年に許可をえて産湯八幡神社と改称し、大正十年の神社一覧にはともに他の存置神社に伍して登場している。また、真妻村(現印南町)松原の村社真妻神社への合祀許可を受けた同村の三村社、田垣内の真妻神社、上洞の真妻神社、川又の真妻神社も、合祀未決行との註記のもとに、前記の神社一覧のなかに収められている。比井崎村は漁村で大字の社会的独立性が強いうえに、三社ともに氏子数が八〇戸以上あり、境内の規模も相当なものであった。真妻村の三社は氏子数こそ六〇戸内外と多くはないが、境内も広く、ことに合祀予定先である村の西端松原から、東に渓谷を遡ること一〇キロという遠隔の大字に在ったことは、未決行のまま存置させる説得的な理由になったにちがいない。真妻三社も比井崎三社に遅れて同様の経過を辿ったらしく、川又の真妻神社は大正十五年に上洞の真妻神社を合祀し、昭和三年には本殿と鳥居を再建して神社の体裁を充実させ、田垣内の真妻神社も昭和六年に社殿を再建している。

志賀村（現日高町）志賀の村社王子神社は村内の無格社ばかり一五社を合祀したが、そのうち志賀柏の沙攪神社と志賀石尾の石尾神社は、昭和二十年敗戦直後の混乱期に、おそらく解放の時潮を好機として、神霊を迎えて王子神社から独立した。これらの部落は漁村であって、農村部落との折り合いに困難があったためと推測される。また、切目川村（現印南町）古屋の村社八幡神社に合祀された同村の二村社、古井の岩上神社と樔川の真妻神社は、戦後の昭和二十五年に至り、八幡神社の承認をえてそれぞれ旧社地へ分祀された。そのさい、氏子区域美里の一部（一四戸）が八幡神社の承認のもとに旧無格社熊野神社を分祀した。これらはいずれも、合祀をくぐり抜けてきた神社とともに今日の和歌山県神社庁の名簿に登載されている。それぞれの部落では、合祀先神社への地理的ないし社会的距離のゆえに、分祀前から祭礼だけでも復興させていたことであろう。

岩代村（現南部町）では、東岩代の村社八幡神社に同大字の無格社すべて、西岩代の八幡神社に同大字の無格社すべてを合祀して一村二社となったが、合祀した年に東岩代の浜に災害があいついだので神の祟りということになり、浜から移した旧無格社天神社を同地に復して祀った。また、上南部村（現南部川村）西本庄の郷社須賀神社の本殿に同村の小祠二五社全部が合祀されたことになっているが、実は各字に残置せしめたらしく、昭和十九年申請して、飛地境内社の指定を受けることにより、その存在を合法化した。また、前出の比井崎村阿尾の白鬚神社では、合祀した旧無格社春日神社と同蛭子神社を昭和二十七年に分祀し、旧地の田杭部落へ戻したという。これらはいずれも神社名簿に載るような正規の神社ではないが、それぞれの部落で自分達のムラの祭として祭祀を維持してきたことであろう。

日高郡内の復祀の事例は、復祀にいくつかのレベルがあることを示唆している。一つは、合併出願変更の手続きをとることにより合祀願いをキャンセルしたもので、厳密にいえば復祀でさえない形であって、まず大正期に限られたようである。二つめは、戦後の分離独立である。合祀先神社の承認のもとに実現されるとは限らず、信教自由の原則から勝手に独立することも可能であるが、神霊の遷座をえて正規の神社になるために、円満な分離が企てられたことであろう。第三は、既存神社の傘下にとどまったまま、事実上の分祀を実現することであって、もし祭礼のみの復興もこれに準じたものとみなすなら、その事例は枚挙に暇なしといわねばならないだろう。これは戦前戦後にわたって、復祀の主要形態であったに違いない。

以上、三重・和歌山両県下の事例を通覧すると、復祀は大正・昭和戦前だけでなく、神社信仰が衰えたといわれる戦後にもみられることがわかる。そのことは、神社にたいする信仰的な態度のありようもさることながら、むしろそれよりも、祭祀主体が一定地域に一個の生活協同体として存立しているかどうかということこそ、復祀の前提条件であることを窺わしめる。多くの場合、大字(旧村)がそのような実体をもっていたようである。地域の生活協同体が、年中行事において自らのアイデンティティを表現する手っとり早い慣行化された方法は祝祭であって、そうした祝祭の常設拠点としてマチやムラの神社が祀られたのである。合祀された神社の祭を担ってきた協同体が構成員の流出や異質化によって解体している場合はもとより、その他なんらかの理由で結束が弛緩している場合には、神社整理を契機として祭祀も廃滅に帰した。しかし、生活協同の実を保存している場合には、整理にたいする国および県の姿勢の推移に伴い、祭祀復興が話題になり、機さえ熟せば復祀の実現にむけて集合的努力がなされたとみることができる。

そのさい、社地その他の神社財産が部落有や代表者名義での共有あるいは私有として保持されておれば、復祀は比較的容易であった。神社財産を合祀先神社の所有に移さず、なんらかの形で保持しようとすることは、すでに協同体が健在する証拠であるが、こうした物的基盤の保持は復祀の実現を容易にしたのである。そのことも先に掲げた事例に示唆されている。

南方熊楠が入野の大山神社の合祀問題に関連して古田幸吉に送った書簡のなかで、「いよいよ合祀とならば、神体をよい加減にすりかえ、村中え《（ママ）》保存しおくべし。然るときは、又、復帰見込もあるなり。趾さえつぶさずに置ば、いつでも戻り得」といい、また、「出来ることなら、合祀の際、なにか神体の一部をとりかくし置れ度候。後日再興のたねになるなり」といっている[20]。「趾さえつぶさずに置ば」その結果として再興が容易であるだけでなく、「趾」を保持する者は、他日の復興に備えてそうしたことを、南方の文章は明らかにしている。

南方の書簡でもう一つ注目すべき点は、神体をなんらかの形で保存せよ、それが再興のたねになる、といっていることである。ここに、神体に神霊が宿ることを信ずる信仰が告白されている。「大山神社を追慕する歌」（一二九〜一三〇頁）のなかで、社殿を焼き捨てられて神霊を他へ遷されたにせよ、神無月の遷座式は無効のはずであって、神霊はこの地に留まって永久にわれらを守護してくださる、と歌うのも、同じ信仰に発するとしなければならない。この信仰を欠いた協同体では復祀は覚束なく、また、復祀含みの共有財産の保有など、ありえぬと考えられるのである。

協同生活の実があり、神社形式の聖地を支える信仰が保持されていても、それを慣行に合った形で表現するための物的基盤を欠く場合には、信仰と生活協同体のアイデンティティを表出するための機能的代替物が出現する。しかし、復祀および機能的代替物のさまざまな在り方は、合祀先神社との地理的社会的距離にも依存することは、上掲の三重県下の事例が示すとおりである。

註

（1）明治三十八年度阿波村役場日誌。
（2）当時の村長・助役・収入役はともに上阿波出身であった。
（3）植木神社所蔵「村社合祀ニ係ル書類」。
（4）木野戸勝隆「合祀意見」『会報』一〇五号（明40・7）三〇〜三七頁、参照。
（5）三重県例規（社寺兵事課）一二九号、遙拝所設置ノ件（内四往二八八九号）。
（6）三重県例規（社寺兵事課）一五五号（社二二三号）。
（7）三重県例規（社寺兵事課）四一八号、神社復旧ニ関スル件、照会。
（8）明治十二年六月三十日内務省達乙三三号。
（9）（7）と同じ。
（10）三重県例規（社寺兵事課）四八四号（社兵二六一三号）。

（11）桜井治男「神社整理と神社復祀」宗教社会学研究会編集委員会編『宗教・その日常性と非日常性』（雄山閣、昭57）六六～八六頁。
（12）神奈川県下の「分祀」事例を調査した鈴木通大は、分祀要因を、祟りという形で表出される被合祀氏神の怒り、夢の中に現われる被合祀氏神の復祀願望、以上二項の間接的要因と、合祀先が遠すぎる、跡地に復祀の手がかりを残していた、などの直接的要因に分けている。鈴木の調査結果では前者が多い。本文事例の同時代的調査との差がここに露頭を示しているといえよう。鈴木通大「神社合祀後における〈分祀〉について――神奈川県下の民俗事例をもとに――」『神奈川県立博物館研究報告』一〇号（昭57・3）二一～二八頁。
（13）神社新報社編『近代神社神道史』（神社新報社、昭57）一四四～一四五頁。
（14）桜井治男、前掲論文、七九～八〇頁。
（15）三重県大山田村阿波支所所蔵文書。なお、寺院仏堂の合併は神社ほど成績が挙がらなかったため、神社と軌を一にして寺院の合併が奨励されたことを知る人は少ない。『会報』一〇四号（明40・6）七四頁、参照。成績が挙がらなかったのは、強制されなかったからである。強制されなかったのは、神社中心説のような論理で寺院を自治体に結び付けることができないからである。ここに、神社と寺院の社会的性格の差が存する。ただし、仏堂には下級の集落神社と共通する性格があることは本文の説くとおりである。
（16）桜井治男・森安仁「神社合併と村祭の変化――三重県度会郡穂原村――」『社会と伝承』一二巻四号（昭46・3）四五～五〇頁。
（17）桜井治男「神社合併と村祭りの変化――旧内城田村の事例――」『皇学館大学紀要』一七輯（昭54・3）二一九～二六七頁。
（18）桜井治男「神社合併と村祭の変化――北勢地方の事例――」『皇学館大学紀要』一四輯（昭51・1）二二四～二四一頁。
（19）『日高郡誌』下巻（大12）一〇五一～一一一三頁。『日高のおやしろ』和歌山県神社庁・和歌山県神社氏子総代会、御坊市・日高郡支部、昭60。
（20）明43・5・24付および大2・2・5付古田幸吉あて南方熊楠書簡、南方文枝『父南方熊楠を語る、付神社合祀反対運動未公刊資料』（日本エディタースクール出版部、昭56）二一〇、二五二頁。

第九章　結　語

すでに半世紀近くも前に、鈴木栄太郎は氏子集団と檀徒集団とを対比して、「氏子が全く不任意加入の集団であるのに対して檀徒は任意加入である」ことを指摘し、これに結びつく性格として、神社が「我が国の自然的地域社会の云はば客観的象徴」であるのに、「寺は地域社会の地域的範囲には殆ど無関心である」ことなどに注目している。(1) 鈴木説は神社と寺院の社会学的類型論を志す者にとって出発点となるのであるが、さらに集落神社についてつぎのように述べている。

村に存する神社は以上の如く色々の形式で維持されて居るが、其最も基礎的にして一般的なるものは、若干数の旧村で共同維持するもの、個々の旧村毎に維持するもの、旧村内の小字位の地域で維持するものの三種である。此三種の内、村人が最も関心を持つものは旧村即ち自然村の神社である。最も狭義に於ける氏神も大抵は其である。厳格な宮座の制度が存し、又氏子の仲間に新らしく加入する事に色々の制限があるのも此旧村維持の神社である。若干の旧村にて共同維持する神社は、云はば其数丈の氏子団の連合によつて維持されて居るのである。又小字で維持する神社は云はば氏子団の細胞によつて維持されて居るものである。これらの事情は神事に関する慣行の内から充分に読みとることが出来る。(2)

要するに、氏子圏に広狭三種あるが、旧村を氏子圏とする神社、すなわち「自然村」の神社に村人は最も大きな関心をもっている、というのである。しかし旧村必ずしも「自然村」ではない。鈴木によれば、旧村時代において最も整備した氏子組織をもった圏が「自然村」なのであって、あえていえば旧村であったかなかったかということよりも、村人が最も関心をもつ神社の氏子区域をなすかどうかこそが、「自然村」のメルクマールなのである。この基準を適用すれば、三重県阿山郡阿波村大字下阿波・富永・猿野は旧村であり、かつ自然村であったが、上阿波は一旧村二自然村（汁付とそれ以外）であった、といえる。

鈴木のように、村人が最も関心をもつ神社の氏子区域をもって「自然村」とみるとき、神社の氏子区域は自然に生成したもの、という理解に導かれかねない。生活協同の一定の地域が神社という宗教的表現をとるという、先に述べた知見からすれば、これはもっともな理解と評しなければならない。しかし、生活協同の地域圏は必ずしも自然発生的ではなく、住民の生活に行政的統制が加わって具体的な生活圏が成立したのだし、また、生活圏がそのまま氏子区域になるとは限らず、行政目的が多かれ少なかれ何らかの形でその間に作用して、一定の氏子区域が出現したのである。すなわち、集落社会という生活協同体との関連において、神社の配置は自然の所与というべきものでなく、行政権力の介入と地域住民側の対応との相互作用のなかから、歴史的に形成されたものである。戦後の神社はともかくとして、例えば戦前の神社、とくに本書で問題にした集落神社のごときは、これを所与のものとみる先入観にわれわれも支配されていたのではないか。だとすれば、歴史的形成の事実はどうであったかを精査する必要がある。

本書において、私は明治末期の集落神社整理の経過を辿り、全国的展望を明確にするとともに、焦点をしぼって主に三重県下にかんする詳細な観察を試みることにより、前記の発想を証拠だてる一つの具体例を提出しようとした。合祀によって出現すべき氏子区域が実際の生活協同の範囲を無視して著しく超出するとき、その実施にはなんらかの抵抗があり、したがって合祀は強制的とならざるをえず、また復祀への潜勢力が蓄積されていく。権力による整理事業の推進と地域住民側の対応、そして両者を媒介する勢力の動き、以上三者の相互作用・相互規定をとおして、戦前の集落神社の在り方が歴史的に形成されたことをほぼ明らかにすることができたと思う。

合祀前の氏子範囲は、壬申戸籍に登載された氏神を手がかりとして再構成することができるが、壬申戸籍の記載が旧村時代の氏子圏を正確に反映したものかどうかには、疑問が存する。なぜなら、壬申戸籍記載の神社が氏神氏子関係を独占し、同じ村に存する他の神社（雑社）は単に信徒をもつにすぎないとされたけれど(3)、それほどの差が事実としてあったのかどうか。三重県下についていえば、藤堂藩領内諸村の神祠を書き上げた『宗国史』の記載様式に照らしても、これは甚だ疑わしい想定といわざるをえない。信徒という捉え方をするのなら、どの社も信徒をもったのだし、氏子というのならどの社も氏子をもったのであろうが、維新政府が政策課題となっていた氏子調のために、氏子調を担当すべき神社は氏子をもち、雑社（無格社）は氏子をもたず、ただ信徒をもつのみ、と定義したため、同一の旧村に共存した神社の格差を拡大する結果になったと、考えられる(4)。これも行政権力が集落神社の在り方を規制した顕著な例であり、明治初期における二重氏子の調整(5)またしかりということができよう。

行政権力の強制があり、これにたいする氏子住民側の抵抗があって、権力側が抵抗排除の挙にでるとき、ここに「公吏と人民の争ひあるのみ」(6)という事態となる。政府は町村制（明21）により旧村を合併させて新たな行政町村を創出したけれど、明治末期にはまだ生活協同の実は依然として旧村（大字）もしくはそのセクションにあり、部落割拠ときには対立の状況にあった。(7)そこで、府県知事が一大字一社を越えて一町村一社の神社整理を標榜したとき、官民の争いは必至となったのである。

行政権力側は、国家の宗祀となすにはあまりにも設備の整わない捨て置かれたような神社が多すぎる、小祠を統合して広域の住民で維持方法を確立してこそ、崇敬の実を挙げることができるのみならず、いくつもの祭祀を行う手間と経費の無駄が省け、かつ部落割拠の精神的基盤が解体されるとともに、統合なった神社を中心に町村を経営することができる、と主張する。これと表裏したのは、神社は宗教にあらず、したがって神社崇敬は信教の自由と抵触せず、国民たるの義務である、との主張であった。そこには、内務官僚の形式合理主義に支えられた「行政効率の論理」ないし「生産性向上の論理」が貫徹しているように思われるのである。

権力側の主張に一理はあるものの、氏子住民側の実質合理主義に基づく「生活防衛の論理」ないし「ハレの日の消費の論理」からすれば、地域の実情を考慮しない強制的合祀を正当化する根拠としては全く薄弱であり、むしろ、きびしい労働の生活歴に点綴された休日の娯楽を奪い、安全と無事を願って祈願をこめる聖所を奪う暴挙として非難さるべきであった。しかし、地域住民の生活防衛の論理は、効率の論理のように理性にではなく、生活経験を共有する人々の感情に訴えるものであったから、合祀反対の議論を構成する力に乏しかった。そこで、有識者や神職らによる由緒湮滅・自然破壊などの議論から、強力な援護射撃を受ける必要があったのである。

神社整理が内務省の政策課題として本格的に取り上げられた明治三十九年から、合祀強制を許さない方向へと内務省が方針を転換した四十三年までの四年間は、行政効率の論理が生活防衛の論理を圧倒した。しかし、後者が力をつけてきてこの転換が実現した後は、合祀に歯止めをかけ、復祀を達成し、少なくとも祭礼を復興させるなど、表向きはいかにもあれ、実質的な復権を果したといえよう。

生活防衛の論理が実質的な復権を果したといっても、合祀以前の状況に回帰したわけではなく、神饌幣帛料の供進指定を受けた合祀先神社を中心とする集落神社の体系には、なんの変化も生じなかった。ただ、それよりさらに底辺の、地域住民の生活に密着した零細社の次元において、復祀や祭礼復興などの例があいついだのである。そして、昭和の経済恐慌を経、いわゆる一五年戦争に日本がのめりこんでゆくにしたがい、合祀先神社を対象とする国民儀礼が整備され、全体として生活防衛の論理は無視され、それが重んじられる場はいよいよ狭められていった。それとともに、神社はますます信仰対象の鎮まりますところというよりは、崇敬対象となっていったのである。

最後に、神社整理政策の推進中枢がこの事業にどのような成果を期待したか。期待された成果が達成されたかどうか。この点を点検して本研究の結びとしたい。

内務省の期待は、明治四十三年六月の第三回地方改良講習会のさい、参事官の職にあった塚本清治(のち大正四年神社局長となる)が、「神社制度の概要」と題して行った講演からこれを汲みとることができる。彼は整理事業の遂行が地方行政を益すると期待される事項として、(1)地方住民の負担を軽減するという経済上の利点、(2)神社の境内・社殿等が完備し神職の手当を厚くすることができる結果、神職に人をえて氏子崇敬者にたいする感化がよくなるという風教上の利点、および、(3)氏神を異にした部落間を融和させ、一村内人民の団結力を高めるという精神上の利点、を挙げた。(8)では、実態はどうであっただろうか。

まず第一点については、一町村の中心をなす合祀先神社の物的諸施設の整備と基本財産造成のために、とりわけ専任神職を置いたところではその給与支弁のために氏子の財的負担がたかまり、負担軽減どころの話ではなかった。第二点については、合祀の結果神社はしばしば氏子の居村を離れた遠隔の地にあり、拡大した氏子圏から遊離する傾向がみられたのみならず、兼務神職ともなれば地域住民の生活から浮きあがって、彼らに従来よりもよい感化を与えることなど、例外的にしか起こらなかったと思われる。第三点については、合祀先神社を中心に町村を運営したにせよ、どの程度町村住民の団結力を高めえたであろうか。がんらい合祀によって団結力を創りだすことは至難の業であった。合祀を強制しても、なんらかの部落的結束が保持される限り復祀への動きを押さえこみ難かったことが、これを裏書きしている。藩制時代から神社は鎮守産土神として旧村住民結集の宗教社会的焦点となったが、合祀によって明治の新しい町村の中心となる神社を人為的に構築したとしても、結集の焦点としては効果的に機能しえなかったのではないだろうか。近代の町村ではその結束の焦点として、神饌幣帛料供進社のような中心的神社よりも、町村それ自体を基盤として成長を遂げた小学校こそふさわしい。(9)近代の町村の祝祭の場は、神社の境内ではなく、小学校の講堂や校庭に求められなければならないのである。このようにいうならば、明治末期から大正初期にかけての神社整理政策は、地元に各別の条件でもない限り、推進中枢が期待したところを達成しえなかったと判定せざるをえない。にもかかわらずこの政策の実施は、町村レベルでの国家神道の形成とそれを推進した政治システム合理化の歩みを示す興味深い事件として、全国的にも府県別にもなお一層の掘り下げに値する問題といってよいのである。

註

(1) 鈴木栄太郎『日本農村社会学原理』(日本評論社、昭15)三一一～三一四頁。
(2) 鈴木、前掲、三〇八頁。
(3) これによって、「いずれの地域的集団においても一つの氏神があり、しかも一つに限るといってよい」(原田敏明「氏子組織」『村落』〈角川書店、昭32〉二六〇頁)ということになったのである。しかし、もともと、必ずしもこういうものであったとは考えない。
(4) 神奈川県都筑郡岡上村(現川崎市麻生区)では、明治四十二年三月字栗畑の無格社諏訪神社に同村の村社剣神社、無格社日枝社、同稲荷社二の四社を合祀した。当時岡上村は一村一部落といってよい小村で、戸数も六三と少なかった。そこで、全戸村社の氏子であるとともに、他の四社の信徒でもあったが、村社と無格社との間にそれほどの格差があったわけではない。もと五社ともそれぞれ特定のイッケの氏神として成立したという伝承があるように、同格のものとして併立する側面があった。しかし、『新編武蔵国風土記稿』編纂の頃には、剣神社が「村の鎮守」になっており、他の四社のうちでは諏訪社が頭角を現していた。その状況において、明治五年一月の府県郷村社社格区別に関する神祇省達により、剣神社を村社としてそれのみが氏子をもち、他は信徒しかもたぬ無格社とした。ここに体統的な神社布置が出現したのであった。しかし、村人はこの神社体制を容認しておらず、明治四十二年の社号改称願には、「従来剣神社諏訪神社日枝社宝殿稲荷社開戸稲荷社ノ五社アリテ氏子モ亦各派ニ分レ居候」と記されている。それ故にこそ村社でなくて無格社の最有力社が合祀先とされえたのだし、また、合併の後従来の社名を用いるのでは氏子間の感情の融和が気遣われるので、むしろ土地名を用いて岡上神社と改称したいと願い出たものと考えられる。これなどは、政府の布達によって導入した村社─無格社、氏子─信徒という体統関係が、結局は定着しなかった例といえよう。田中宣一「一村落における明治末期の神社整理──神奈川県川崎市麻生区

岡上の場合――」『成城文芸』一〇三号（昭58・3）三四～五七頁。

（5）萩原龍夫『中世祭祀組織の研究』（吉川弘文館、昭37）七二六～七二九頁。

（6）明44・5・15付古田幸吉あて南方熊楠書簡、南方文枝『父南方熊楠を語る、付神社合祀反対運動未公刊資料』（日本エディタースクール出版部、昭56）二二七頁。

（7）小池善吉『近代群馬農村の危機的展開――転換期における村落社会――』（昭60）一七～一九頁。

（8）塚本清治「神社制度の概要」内務省地方局編『第二回第三回地方改良講演集下』（明44）六二七～六二八頁。

（9）熊懐武男や頸根突抜生の意見（一一三～一一五頁参照）など同時代の論説が、すでに、旧村を超えた社会的に意味ある範域として、小学校区域の重要性に注目している。

〔付記〕本論の資料蒐集のため、国学院大学教授平井直房、および三重県教育研究所指導主事宇田太三、三重県教育委員会体育保健課課長補佐打田伊三郎、同課技師古川静子、三重県総務部学事文書課主査真弓六一、伊勢市教育委員会体育保健課長高杉初太郎、三重県南勢志摩教育事務所指導主事中村鉄郎、同西村文彦、三重県志摩郡安乗小学校校長中山道郎、同鳥羽中学校教頭森崇らの友人諸氏に、一方ならぬご厄介になった（職名は昭和四十三年当時）。一々のご厚意を深く銘記し、心からのお礼を申し上げる次第である。また、国学院大学図書館、三重県総務部学事文書課県政資料室、三重県立図書館、三重県護国神社、神宮文庫、賀多神社、波切神社、安乗神社から、格別のご便宜を提供いただいたことを深謝する。なお、本論は昭和四十年度文部省科学研究費補助金（小口偉一教授を代表者とする総合研究「宗教集団の構造変化に関する調査研究」）、昭和四十二年度の同上の補助金（各個研究「集落社会・国家権力との関連における神社の研究――とくに明治末期の神社合祀を中心として――」）、昭和四十三年度の同上の補助金（唐沢富太郎教授を代表者とする特定研究「日本人の近代意識形成過程における伝統的契機と西欧的契機」）、および昭和六十年度成城大学特別研究助成（「近代神社行政と村落祭祀」）による研究成果の一部であることを明らかにし、関係各位のご配慮に対しても感謝の意を表したい。

補論一　明治初年における集落神社の制度的改革

一　問　題

水青長記と称する人物が、明治末期の神社整理のさなかにあって、「此度の事は神社に取て存亡の分るゝ第二の維新と云べき也」(1)と、いち早く鋭い洞察を示した。彼が第一の維新とみたのは、明治初年の神社改正であった。彼の指摘のように、明治期は初年と末期と二度にわたり、大規模な神社改正を経験したのだった。そのうち末期の、神社整理という形での大改革については、発端から終熄に至る過程および後年の反動を含めて、その詳細な分析を私はすでに本論で果たした。補論一では、明治初年の神社改正を取り上げて、近代的神社制度成立過程の一端を考察するものである。

本論の冒頭で定義したように、集落神社とは、村落や町の集落生活と結びついた神社である。すなわち、集落という地域集団によって維持運営され、集落の年中暦に点綴された大小各種の祭において集落生活のリズムを体現する、集落自体の民間神道的宗教機関である。近代の社格でいえば、府県社以下無格社までの、いわゆる民社を広く包含するが、無格社のレベルにも達しない、換言すれば神社明細帳にも登録されていない非公認神祠も、集落によって奉斎される限り、これに含めてしかるべきである。他方、官社（官国幣社）のなかには集落神社に該当するものも少なくないけれど、こと神社改正にかんしては、これは別の範疇に属するものとして取り扱うのが妥当であろう。

さて、明治初年の神社改革を考察するさいの眼目は、近代的神社制度成立の過程と諸要因の解明にあることはもちろんであるが、そうした制度的改革が明治末期の第二の改革を準備した側面のあることにとくに注目したい。言いかえれば、二度の神社改正は別々のものではなく、最初の改革が次の改正を可能にしたのみならず、また必要としたと考えられる側面に格別の注意を払いたいのである。それは、属地主義の氏子制と体統的社格制の成立の問題であり、また、小祠処分と無格社認定の問題である。補論一では前者に的を絞り、これを郷村社体制の成立と崩壊という角度から考察したい。

二　郷社と村社

――その社格と役割――

明治維新期の集落神社の改革は、官社以下大小神社の順序定額等、府藩県全国共通の規則を定めることから着手された。すなわち、明治三年十月二十五日付神祇官への達[2]に基づいて、直ちに（同年十一月）神祇官から上申[3]があり、これを踏まえて、四年五月十四日付の官社以下定額および神官職員規則等にかんする太政官布告（二三五号）[4]

が発せられたのが、それである。この布告は、全国の神社を神祇官所管の官社と地方官所管の諸社に分ち、官社については、神祇官が祭祀を司る官幣社大中三五社と地方官が祭祀を司る国幣社中小六二社を指定し、以上定額のほか、式内および国史見在の諸社のうちから、期年検査を経てさらに官社に列すべきものとした。諸社については、府藩県崇敬の神社たる府社・藩社・県社と郷邑産土神たる郷社の二等とし、前年十月二十八日の布告(5)により年末を期限として提出された神社明細取調帳をもとに、府藩県社と郷社の区別をつけて指令することを示達したのである。この布告はあわせて官社以下神官職員の職位と定員を定めた。すなわち、「神社は国家の宗祀」という維新政府の大前提にたって、神宮以下世襲神職の制を全廃することを令した同日付のもう一つの太政官布告(二三四号)(6)に照応しつつ、神職精選補任の具体的な手続きを示したのである。

前記布告二三五号は、神祇官上申の筋書通りのものであったが、細部において若干の修正がなされていた。それらのうち、ここでの考察にとってとりわけ興味深いのは、天下諸社の格式二等を掲出したのにつづいて、上申では、

右以外一村一社ノ産土神及村落ノ小祠都テ郷社ニ合併ス可シ其合併ノ法則氏子調ノ定則ト共ニ是ヲ立ツ可シ(7)

と記されていたが、この部分が布告では削除されたことである。削除は当面、小祠合併の指令を不適当とみたからであろう。この、小祠処分の問題については、後日の考察に委ねたい(8)。

さて、布告二三五号公布後二カ月を出ない明治四年七月四日、件の大小神社氏子取調規則が布告(三二二号)され、あわせて守札差出方規則も同日付で公布(三二三号)された。しかし、上申が氏子取調規則とあわせて定立さ

るべしとした小祠合併にかんする箇条はやはりない。かえって、一村一両社に合祭仕まつりたしという趣旨の長尾藩伺（四年五月十四日）にたいして、同年六月十二日、

式内並国史現在ノ神社海内一般取調明亮行届候迄山林野間等ニ小社雖有之先其儘差置可申事(9)

と指令され、格式調査がすむまでは神社の合併は一切認められないことになっていた。つまり、神祇官の上申から布告二三五号の公布までの間に、合祀から合祀延期へ政府の方針に修正が加えられていたのである。氏子調にかんするこれらの布告のどこにも合祀にかんする箇条のないのは、むしろ当然というべきであろう。しかして、氏子取調規則の布告と同日付で布告された郷社定則（三二二号）には、方針修正後の小祠取扱方にかんする政府の姿勢の一端が示されている。

定則

一　郷社ハ凡戸籍一区ニ一社ヲ定額トス仮令ハ二十箇村ニテ千戸許アル一郷ニ社五箇所アリ一所各二箇村五箇村ヲ氏子場トス此五社ノ中式内カ或ハ従前ノ社格アルカ又ハ自然信仰ノ帰スル所カ凡テ最首トナルヘキ社ヲ以テ郷社ト定ムヘシ余ノ四社ハ郷社ノ附属トシテ是ヲ村社トス其村社ノ氏子ハ従前ノ通リ社職モ亦従前ノ通リニテ是ヲ祠掌トス総テ郷社ニ附ス郷社ニ附スト雖モ村社ノ氏子ヲ郷社ノ氏子ニ改ムルニハアラス村社氏子元ノマヽニテ郷社ニ附スルノミ郷社ノ社職ハ祠官タリ村社ノ祠掌ヲ合セテ郷社ニ祠官祠掌アルコト布告面ノ如シ但祠掌ハ村社ノ数ニヨレハ幾人モアルヘシ

一　従前一社ニテ五箇村七箇村ノ氏子場其数千戸内外ニシテ粗戸籍一区ニ合スルモノハ乃チ自然ノ郷社タリ祠官一人ナレハ更ニ祠掌ヲ加フモ許スヘシ

一　三府以下都会ノ地従来産土神郷社一社ニシテ氏子場数千戸ナルモノ戸籍ノ数区ニ亙ルト雖モ更ニ郷社ヲ立テ区別スルニ及ハス

一　官社又府藩県社ニテ乃郷社ヲ兼ルモアリ仮令ハ東京日吉神社府社京都八阪神社官社ノ如キ氏子場数万戸ニ亙ルトイヘトモ更ニ郷社ヲ建テス固ヨリ区別ニ及ハサル事上件ノ如シ(10)

郷社定則は、戸籍一区に対して中心たるべき一社を郷社、その区内の他の神社を郷社の付属として村社とし、この郷村社体制をもって氏子調の実施機構たらしめようとしたのであった。先に引用した明治三年の神祇官上申も郷社を氏子調のセンターとしようとするものであったから、この方針が郷社定則に受け継がれたわけであるが、その他の神祠の取り扱いに注目すべき差異が存する。上申では、一村一社の産土神も村落の小祠も悉く郷社に合祀することにより、戸籍一区と郷社一社を対応させようとした。これに対して定則では、官社加列のための神社調査の都合上合祀を差し止めたこととの兼ねあいで、式内社あるいは国史現在社と認定される可能性のある一村一社の産土神は村社と格づけして郷社に付けることにより、当面、合祀の論議から外すとともに、戸籍一区に一つの郷村社体制を対応させたのである。

官社以下郷社までの社格は、先の太政官布告二三五号において定められ、郷社の下位の村社なる社格は今回の郷社定則で定められた。しかし、忘れてならないことは、ここでの村社は郷社の付属であることである。また、郷社より上位の神社、例えば官社や府藩県社のなかには郷社を兼ねるものがあるとされたことも、注目を要する。つまり、社格としての郷社の意味に加えて、氏子調のセンターという役割を担う機能面での郷社の意味があった。

大体両者は相伴ったが、地域の状況によっては、官社や府藩県社があるのに更に郷社を設置するよりも、これら高格神社に郷社の役割を担当させてよいとされたのである。

三　戸籍区と氏子調の意義

では、戸籍区とは何か。これは氏子取調規則や郷社定則が布告される丁度三カ月前、そして官社以下定額等を定めた布告が発せられる四〇日前の明治四年四月四日、太政官布告一七号をもって公布された戸籍法に定められている。

戸籍法は、領主別・族属別に宗門人別改帳を編成していた幕藩時代の旧制を打破して、来るべき中央集権国家にふさわしく、全国一律の最寄り原則で戸籍を編成することを令した。そうした戸籍編成のためには、予め区画を定め、戸籍事務を司る吏員を各戸籍区に置くことが必要となる。要点を摘録すれば左の通りである。

第一則　(上略)各地方土地ノ便宜ニ随ヒ予メ区画ヲ定メ毎区戸長並ニ副ヲ置キ長並ニ副ヲシテ其区内戸数人員生死出入等ヲ詳ニスル事ヲ掌ラシムヘシ

第三則　凡ソ区画ヲ定ムルハ譬ハ一府一郡ヲ分テ何区或ハ何十区トシ其一区ヲ定ムルハ四五丁モシクハ七八村ヲ組合スヘシ然レ共其小ナルモノハ数十ニ及ヒ大ナルモノハ一二ニ止ルモ都テ其時宜ト便利トニ任セ妨ナシ

第二十則　六ケ年目毎ニ戸籍ヲ改ムルニ当リテ其戸籍取集メシ上ハ日限ヲ定メ其区々ニ於テ長並副区内一戸毎

ニ其差出ス処ノ戸籍ト現在ノ人員ニ突合セ相違ナキヲ点検スルヲ以テ法トスヘシ

寄留ノモノハ曾テ届ケ出シ名前書ヲ以テ人員及所持ノ鑑札ニ突合セ相違ナキヲ証スルヲ以テ法トスヘシ（中略）氏神ノ守札モ其時検査スヘシ(11)

模式的な場合でいえば、町部なら四、五町を、村部なら七、八村を組合わせて一戸籍区とすることを、戸籍法は指示している。そうした戸籍区毎に郷社一社、もしくは郷社の役割を担当させるべき官社ないし府藩県社一社を定め、その区内の一村一社の産土神は村社として郷社に付け、この郷村社体制で氏子調を担当させようとしたのである。

前記太政官布告三二二号、氏子取調規則の要点は左の通りであった。

一臣民一般出生ノ児アラハ其由ヲ戸長ニ届ケ必ス神社ニ参ラシメ其神ノ守札ヲ受ケ所持可致事

一他ノ管轄ニ移転スル時ハ其管轄地神社ノ守札ヲ別ニ申受ケ併テ所持スヘシ

一死亡セシモノハ戸長ニ届ケ其守札ヲ戸長ヨリ神官ニ戻スヘシ

一自今六年目毎戸籍改ノ節守札ヲ出シ戸長ノ検査ヲ受クヘシ(12)

戸籍編成業務の担当者は、幕藩時代の庄屋名主年寄の系譜を引く戸長および副であるのに対し、氏子調のほうは神職であって、郷社の祠官統率のもとに村社の祠掌がこれに当たり、とくに守札の交付・返戻・検査において戸長と神職の間の密接な連携が要請された。そこで、栃木県は明治五年二月の「戸籍編修心得書」の第一四条に、戸籍法と氏子取調規則の関連条項を合わせて、取扱方法を具体的に定めたが(13)、同様の例は他にも少なからずあったことと考えられる。

氏子守札制度の実施は、出生・死亡・移転などの届出の励行を促し、戸籍事務を補足することになったはずである。しかし、それよりも重要なことは、明治三年九月以来のフランス民法を基礎とする民法編纂事業で議された、個人単位に身分の異動を登録する身分証書の制度を、宗門人別改帳の系譜を引く家単位の戸籍編成に並行して、出産証書等から試行させるという意義を担ったことである。(14)三年六月にまず長崎県で実施された氏子改は、明らかにキリスト教防禦のためであったが、そのような意図を含む氏子改の制度を全国的に施行させるには、戸籍と社寺の主管官庁である民部省自身の政策意図と結合せねばならなかった。(15)

このように、明治四年の前半に出現した郷村社体制なる集落神社の全く新たな体制は、明治国家の基盤を形成する近代的戸籍編成の区域に対応させて、氏子調のために構築された。戸籍編成と氏子調が対応しただけでなく、戸籍編成の区域と氏子調の区域が対応し、かくすることによって、身分証書制度の試行と戸籍事務の補足、ならびにキリスト教防禦という、氏子調の目的の達成が期されたのであった。なお、戸籍の末尾に氏神と寺を記載させたことは、宗門人別改帳制における寺僧の宗判に氏子調の氏神を加味したもので、キリスト教防禦の意図に出る型式であったことは、私がすでに明らかにしたとおりである。(16)

四　郷社の選定

郷村社体制の実施に当り、まず必要とされたのは郷社の選定であった。官社以下定額等を定めた布告二三五号では、神祇官の指図を仰ぐため地方官が府藩県社と郷社の候補を選定するについて、「社格ノ等差地方ノ適宜ニ任ス」[17]とされ、あまりにも漠然としていた。そこで、「地方ノ適宜ニ任ス」というのは「神位ノ高下ニ不拘」という意味をも含むのかどうか、伺い出た四年五月二十八日付大村藩伺の例[18]もあった。四年六月七日付苗木藩伺は、ほどなく公布された郷社定則の趣旨を先取りするかのように、

一郷社ノ儀ハ戸籍区分相立候後相応ノ社ヲ以テ伺ノ上相定可申哉

の一カ条を含んでおり、これに対して郷社定則発布の翌日、「伺ノ通タルヘキ事」と指令された[19]。戸籍法、官社以下定額等の布告、郷社定則—氏子調と、郷村社体制がその姿を現わす過程がここで総括されている。戸籍区の区分が成立しなければ、それに対応して構築されるべき神社システムの中軸を定めることができないのは、当然であった。

郷社定則において、「式内カ或ハ従前ノ社格アルカ又ハ自然信仰ノ帰スル所カ凡テ最首トナルヘキ社ヲ以テ郷社ト定ムヘシ」と規定され、ここに村社にたいする郷社の認定基準が確立した。しかし、府藩県社と郷社の社格を分別する基準が依然として曖昧であったことは、「社格ノ等差何ヲ以分別致可然哉」との四年十月九日付兵庫県伺[20]によって確認することができる。郷社は戸籍制度と氏子守札制度の結節点をなしただけに、その選定は大事業だったに相違ない。

では、どのような神祠を村社としたかというと、明治三年十一月の神祇官上申の含意では、一村一社の産土神

がそれであったが、具体的には「県社郷社之外氏子有之分」を村社と認定したことを、四年十月二十三日付神祇省あて福島県の伺から察知することができるのである(21)。

これらの基準を手がかりとして、いわば試行錯誤的に作成された府県社郷社等認定見込みは、府県から上申して神祇省の認可を受けたのであるが、これを全国一定の型式で上申させるため、神祇省は明治五年一月、府県郷村社取調雛型を定めて、社格区別帳の調製を令した（布達一号）(22)。

この布達によって福島県が五年十月に提出した社格区別帳を具体例として左に掲げる(23)。

福島県管内県社郷社村社区別

県社

一黒沼神社　式内　氏子六十六戸　信夫郡御山村鎮座　准祠官　富田等弘

第一区郷社

一稲荷神社　式外　氏子千百九十七戸　信夫郡福島町鎮座　准祠官　丹治経雄

村社

一天神社　式外　氏子二十六戸　信夫郡曾根田村鎮座　准祠掌　杉妻真一

一愛宕神社　式外　氏子五十七戸　信夫郡森合村鎮座　右同人兼

一水雲神社　式外　氏子三十戸　信夫郡小山荒井村鎮座　富田等弘兼

一滝洞神社　式外　氏子七十戸　信夫郡五十辺村鎮座　杉妻真一兼

一神明神社　式外　氏子八十八戸　　　信夫郡桜ノ浜村鎮座　　　富田等弘兼

以下略之

府県から提出された区別伺に基づいて認可するさい、政府は必要によっては修正を指令した。若松県からの五年四月七日付伺にたいし、

一第三十三区郷社ハ既ニ県社磐椅神社ニテ兼候上ハ別ニ隠津島神社ヲ郷社トスルニ不及同社ハ村社ニ可相定事(24)

と、一戸籍区に郷社一社のみとすべきことを令している。郷社が二社以上あっては、氏子調のセンターがいくつもあることになり、混乱のもとになりかねないからであろう。岐阜県からの五年十月の区別伺にたいしては、郷社名を六社挙げたうえで、

無氏子之神社ハ郷社ニ難相立候条別々相撰候テ更ニ可伺出尤相当見込之神社無之向ハ隣区ノ郷社ヲ以為相兼候儀ハ不苦候事(25)

と指令し、いくら郷社定則のいう「最首トナルヘキ社」であっても、氏子がなければ郷社と認定しえないことを明らかにした。どうしても無理な場合には、隣区の郷社の兼帯としてもよいということは、隣区の郷社祠官が当区の氏子調を統括するという体制でもやむをえない、ということに外ならない。郷村社体制を担う郷村社が原則として氏子持ちの神社に限られたことと、この体制の任務が氏子調にあったことには、深い関連が存したといってよいだろう。

五　属地主義の氏子観

前掲戸籍法の第二〇則に、「氏神ノ守札検査」の語があるところから、四年七月七日付で壬生藩から、

此氏神ト唱候ハ氏ノ祖神ト申儀ニ候哉又ハ鎮守産土神ヲ氏神ト称候儀ニ候哉

但氏ノ祖神ニ候ヘハ人人某ノ氏ハ某ノ祖神ト申事容易ニ難弁故ニ伺置自今取調度候事(26)

との伺いが呈された。これに対し、「氏神ト唱ヒ候ハ産土神ト可心得事」という指令案が作成されている。ここにおいて、氏族制度的な一種の属人主義的な氏神氏子関係ではなく、出生地による一種の属地主義的な産土神産子関係であることが、明確にされた。むしろ、氏の祖神の意か、というような疑問のほうが意外な感じを与えるのである。壬生藩では氏の祖神の意味で氏神の語を用いる慣行があったためか、もしくは華族の間では始祖による諸家の類別が検討されていた時代であるから、それとの関連で祖神の意の可能性ありと考えられたためかもしれない。

氏神とは産土神であることが、氏子取調規則（布告三二二号）および守札差出方規則（布告三二三号）に準拠して作成された氏子改帳の記載にも明らかに観取されるのである。その一例として、明治五年一月現在の丹後宮津県中郡三重村三谷神社氏子改帳の一部を掲出しよう(27)。

壱番居屋敷

一、三谷神社氏子

実父当村忠次郎亡二男　養父又兵衛亡　治良兵衛
文化二乙丑年九月十日朝五ツ時生ス　六十八歳壬申
又兵衛長女　妻　と　ら
文化甲子年十月晦日夜九ツ時生　六十九歳
二男　嘉左衛門
天保四癸巳年七月二十八日夜五ツ時生　四十歳
二男嘉左衛門妻　宇　タ
弘化乙巳年十月十一日　二十六歳

（中略）

二十番居屋敷

一、三谷神社氏子

生国丹後与謝郡野邑弥四郎二男　万歳寺住職　俊　応
文化十一甲戌十月二十八日夜八ツ持出生　五十九歳壬申
只今親兄弟亡
文政六癸未十月五日　丹後与謝郡須川分洞養寺依聯宗僧剃髪
同寺弟子　俊　英
嘉永元戊申年十二月二十日朝六ツ時生ス　二十五歳
安政二乙卯七月二十四日　同州同郡久僧村隣海庵依俊応僧剃髪
同寺弟子　俊　山
慶応元乙丑年七月五日　八歳

（下略）

右の例の氏子改帳は宗門人別改帳の体裁を踏襲しているが、出生にかんする記録が詳細であるところに、産土神と産子の関係を登載確認することによって、氏子改帳が出産証書の意義を担ったことが窺われるのである。しかし、万歳寺の住職と弟子にみるように、他村からの転入者も記帳されていることは、出生地主義を本来の立場としながら、実際には在籍地主義に立っていることを告白するものに外ならない。氏子取調規則にも、移転した場合には、その土地の神社の守札を別に申し受け、出生地の神社のと併せて所持するよう定めている。氏子調の原型をなす長崎県下施行の氏子改仮規則には、

一華族ヨリ士族卒庶人ニ至ルマテ其地ノ籍ニ編入スル者ハ都テ其産土神社ヘ名簿ヲ納メ神社ノ印証ヲ受所持可致事(28)

とあり、在籍地主義を端的に表明していた。属地主義でも在籍地主義であるからこそ、郷社定則にいう氏子場は一定の地域を画して成立し、氏子調は戸籍の編成と表裏をなしえたのである。

神社に奉斎する神霊は、守護神としてあるいは機能神として信仰の対象であったことから、「信仰之名義ヲ以テ他区之神社守札相請候向」も見られたようである。しかし、これは「不都合之事ニ付必銘々其氏神之守札所持致シ候様可致候事」と指令された(29)。信仰という点での属人主義も排除されたことが、ここに示されている。

六　郷村社体制の氏子観

郷社定則の定めるところによれば、戸籍区内の村社を郷社の付属とし、したがって村社の社職たる祠掌を郷社

に付し、郷社の社職たる祠官の統率のもとに郷社に祠官祠掌がある形となる。村社の氏子も郷社に付すが、元のままであって郷社の氏子に改めるわけではない。村社の祠掌と村社の氏子には、郷社との関連での取り扱いに差があるので、やや分りにくいが、氏子守札発行の実際を念頭に置けば、なぜこのような制度にしたのかが理解できる。すなわち、氏子調は氏子をもつ神社毎に実施させるわけだが、専任の社職のいない神社が少なくない状況に鑑み、戸籍区毎に祠官のもとに社職団を構成させて、祠官の統率のもとに氏子調を担当させようとしたと考えられる。具体的にいえば、村社の氏子にたいして、郷社の祠官がその村社の祠掌と連名で、村社の神名を記した守札を交付したのである。(30) したがって、村社の氏子を郷社の氏子に引き直す必要はなかった。

しかし、少ない人数の社職で氏子調を担当させるには、村社の氏子を郷社に吸収したほうが効果的だと考えた県があったとしても不思議ではない。長野県はその一例であった。明治四年十一月五日付神祇省あての伺いで、

(上略)地形ノ広狭便宜ニ寄、一区時宜斟酌二区乃至三、四区ヲ一纏ノ積之内ニテ式内又ハ旧史現在庶民尊崇等ノ社ヲ郷社ト定、祠官一人ヲ置是ヲ其区ノ氏神トシ、守札モ此社印ヲ用ヒ、区内村々ノ内可取之社ハ祠掌ヲ置以テ郷社ニ属シ候ハヽ、此外淫祠ノ分ハ存スルモ減スルモ下民ノ望ニ任ス、尤新規建立ハ禁スル積リ奉仕人員モ減シ、随テ堪其任候者モ銓選シ易ク何角都合宜シカルヘシト存候、(中略)右氏神之件々差向戸籍法ニ関係候義ニ候間、至急御指揮有之様仕度此段相伺候、以上

と述べて、指示を仰いだのにたいして、

民家散居ニ候共土地ノ模様ニ寄布告ヲ照準郷村社ヲ可相定、総テ村社氏子ヲ郷社氏子ニ致候ニ不及、淫祠ハ取調可伺出事

と郷社定則を反復するだけともいえる回答を与えた。(31) しかし、地方によっては、村社・無格社の氏子を郷社の氏子に直した例があることを、浜口秀夫が摘発している。すなわち、

（京都府）加佐郡由良村ノ内三百余戸ハ従来同村ノ熊野神社氏子ナリシヲ維新ノ際郷社大川神社直轄ノ氏子ニ転換相成居候（下略）

右神社之儀一名中ノ宮ト称シ往古ヨリ連綿タル我等三百余戸之氏神ニシテ無二崇敬罷在候処（中略）何ノ不幸カ我等三百余戸之氏神タル熊野神社ハ当初何レノ失誤ニ出ルカ無縁ナル奈具社境内末社ニ入ラレ無格社ノ儘今日ニ至リ候（下略）(32)

これによると、由良村のうち三百余戸は同村の熊野神社の氏子であったが、維新のさい郷社大川神社の氏子に転換させられ、かくて氏子がなくなった熊野神社は無格社とされたというのである。また、明治七年一月現在の名東県第一二大区六小区郷村社氏子調には、つぎのように記載されていたという。(33)

（郷社）加　茂　社　氏子惣戸数千四百七十三

内三百四拾軒　中之内村　　同百拾七軒　生穂村
同百七拾一軒　大谷村　　同百拾四軒　野田尾村
同百四拾軒　長沢村　　同六拾九軒　奥隆寺村
同三百二拾二軒　佐野村　　同二百軒　佐野浦

（村社）釜口八幡社　氏子惣戸数四百九拾七

内三百二拾六軒　釜口村　　同三十八軒　　釜口浦
同百三拾三戸　七小区下田浦之内
（村社）佐野八幡社　但佐野村　奥隆寺村　佐野浦之祭神ナレトモ氏子ハ加茂社ニ属ス
（村社）大谷八幡社　但大谷村　中之内村　生穂浦　野田尾村　長沢村之祭神ナレトモ氏子ハ加茂社ニ属ス

これによれば、六小区には郷社一と村社三が存在したが、村社二は本来の氏子を郷社の氏子に吸収され、残りの一社のみ氏子を保有したことが知られる。この外、村々には無格社があり、それぞれ氏子をもっていたのを、郷社あるいは村社の氏子に引き直されたと、浜口はみている。このように、郷村社体制の実施にあたり、村社と認定されなかった神社（無格社）の氏子を村社以上に付けたのみならず、状況によっては村社の氏子をも郷社に付けて、氏子所属を整理したのであった。かくすることにより、一戸籍区に一つの郷村社体制を構築したのであるが、前記名東県第一二大区六小区の釜口八幡社の氏子場にみるように、その小区内に納まらず、隣接区にはみ出る場合もあったことが知られるのである。

七　氏子調の中止と郷村社体制の崩壊

戸籍区毎に郷村社の社格を定め、氏子調を担当すべき祠官祠掌を選任することだけでも大仕事であった。前掲の丹後宮津県中郡三重村三谷神社のように、明治五年一月付で氏子改帳を作成しおおせた戸籍区が、果たしてどのくらい広汎に存したのだろうか。それに氏子守札の発行がセットになっていたから、人口が多く移動の激しい大都市では、事務処理に要する経費もとくに大きかったことと思われる。[34] もちろん、氏子調には戸長による戸籍の編成とは異なる行政的意義が存し、「人員取締等便宜ヲ得ル廉モ有之」[35] といった積極的な意義もあったが、その実態は往々にして、三谷神社の氏子改帳が示すように戸籍の編成とダブッた業務になっていたようである。そこで、氏子調の隠れた目的であるキリスト教防禦のほうさえ何とか口実がつくなら、この試行は早晩中止される運命にあったといってよいだろう。

明治五年はまた、岩倉具視を団長とする遣欧米使節団が、浦上切支丹宗徒への弾圧にたいする厳しい批判を訪問先の国々で受け、条約改正のためには対キリスト教政策を禁圧から黙認的監視へと転換することを迫られていた年であった。かくて翌六年二月二十四日、政府は切支丹禁制の高札を撤去して、キリスト教黙認の方針をあらわにした。その年五月十三日付の、氏子改は「下方困却ノ事情ニテ永続無覚束」との東京府からの具申を受ける[36]形で、いよいよ五月二十九日付布告一八〇号をもって、

辛未七月相達候氏子調ノ儀ハ追テ御沙汰候迄不及施行候事[37]

と布達されたのである。こうして、氏子取調規則および守札差出方規則の施行が差し止められたのみならず、規則と同日付で布告された郷社定則による郷村社体制も宙に浮いた。後者については、六年六月十四日の教部省達二三号によって、郷村社の社格の区別と氏子の配置という氏子調のお膳立ての部分のみ、新制として残されることとなった。[38]

区内に官社または府県社がある場合には別に郷社を立てず、これに郷社を兼ねさせるという制度は、このさい自動消滅し、郷社は府県社に次ぐ社格として定位された。そこで、もし官社等が郷社を兼ねていた場合、「人民帰仰之情合」によっては改めて郷社を選定することが認められ、また小区合併により一区両郷社となっても「人民ノ望ニ任セ不苦」、つまり、うち一社を村社に降格して一区一郷社の原則を貫かずともよい、と指令されたのである。(39)

郷村社体制の実質が宙に浮いたあと、この体制構築のためにあえてした処置の見直しが求められてくる。管見に入ったものを一、二挙げよう。まず、明治七年二月、信濃国諏訪郡第一三大区小三区東山田村正副戸長から、同村一五三戸の者は去る五年五月戸籍改の節、村内鎮座の熊野社氏子として書き上げたが、元来この村は諏訪下社春社の境内続きで、新生児の産土参りには必ず春社に参拝するなど格別信仰しており、棟札などに徴しても同社の氏子に相違ないので、氏子所属を復古させてほしい旨の願書が、筑摩県あて提出された。(40)おそらく、東山田村は春社境内の地続きでも、春社鎮座の隣の小区に属したため、戸籍ではこれを氏神と記載することができず、村内勧請の熊野社をいわば便宜上氏神としたのであろう。つぎに、郷社に氏子を吸い上げられて自らは無格社とされた前掲京都府下熊野神社は、明治十九年旧氏子を回復して村社に昇格されるよう願い出て、志望を達した。(41)

なお、氏子調の中止令にも拘わらず、村社は依然として郷社に付属した社格であったが、明治十一年七月、郡区町村編制法が制定されて大小区制が廃止された結果、小区を前提として一団となっていた郷村社をまとめる箍が解消した。(42)さらに、明治二十七年二月二十八日付府県社以下神社の神職に関する勅令(二二号)によって、村社も郷社とは別個に神職を置くことになり、郷社に籍を置く形の村社神職の在り方が終末を迎えた。かくて、郷社と村社の間にあった統属関係は全く終りを告げ、郷社のみならず村社も単なる社格となって存続したのである。

以上の考察で明らかなように、郷村社体制は氏子調中止令をもって事実上解体し、この体制に即応して形成された氏子観また急速に空洞化した。そして、神官も葬祭に与ることを根拠として、改祭の自由、したがって信仰による氏神帰属の自由が一定の地域的限界内で認められた時期には、属地主義の氏子観また緩んだことは争いえない。しかし、地域集団の展開のなかで、それが奉斎する産土神の画地的氏子区域が明確となっていた一方、行政側にとって、氏子を地域的に編成させることは行政効率を高めるゆえんのものであった。かくて、政府が祭祀と宗教を分離して国家神道の確立を志向するや、氏子を地域に即して捉える方針が再確認されたのである。明治十五年五月一日付内務省達（乙二八号）はその決算であり、属地主義の氏子観を規範として示したものとして、注目される。

各町村鎮座氏神ノ儀ハ其土地ニ就キ従来一定ノ区域有之儀ニ付各自ノ信否ニ任セ猥ニ去就スヘキモノニ無之候(43)（下略）

このようにして、郷村社体制崩壊のあとに残されたのは、純然たる社格としての府県社・郷社・村社の体統と、属地主義―在籍地主義の氏子把握であった。後年の第二の改革は、これを手がかりとしまた基礎として、策定され実施されたのである。

註

（1）水青長記「幣饌料供進指定神社について」『全国神職会々報』一〇六号（明40・8）三八頁。
（2）『法規分類大全』社寺門、神社一、八六頁。
（3）同右、一〇五～一一三頁。
（4）同右、九六～一〇五頁。
（5）同右、八七頁。
（6）同右、九五～九六頁。
（7）同右、一一一頁。
（8）森岡清美「明治初年における小祠処分と無格社」『下出積與先生古稀記念論文集』（大学教育社、昭62予定）。
（9）『法規分類大全』社寺門、神社一、一二〇頁。
（10）同右、一二〇～一二一頁。
（11）外岡茂十郎編『明治前期家族法資料』一巻一冊（早稲田大学、昭42）八三～八六頁。
（12）平井小藤吉編『社寺例規類纂』（岡島宝玉堂、明19）六八～七〇頁。
（13）石井良助『家と戸籍の歴史』（創文社、昭56）四四〇頁。
（14）石井良助編『明治文化史2　法制編』（洋々社、昭29）五〇八～五一〇頁。石井『家と戸籍の歴史』四八五～四八八頁。
（15）阪本是丸「氏子調と戸籍法・民法」『国学院雑誌』八五巻八号（昭59・8）二六～四五頁。
（16）森岡清美『家と変貌と先祖の祭』（日本基督教団出版部、昭59）四〇～五〇頁。
（17）『法規分類大全』社寺門、神社一、一〇四頁。
（18）同右、一一三～一一四頁。
（19）同右、一一四～一一五頁。
（20）同右、一一八～一一九頁。
（21）『社寺取調類纂』一六二。
（22）『法規分類大全』社寺門、神社一、一二六頁。

(23)『社寺取調類纂』一六二。
(24)同右。
(25)『明治初年に於ける神社明細帳と無格社』(神祇院教務局調査資料2、昭16)二六〜二七頁。
(26)『法規分類大全』社寺門、神社一、一一六頁。
(27)上田藤十郎「氏子改制度について」『経済史研究』二一巻二号(昭14・2)五八〜五九頁。
(28)外岡編『明治前期家族法資料』一巻一冊、五三頁。
(29)浜口秀夫『明治維新後に於ける氏子制度の展開』(神祇院教務局調査資料4、昭18)一一六頁。
(30)『法規分類大全』社寺門、神社一、一一七頁。
(31)『長野県史・近代資料編』一〇巻(一)宗教(長野県史刊行会、昭57)一一七頁。
(32)浜口『明治維新後に於ける氏子制度の展開』一〇二頁。
(33)同右、一〇四頁。
(34)明治三年六月付大阪府伺(阪本「氏子調と戸籍法・民法」三一頁)。
(35)明治六年六月十日付山口県伺および同年七月二十三日付広島県伺(外岡茂十郎編『明治前期家族法資料』一巻二冊〈早稲田大学、昭42〉八九、九三頁)。
(36)外岡編『明治前期家族法資料』一巻二冊、八〇頁。
(37)平井編『社寺例規類纂』七二頁。
(38)同右、七四頁。
(39)明治七年八月二十八日および同年九月二十九日付名東県伺に対する教部省指令(社寺取調類纂一八一)、同年十二月二十三日付山形県伺に対する教部省指令(社寺取調類纂一五五)。なお、藤田定興「福島県における明治初期の宗教政策」『福島県歴史資料館研究紀要』六号(昭59・3)六六〜六七頁、参照。
(40)『長野県史・近代資料編』一〇巻(一)宗教、一三一〜一三二頁。
(41)浜口『明治維新後に於ける氏子制度の展開』一一二頁。

(42) 文部省文化局宗務課監修『明治以後宗教関係法令類纂』(第一法規、昭43)四二九頁。
(43) 平井編『社寺例規類纂』七四~七五頁。なお、明治十四年三月十二日付高知県伺および十五年十月十六日付千葉県照会(外岡茂十郎編『明治前期家族法資料』二巻二冊上〈早稲田大学、昭44〉五八八、七〇九~七一〇頁)参照。

補論二　大正期における集落神社の創建問題

一　はしがき

神社は地域住民の協同生活から生み出され、地域での生産と生活を守護する鎮守として奉斎されてきた。そこで大小の神社は地域の社会的統合の象徴とみるべき面があり、神社のあるところ一定の地域を覆って何らかの社会的統合が成立しているものと予想できた。ここにいう地域とは、一つの集落あるいは一定範囲の互いに隣接した集落群をさしている。

神社はこのように地域集団の神聖な施設であるばかりでなく、国家神道の末端施設として行政の対象となり、明治維新期から第二次大戦中に至るまで国家権力の手でその制度が修正整備されてきた。神社は地域集団の守護神を祀る施設であるから、共同でこれを維持する地域住民の「生活の秩序」(1)がしみついているのだが、国家権力による制度的修正整備の事業は、この点を多く顧みることなしに実施されたといって差支えない。

国家神道は、天皇の主権者としての政治的地位と現人神としての宗教的権威を神話によって根拠づける、民衆支配と国家統合のイデオロギーであった。このような政治的任務をもつ国家神道の教化と儀式の場は始め神社に求められたが、神職が質と数の両面において必ずしもその任に耐えなかったため、教育勅語の発布を契機として教化面は小学校を中心とする公立学校(のちには私立学校も)に移され、神社の方は主に国家神道の儀式面を担当し、儀式に関連して教化の要をおさえる役割を期待された。この方向で神社制度に加えられた修正整備は、政治目的への民衆エネルギーの一元的な動員を意図するもので、一つの合理化過程であった。

地域住民の協同生活の結晶ともいうべき神社を、地域とは比較的縁の薄い官設もしくは官営の神社と区別して集落神社と呼ぶ。近代の社格でいえば、府県社以下無格社に至る大小各種の神社、すなわち官国幣社(官社)に対して民社といわれるもの、と外延的に重複するところが大きい。ところで、神社制度の修正整備は国家神道の確立と徹底を前提とした官僚的合理主義に支えられており、この官僚的合理主義は範例を場合によっては西洋の宗教制度に求めることも辞さなかった。そこで、神社を斎き祀る地域住民の「生活の秩序」からの遊離はもちろん、それへの背反さえ潜在的顕在的に存した。住民生活と密着した集落神社において、この傾向はとくに著しかった。

明治末期の神社整理において、地域の協同生活の機能的一環をなす神社の廃絶に対し多くの抵抗が展開されたことは、本論で詳説したとおりである。他方、すでに存在する未公認神祠に公認を獲得して公認神社の地位を取得しようとする時、もしこれが官僚の形式合理主義によって阻まれたならば、同様に住民の側から抵抗が提起されよう。ただ、前者の廃合に対する抵抗がしきりに伝えられたのに対して、後者の創建にかかわる抵抗はその例証に乏しいことは確かである。私はたまたま秋田県下において、明治天皇遙拝殿創建をめぐるこの種の事例に接し、特殊な条件下で発生した特異な事件であるにせよ、本書の主題とするところを事例的に明らかにするばかりでなく、権力の意図する国家神道の民間への下降浸透に光を投げる事件としても興味をそそられた。その事件とは、大正二年八月十五日付の『報知新聞』が「赤子の至誠を奈何《いかん》」と題する四段抜きの記事を掲げて、秋田県知事秦豊助が仙北郡峰吉川村に創建された明治天皇遙拝殿の封鎖を命じ村民の参拝を禁じたことを報じたことにより、表沙汰となった一件である。しかし、この事件の分析に入るに先立ち、明治天皇を祀る神社の創建について、その背景を述べておかなければならない。

二　明治神宮創建の背景

近代の国家権力は一方では集落神社の整理を可能な限り推進し、他方では集落神社の創設にきびしい枠を課すると共に、きわめて社格の高い少数の有力神社を創建した。この両面政策は、天皇崇拝に収斂していく国家神道の施設としてふさわしくないものを廃し、国家神道の教義を体現する施設を造営することを狙いとした。こうして地域住民の生活とは縁のない非集落神社が創建されていったのである。

村上重良は国家権力による創建神社を四系統に分け、㈠近代天皇制国家のための戦没者を祀る神社（靖国神社等）、㈡南北朝時代の南朝方「忠臣」を祀る神社（湊川神社等）、㈢天皇・皇族を祀る神社（橿原神宮等）、㈣植民地・占領地に創建された神社（朝鮮神宮等）とし、㈢の代表である明治神宮はまた天皇制下の全創建神社を代表する巨大な神社であり、近代天皇制の宗教的モニュメントであるとしている。(2)

明治四十五年七月三十日明治天皇が没するや、たちまち天皇を祀る神宮の創建が澎湃たる世論となった。翌大正二年二〜三月には貴衆両院において明治神宮の創建が決議され、同年十二月勅令で内務大臣を会長とする神社奉祀調査会が設置されて、神宮の名称・祭神名・鎮座地等詳細にわたって調査することとなった。翌年四月昭憲皇太后が没したので、新営の神社への合祀が内定した。こうして大正四年五月、明治神宮を東京代々木に創立し、官幣大社に列する旨内務省から告示され、伏見宮貞愛親王を総裁とし、内務省神社局長を局長とする明治神宮造営局によって造営が開始された。二二万坪になんなんとする広大な鎮座地に対して、まず内苑の造成が行われ、五二二万円の国費と六年の歳月をかけて完成し、大正九年十一月一日に鎮座祭が行われた。献木は全国から九万五〇〇〇本を数え、全国の青年団員延べ一万一千余人が奉仕した。内苑につづいて行われた一五万五〇〇〇坪の外苑の造成に対する国民の献金は、実に六〇〇万円余に達した(3)。明治天皇への国民の思慕を吸い上げての一大カンパニアとしてこの造営事業が展開されたのであって、政府は国民感情に巧みに乗り、その巨大なエネルギーを操縦しながら世紀の事業を完成させた。そればかりでなく、東京府、東京市、東京商工会議所、明治神宮奉賛会の四団体を神宮の維持運営に当らせたことは、明治神宮に大東京の巨大な鎮守ともいうべき性格を与えた。つまり、官設創建神社の集落神社化さえ図られたといえるのである。

ここでは住民感情・国民感情と官僚統制は背反の関係に立つどころか、互いに支えあう相補的関係にあった。これらと背反関係に立ったのはエホバ以外の神を拝することを偶像崇拝として斥けるキリスト教信徒であった。彼らは、神宮奉祀は宗教と混同されやすく、したがって信教自由の原則との衝突を回避することは困難であること、神宮奉祀はいずれかといえば静止的な事業であるから、むしろ積極的活動的事業で聖徳を永遠に伝えるようにしたいこと、また、帝国議会議事堂に銅像を奉安し、あるいはロンドンのウェストミンスター＝アベーのような高い建造物を建てるのも一法であること、など主張したが、積極的な創建反対運動を展開できる思想的クライメートではなかった。(4)神道側のイデオローグ河野省三は、神社の儀式が宗教的である故に信教自由の立場から神宮奉建を不可とする議論に対して、神社の儀式は国家が国礼として制定したものであること、これが宗教的であるからとて不信者のあるのを予想するのは伊勢神宮に対する崇敬を拒否するための理由を求めるに等しいこと、明治天皇は敬神の念きわめて深く神社をあつく尊崇されたことを指摘し、いわば殺し文句で議論を封殺している。また一大記念館(もしくは記念塔)を建てるのもよい方法だが、それをもって神宮に代えようというのは断じて不可であり、銅像説も他日これを為すのはよいとして、今神宮奉建に代える説なら無思慮も甚だしいと論難する。そして「敬神崇祖の御徳高かりし先帝を慕ふ所の日本帝国の臣民が、神国特有の神聖なる建築をもつて、英霊を鎮祭し奉るの外、また何ぞ必ずしも、其方法に迷ふの愚をなさむや」と結んでいる。(5)キリスト教信徒の批判はこうした反論で一蹴されたのである。

国家権力は明治天皇追慕の国民感情を明治神宮に結集させる一方、集落神社整理の政策を踏襲して、明治天皇を奉斎するためであれ内地での神社創建を許さなかった。外地では創建に対する制限は比較的緩やかであった。それでも明治天皇(あるいは照憲皇太后を配祀)だけを祭神とする神社はきわめて少なく、おおむね天照大神等に配祀して奉斎された。そうした主な神社は、大連の沙河口神社(大3・10、括弧内は創建もしくは列格年月、以下同じ)、全州の全州神社（大5・9）、樺太恵須取の恵須取神社（大6・11）、京城の朝鮮神宮（大8・7）、春川の江原神社（大8・7）、樺太豊原の豊原神社（大10・1）などである。鎮座地の関東州・樺太・朝鮮はいずれも明治末期に天皇制統治のもとに包摂されたので、そのことを記念するためにこれらの神社では明治天皇が配祀されているのである。外地での神社創建は在留日本人を鼓舞激励し、日本人の社会的統合の象徴となった。しかしそれから阻外され、かつ宗教的伝統を異にする現地住民のいかに強い反撥を招いたかは、外地神社が昭和二十年の敗戦後どのように処理されたかを見ればわかる。

さて本稿で分析しようとするのは、内地における、明治天皇遙拝殿と称し実は明治天皇御物を神体とする、神社の創建問題である。これが政府の神社政策からして許可される見込みの乏しい企てであったにかかわらず、国民の澎湃たる世論を背に貴衆両院において明治神宮の創建が決議された時代の思想的クライメートのゆえに、明治天皇を追慕する「赤子の至誠」として遙拝殿建設が世論の支持をうけた。地域住民の「生活の秩序」から発する神社創建の願望が、国民的展望をもった明治天皇追慕の感情で武装して、遙拝殿建設を認めない官僚的合理主義と衝突し、世間の耳目を聳やかす事件となって展開したのである。

三　明治天皇遙拝殿問題

1　事件の発端

問題の村、秋田県仙北郡峰吉川村（現協和町）は、明治三十三年に刈和野村から分離独立した村であって、村内に一社も公認の神社がなかった。由来、秋田県は東北六県のなかでは公認神社の多い県で、そのため明治四十年代の神社合祀にさいして三千五百余社という多数の神社が減却された合祀激甚県（一六六頁参照）である。合祀事業がほぼ終った大正二年末で、仙北郡下一町村平均神社数九・四社、一部落平均神社数二・二社であったが(6)、なかには峰吉川村のように全く神社のない村も稀に存したのである。分村運動の指導者であり、かつ分村以来無報酬で村長を勤めてきた進藤繁吉は、これを遺憾としていた。かつて明治十四年九月、東北巡幸のみぎり、明治天皇は本村の地域を北から東へと通過し（村内に御野立所、御召換所など記念の地点が三つもある）、当時一四歳の進藤は、一世一代の感激をもって行幸を迎える村人のなかにあったことと思われる。今、この峰吉川村と因縁のある天皇の逝去に遭い、県下二カ所に天皇の生前からあった遙拝殿の例が思い合わされたことであろう。そこで先帝追慕のために、大正元年から二年にかけて、自邸の西裏手に接続する所有山林三万余坪のうち雄物川を見下す山頂付近を自費で開き、これに庭園的技巧を加えて大正記念公園と命名し、その奥にあたる頂上の樹木欝蒼として神さびた地点に、檜の香りも新たな白木造り二間四方の明治天皇遙拝殿を、大鳥居と併せて工費二千円を投じて創建し、二年六月上旬に竣成した。名は遙拝殿であるけれども、その実、明治天皇を奉祀し、永久に峰吉川村の鎮守、自治体の精神的中心として斎き祀りたい念願であったとみられる。

ところで、問題の遙拝殿設立者、模範村長とうたわれた進藤繁吉とはどのような人であったか。現地調査によれば、進藤家は旧藩時代金穀上納のゆえにまず苗字御免、ついで永帯刀御免となった旧家であり、当時田畑三五町歩・宅地一二〇〇坪・山林原野約六〇〇町歩を所有する素封家であって、日露戦争には軍資金として一〇〇〇円を献納（村内次位は一五円）している。彼は二五歳の時以来いく度か県会議員にも選ばれ、分村運動にからんで知事不信任運動を展開したこともある。党籍はないが国民党に近い有力者として知られ、時に四六歳の働き盛りであった。はじめて遙拝殿問題を報じた大正二年八月十五日付の『報知新聞』には、「村内一の旧家にして資産名望共に隆く、二十有余年前推されて村長となり、わずか二百戸の僻村に過ぎざれど、村治と教育に熱誠を捧げ、かねて住民の租税を軽減せんが為、私費を以て植林を試み、これを挙て村基本及学校基本財産として献じ、県下に模範村の称を得て、進藤氏幾度か表彰せらるゝの光栄を帯べり。更に前年の改元に際し、従来の基本財産利子をもて五十年計画大正記念の造林に着手せるのみならず……」と紹介され、また一一〇町歩に及ぶ耕地整理を大正元年までに完工させるなど、模範村長の名に恥じない治績を挙げていたのである。

たまたま当時の仙北郡長は、秋田県保安課長から河辺郡長・山本郡長などを歴任し、重厚の質と外交的手腕とあい俟って評判の高かった小林定修であった。進藤は小林にはかり、明治天皇遙拝式を大正二年六月二十四・二十五両日にわたって挙行することにきめた。一方小林は進藤の企てに協賛の意を表するため、時の内務省衛生局長杉山四五郎(7)が秋田県書記官であった当時さる侍従から分贈を受け、当時河辺郡長の職にあった小林がさらにその分贈をえて宝蔵していた明治天皇御衣の真綿を、このたび分贈して遙拝殿に奉安せしめ、遙拝式当日は自ら臨場して式辞を読んだのである。式辞によれば、進藤は御衣の真綿の分贈を受けて喜び、またかつて杉山局長の秋田県在任当時これと交際があったゆえをもって因縁浅からざるを感じ、拝戴捧持して神体となし、本日を卜して恭しくその鎮座式を執行した、という。また、かねて進藤の私祭に属していた神明社・竹生島神社・天満宮の三社をこのさい遙拝殿に合祀した、ともここに明言されていた。そしてこの遙拝式すなわち鎮座式には、学校の職員生徒はもちろん衆庶の参拝をも許したという。許したというが恐らくその参拝を要請したのであろう。

これがそもそも発端となって進藤村長と秦秋田県知事との応酬が始まり、知事派たる政友会と非政友（国民党・同志会）との政争がこれにからみ、また知事派の『秋田時事』と反対派の『秋田毎日』『秋田魁』との論戦となって連日紙面を埋め、かくて秋田全県をゆさぶる大事件となった。事件の発端であるためには、遙拝殿創建とその鎮座式挙行には何らかの違法性がなければならない。しかし、違法であっただけでは秋田全県を沸騰させるほどの大事件に展開するはずはない。したがって、違法性と併せて世論の共感を喚起しうるだけの正当性が存したはずである。では、この遙拝殿にかかわる違法性とは何か、また正当性とは何か。

まず、遙拝殿というが、遙拝殿なら神体は不要である。不要な神体の鎮座式というのは意味をなさない。しかし小林郡長の式辞にあるように、進藤が御衣の真綿を神体としてその鎮座式を執行したことは、疑いえぬ事実としなければならない。そうなると進藤の冀望は、「明治天皇遙拝殿を建て以て聖徳を仰望するのみならず永く鎮守の守と為し村民をして敬神の念を継紹せしめんとす」（郡長式辞）るところにあったといえよう。つまり、一村の精神的中心たる神社の創立こそ、その念願であったとみなしうるのである。これには、明治天皇下賜の御物および剣と鏡を神体として天照大神と明治天皇を祀った福井市の県社足羽神社境内末社神宝《みたから》神社（由利公正創建）の例(8)などが参考にされたのかもしれない。

しかるに、神社の創立はきびしく規制されていた。明治十九年の内務省訓令三九七号は、移民地および特別の縁故あるものを除き、社寺および仏堂ならびに建物ある遙拝所は創立再興復旧してはならないと規定する。これをうけた大正二年の総合的な神社法（大2・4、内務省令六号）は、祭神の事蹟顕著にして土地の情況または縁故など特別の事由があるのでなければ神社を創立できないとし（三一条）、特別の事由あって神社を創立しようとするときは、氏子または崇敬者となるべき者五〇人以上の連署をもって、創立の事由を具し、かつ祭神および神社名、由緒、社殿、鎮座地および境内地、建造費およびその処弁方法、維持方法に関する調書を添え、地方長官を経由して内務大臣の許可を受けることを命じている（三二条）。だが、進藤の遙拝殿は神社創立に必要な手続きを全く踏んでいなかった。

それでは、神社の創立ではなく、称するとおりの遙拝殿の創建であるとすればどうなるか。右の神社法は、神社創立に関する条項は建物ある遙拝所の建設にこれを準用すると規定している（三四条）から、遙拝殿であるにせよ、何らの手続きもなしに創立類似の行為をすることは、やはり違法なのであった。

この創立許可申請書を県知事に進達するには、当然郡長を経由しなければならぬ。そのさい郡長は合法的に遙拝所が創建されるよう指導監督すべき立場にあるはずである。しかるに小林郡長は、こともあろうに違法な創立類似行為を幇助いな激励するがごとき行動をとったのであった。

つぎに三社の合祀にも問題がある。遙拝所への合祀ということは意味をなさない。遙拝殿を神社と見たてた場合、非公認社への合祀となるが、これは神社法令上意味をなさぬ。それに被合祀社は神社明細帳脱漏の私祭神祠であるから、正式の合祀にはならない。正式の合祀とは、件の遙拝殿に対して神社としての公許を確保し、また被合祀予定の三社も公認をえて明細帳に登録され、そして合祀の許可をえた時、はじめて成立するものである。したがって三社の合祀は、違法というよりは、違法・合法のレベルで問題にしうる以前の、初歩的な誤りである。

つぎに、創立祭そして合祀祭は資格のある神職の司式によって行われたかどうか。この点は不詳であるけれども、『全国神職会々報』（一七九号、大2・9）の記事は恐らく神職は立ち合わなかったものと想像している。これが事実であるとすれば違法たるをまぬかれない。しかし、そもそも式典自体が違法であるからには、執行様式が適法であったかどうかは問題にもならないであろう。

最後に、鎮座式にさいし、小学校の職員生徒を参拝させ、衆庶の参拝を許したのも問題である。なぜなら、本件遙拝殿のごとき私祭神祠への衆人の参拝は、明治九年教部省達三八号により、さしとめねばならなかったからである。学校生徒児童の引率参拝のごときは、公認社、それもふつうは神饌幣帛料供進指定社において認められるところのものであり、非公認の私祭神祠に対しては厳重にさしとめらるべき筋合のものであった。

このようにみる時、峰吉川村における遙拝殿創立の一件は、神社法に照らして全く違法といわなければならない。それでは、郡長ともあろう人が何故このような違法行為に荷担するハメになったのであろうか。理由の大部分は恐らく不注意であろうと思われる。では何故不注意が生じたかというと、秋田県では神社合祀が頗る多く合祀激甚県の一つに数えられるけれども、神社の創建は少なく、神社合祀も公認社の合祀であって脱漏神社が公認をへてする合祀は乏しかった。ことに小林郡長は不幸にしてそのような稀な例をこれまで全く経験したことはなく、また、遙拝殿建設の出願をとり扱ったこともなかったのであろう。したがって、「諸神社分社又ハ遙拝所建設出願ノ節ハ向後必ス其本社ノ承諾書相副永続方法ヲモ相認差出候儀ト可心得」との明治八年教部省布達一号はもとより、事件の起きた年の四月に公布されたばかりの新しい神社法の理解も全く甘かったためではないだろうか。

小林が不注意をおかしたもう一つの考えうる理由は、遙拝殿創建のもつ正当性であったと思われる。その正当性はさきに指摘した違法性とは全く別の次元に属するものであった。具体的にいえば、『報知新聞』の見出しにあるように、明治天皇遙拝殿の創建は、時代の澎湃たるクライメートのなかで先帝を追慕する赤子の至誠の発露とみなされたことである。したがってそれは美挙であった。神社法に照らしてどうであろうとも、それよりもより高い、もしくはより基本的な国民道徳の次元において、遙拝殿の創建は美挙であったのである。さればこそ小林郡長は、これに対して能う限り協賛の誠意を披瀝しようとし、官吏としてはまことにケアレスなミスをおかしてしまった、と見ることができよう。

2　事件の展開

峰吉川村における遙拝殿創建の一件は、地元紙『秋田毎日』の報道によって六月三十日に至り県庁の知るところとなった、という。県担当官は、遙拝殿であれ、神社であれ、創立には正規の手続きを経て許可を受けなければならないのに、そのことなくして鎮座式や三社の合祀を行ったとすればすべて違法の行為であるとして、即日電話をもって、さらに後日文書をもって、仙北郡役所に事の真否を照会し、監督官たる郡長が違法の式典に列席して式辞を奉読したこと等を不可とする態度を表明した。これは県として当然の処置ではあったが、遙拝殿の創立について県庁としても前々から全く知らなかったはずはあるまいに、今になって文句をつけるとは何事かという憤懣は、関係者の胸中を去来したことと想像される。しかし、県庁よりの照会を伝聞した進藤は、万一にも小林郡長に累が及ぶことを懸念してか、直ちに県庁に内務部長および教兵課長を訪問し、正規の手続きには欠ける点があるにせよ、敬神尊皇の誠意から出た行為であるから、何とかよろしく処置願いたい、と申し入れた。

ところで県知事は、まさに遙拝式の挙行された六月二十五日、地方長官会議に出席のため秋田市を発ち、峰吉川山上に祭典の幟が翻るのを車中から望見しつつ上京した。したがってこの事件の発覚時には不在であったわけであり、小林郡長に対する県庁の詰問的照会も、知事不在の間の処置であったことがわかる。ともあれ知事は七月中旬に帰県した。これを確認した進藤は、知事に直接会って事情を説明し、知事の指示もえてこの問題を一挙に解決しようとて、七月十九日知事を官舎に訪問した。ところがまさにこの会見によって両者の感情的反撥が決定的な形をとり、知事の内務官僚としての生命をも脅かす大事件に展開することになるのである。

さて、峰吉川村村長進藤繁吉の訪問を官舎に迎えた知事秦豊助は、明治二十九年帝国大学法科大学政治学科を卒業し、明治四十五年三月長崎県事務官より昇進して最初の知事の任地を秋田県に命ぜられた、四一歳になるかならぬかの少壮内務官僚であった。時の内務大臣原敬が政友会の重鎮であった関係もあり、政友会に近い政治的立場をとっていた。県下では「平生政友会に偏倚し非政友を憎悪すること甚し」とみる者もあった（八月二十四日付『秋田魁』）。そこへ、違法な遙拝殿創立式典の責任者で、かつ非政友の土地の有力者、しかも県の植林方針に関して知事と衝突したことのある進藤繁吉が、問題解決のため官舎を訪ねて刺を通じたのである。両者の間、すでに潜在的な緊張の糸がピリリと張られていたとみて誤りではないだろう。

進藤の来意に対して、病気のため知事はお会いできないとのことです、という返事がはね返ってきた。面会謝絶、体よく玄関払いを食ったわけである。進藤はやむなく秋田毎日新聞社を訪ねて小憩した。ところが見よ、病気休養中であるはずの知事が官舎を出て登庁するではないか。憤りを発した進藤は知事のあとを追って県庁に駆けこみ、案内をも請わずに扉を排して知事室に現われた。そして開口一番、「御病気早速御快癒重畳に存ずる」と言ってのけた。このような不快と反感がむき出しになった場面で、遙拝殿問題の交渉が始まった以上は、円満な妥結に達することは望むべくもなかった。

果たして知事は、下僚の判断を妥当として、遙拝殿を創立する場合には、神社法によりあくまでも公認の手続きを踏まなければならないと指示し、いやしくも公認なき以上は私祭神祠であるから必ず衆庶の参拝をさしとめねばならぬ、明治天皇の御一年祭も迫っているが（七月三十日）、公許なきものに対して学校児童を参拝させるなどもってのほかである、進藤の遙拝殿は私邸内の神祠ではないから、衆庶を近づけさせないため公認までの間柵をもって閉鎖せよ、と「厳命」するに至ったのである。これに対して進藤は、たとえ社殿の周囲に柵を繞らすとも、明治天皇を慕い奉る県民の心には柵を結ぶことができない、といい返して席を立った。結柵の方は実行しなかったが、彼は七月二十八日頃、神社法により五〇人以上の崇敬者の連署をもって遙拝殿設立願書を郡役所に提出して、事態の解決と素志の達成をはかった。

進藤が憤激したのは門前払いの一件であるが、それはともかくとして、他にいくつも憤慨する理由はあった。また、県民がこの件について進藤に同情して知事を非難するいくつかの理由があったのである。『報知新聞』や中立の『国民新聞』秋田版によれば、それはまず第一に、神社を律する条文を杓子定規に遙拝殿にあてはめて、あるいは創立手続きの励行を命じ、あるいは私祭神祠に公衆をして参拝せしむるをえずと断定したことである。しかし、これは知事側の指示こそ適法というべきであった。ただ、明治天皇生前に奉建されたと考えられる秋田県平鹿郡浅舞町の今上天皇遙拝殿、秋田市の渡辺広晋奉建の明治天皇遙拝殿が何ら法規を適用せられることなく保存され、前者のごときは歴代知事もこれに参拝している事実があって、天皇遙拝殿は神社法を超越した存在との印象を与えているところに、理解を食い違わせる問題点があった。これらの「生祠」(9)は、おそらく集落神社の整理が問題になる前に創立されてその実績を積んでいたのに対し、進藤の遙拝殿は合祀事業がやっと成就した頃創建されようとした。この時間のズレが取扱いの差を生んだのであろう。しかし、そうだとしても進藤とその支持者のよく納得できるところではなかったといってよい。

第二に、権柄ずくで神殿の閉鎖を命じて村民の参拝を阻止し、折角誠意に出た「美挙」を蹂躙したことである。ここでは、法律に依拠した官僚的な言動が誠意に出た「美挙」と対置せしめられて憤激を買っている。憤激の理由としてはきわめて強力なものであるが、法律と美挙とは次元を異にしている。そうした二つの主張を対決させても決着がつくはずはない。むしろ、法律を楯にした遙拝殿閉鎖の知事の厳命が適法かどうかが争われなければならないであろう。この点は当時の反知事派の新聞においても追及されていないが、私見では、衆庶の参拝を阻止するため柵を結べとの指示は、明治九年教部省達三八号の拡大解釈であり、適法性を著しく欠く行政措置であった。達三八号は「人民私邸内等ニ自祭スル神祠仏堂……自今総テ参拝可差停」と令するにとどまり、私邸外の神祠には柵を結んで衆庶の参拝を阻止せよとの含意を汲みとるのは無理であるからである。しかしそれが憤激の理由になっていないのは、反知事派の神社法令に対する不案内に由るものであろうが、また秋田市青年会委員の質問に対して知事は、公式に命令したのではなく、神社法の原則により語りたるものにすぎずと釈明した（八月十九日付『国民新聞』）ためでもあろう、と思われる。

第三には、小林郡長に対する県当局のきびしい叱責であり、罷免、少なくとも左遷は必至かと見られたことである。叱責の一つは違法の式典に臨席して式辞を読んだことに対してであるが、過般知事自ら仙北郡田沢湖畔の非公認社御座石神社の祭典に列したのが違法でないとすれば、とくに小林郡長の方も譴責に値しないはずだと考えられ、片手落の処置として憤激を招いたのである。叱責の二は御衣の真綿を神体として奉安せしめたことに対してであったが、この真綿について、陛下の御召物も一度不用になれば親近の官吏に御下付になり、宮内官吏のごときは御下付の古物を頂戴して平素着用しているではないか、このようなものを御神体とするのは馬鹿気きったも程こそあれ、実に常識外といわざるをえぬ、と非難されたという。この非難が憤激の第四の理由であって、進藤をして憤激措く能わざらしめたのである。

先帝追慕もさることながら、私財を投じて遙拝殿を創建した進藤にとって、御衣の真綿奉安に対する醒めた目の非難はこたえた。かくて、陛下の御下付物に対し余りの不敬うち捨てがたしとて、八月上旬奮然上京し、かねて親交あり遙拝殿の鎮座式にも臨席した国民党前代議士近江谷栄次に相談した。近江谷は知事の処置を痛憤すると共に、むしろ先帝記念の適当な施設となし堂々参拝の途を講ずるに如くはなしとし、山本久顕の紹介をえて、多年明治天皇に近侍し、その縁故をもって広島市小泉家および長野県小野村の明治天皇生祠建設にも関係のあった伯爵土方久元（一八三三～一九一八）に進藤を会見させる機会をつくった。すなわち、八月八日進藤は土方を相州茅ヶ崎の別邸に訪問し、親しく遙拝殿建設の由来を語ったところ、土方は進藤の誠意に感じ、かつて明治二十年から前後八年の長きにわたって宮内大臣在職中に拝受した御料ずみの天皇旗の転贈を約したのである。

錦旗を遙拝殿の御神体として奉祀することを許された進藤は、泣いて土方の恩遇を拝謝した。そして東京は小石川林町の本邸への帰館を待ち受けて天皇旗を拝戴し、拝殿の扁額たらしむべき「明治天皇遙拝所」の揮毫さえ土方から付与されて、八月十三日勇躍帰途についたのである。途中、上野駅を始め各駅・警察署の周到な厚意をうけて秋田県に入り、仙北郡役所所在地の大曲駅には郡長が出迎えて遙拝殿まで奉送した。しかるに最終下車駅である刈和野駅に到着した時、県庁では何ら奉迎の準備なきのみか、一人の巡査の護衛すらつけない有様であったから、進藤の憤慨はその極に達した。この事実は御紋章旗に対する不敬事件としてたちまち県下に報道されたのはいうまでもない。後日、県庁として何の敬意も表しなかった理由を聞かれた知事は、「進藤氏より御紋章旗を奉じて帰村する旨通知ありたるも個人よりの報知に止まり宮内省若くは内務省其の他の関係官庁よりの通牒に接せざる限り行政庁としては何等の行動を採る能はざるを遺憾とす」（八月十九日付『国民新聞』）と答えたが、県内務部長のごときは、「明治天皇旗などと称するも、先帝すでに御登遐の今日においては、唯一片の御物なりしというに止まれば、県庁として、何らこれに対する仕方のなきは怪しむに足らず」と揚言して憚らなかったという。さらに「天皇旗は帝室に唯だ一旗あるのみとの解釈より冷々淡々として何等敬意を表する処なく『土方伯より峰吉川村遙拝殿に納めたる天皇旗は正しきものなりや否や』と照会したる迄」（八月十九日付『国民新聞』）というように、むしろ錦旗を偽物視したとさえ報道されたのである。

3　波紋の全県的拡大

八月十五日付の『報知新聞』、およびこれにつづくいわゆる不敬事件の報道によって直ちに立ち上がったのは、秋田市青年会であった。『報知新聞』（九月十日付）の紹介によれば、「この青年会は各種各階級の人々六十余名を網羅せる有力なる一団体にして多く政党政派に関係なき実業家なれども中には国民党系の人々あり新政党（同志会系の人々あり政友系の人々も無きに非ず同団体は問題の起る毎に主として一致の行動を執り秋田に於ける各種問題起る際は表面に立っても活動するのみならず一種の潜勢力あり」と目されていた。

同青年会は、八月十六日幹事泉谷兵吉を峰吉川村に派遣して遙拝殿の建設者進藤繁吉に面会させ、会見の顚末を十七日夜開かれた臨時総会に報告させた。その結果、知事が遙拝殿の閉鎖を厳命したとすれば、赤子の信仰心を傷つけ延て皇室に対し不敬の至りであること、また錦旗に対する県庁の態度も頗る不真面目であって不敬という外ないことを確認し、事実究明のため直接知事の回答を求めることとなった。選出された会見委員三名は翌十八日昼前に県庁を訪問し、『秋田毎日』『秋田魁』『秋田民報』の記者の立会いを求めて、知事に六項目にわたる質問を発した。その回答の一つ一つを具体的に紹介する暇はないが、全体として穏当であり、ことに官僚的形式合理主義の立場からするなら、何ら手抜かりのない内容であった。しかも第六項、遙拝殿に対する将来の処置方針について、「知事曰く進藤氏より別に何等の申出あらざる限り県庁としてはまだその方針を定むる時機に達せず尤も遙拝殿の如きは所謂陛下の赤子の至情に出でたるものなれば成るべく之を寛容し法律命令により杓子定規的に之を拘束するを欲せず」（八月十九日付『国民新聞』）と語っているのであるから、知事は法律を楯に無理押しするものにあらず、赤子の至情を十分に汲む用意のあることを社会的に表明したことになる。

他方、問題の一方の中心人物進藤は、右の記事が出た八月十九日の午後『国民新聞』秋田支局を訪れ、同紙の記事に対し感謝の意を表すると共に、はじめ県庁のとった態度は先帝を慕い奉る赤子の至情として忍ぶべからざるものがあったので、遂に大いに決するところあり、断然上京して今回の挙に出た次第であるが、その後県庁側の態度も改まったようであるから、この上追及して累を知事に及ぼし、また世間を騒がすことは私情として何とも申訳ないので、あえて遙拝殿問題といわず、知事と自分とに関する記事は今後なるべく掲載しないよう切望する、と申し入れた。かくて、ここに両者の和解が成立し、この問題は新聞紙を五日間賑わせただけで解決するかにみえた。

しかるに秋田市青年会は、知事が態度を改めたにせよ不敬問題は依然残るとみてか、あくまで追及の手を緩めないことを十九日の夜確認し、二十日の幹事会では知事弾劾県民大会の開催を内定した。こうして事件は発端となった進藤の手を離れ、秋田市青年会の運動として拡大していくこととなる。ここに必然的に地方政党の派閥対立がからみついていく。政争に展開する可能性はもともと事件の発端から存した。県参事会員にして県下政友会の領袖たる刈和野町の池田亀治と進藤との、分村問題以来の対抗関係がこの事件の背景にあるとも、またもし池田が建てた遙拝殿なら県庁は始めから好意的にこれを指導しただろうとも、ささやかれたのである。

当時の秋田の地方紙のうち、『秋田魁』『秋田毎日』は不敬、不謹慎、杓子定規、敬神尊皇の大義を、国民道徳を、はた赤子の至情をいかんせん、などの文字を列ねて知事を激しく攻撃した。他方、『秋田時事』は過失は進藤と小林郡長とにあって県庁の注意はあくまで正当なりとした。さらに、遙拝所に御神体のあるべきはずなしといい、よしありとするも、御霊代を真綿からいわゆる天皇旗に軽々しく変換することこそ不敬不謹慎ではないかと詰問し、土方より贈られたるは果たして天皇旗なりやと開きなおった。そして、天皇の所在を示すところの天皇旗は帝国に一有りて二有るべからざる神聖の標識であるからには、若しも△△伯にして天皇旗を秋田の一隅に蔵せんとする意図があるなら、それは△△の不測の禍心を包蔵するものと断ぜざるをえぬ、との激論を紹介し、偽称〇〇旗を焼棄させざるべからずとの前代議士某の書簡と称するものを引用して、知事不敬事件の非難を破砕しようとした（九月五日付）。こうして、知事派、反対派入り乱れての乱戦となったのである。

秋田市青年会は、知事弾劾県民大会の実行方法を議するため、八月二十一日最後の幹事会を開いたところ、端なくも急進派と自重派とで意見の衝突を来した。自重派は、知事は公然の手続きによって遙拝所閉鎖の命令を下したわけでなく、その上昨今態度穏健となり頗る懊悩の状明らかであるから、ここで一息に追及することなく、知事自身が進んで該遙拝殿に参拝することにより事態を解決に導くよう、好意的忠言を試みることを主張する。他方、急進派は、知事の従来のやり方に徴すれば好意的忠言など殆ど無用であって、先帝追慕の至情を形式論で踏みにじるような知事に対しては、県民大会を速やかに開いて不信任案を決議すれば足りる、と論じて譲らない。しかし結局のところ折衷案が出て、一応自重派の説によって知事に勧告し、きかれない場合には急進派の説を実行することになった（八月二十四日付『国民新聞』）。

勧告委員三名は、八月二十五日午後官舎に知事を訪問して、不偏不党を立場とする『国民新聞』秋田版の記者立合いのもとに、いわゆる好意的勧告をなした。しかるに、知事はこれに応じなかった。もし進藤の遙拝所に参拝すれば、将来各地に同様の遙拝所が増設される場合一々公務を廃して参拝せざるべからざるの煩を生ずるに至るべしといい、「辻兵方[11]にても遙拝所を新設すればこれにも参拝せざるべからずとすれば諸君は如何に思惟せらるゝや」（八月二十七日付『秋田魁』）というのが知事の拒否理由であったが、また、すでに県庁と進藤との間に誠意の交換がある以上は諸君の心を労するに及ばずとの、より根本的な理由をも示した。これらの官僚的な論理構成に立つ説明は委員およびその報告を受けた青年会総会を満足させるに足らず、かえって知事は種々の辞柄を設けて勧告を拒否し、会談は不得要領に終ったとの印象を残した。もはや問題は知事対進藤の問題でも、法律問題、手続問題でもなく、一県の風教・教育、県民の敬神尊皇の問題、要するに国民道徳の問題であるから黙すべきではない。速やかに県民大会を開き、県内の世論に問うて政府に陳情すべきである、ということに大多数をもって決定した。すでに前日の八月二十四日には土崎青年会が、

一、本県知事秦豊助氏の仙北郡峰吉川村明治天皇遙拝殿に関する云為は皇室に対し敬虔の念を欠きたるものと認む

一、本会は前項に基づき県下青年と相呼応して相当の処置に出づる事

を決議し、秋田市青年会支持の態度を表明していた（八月二十六日付『国民新聞』）。このほか広汎な世論の支持を確保しうる見通しが立っていたことと推測される。

秋田市青年会は県民大会の日どりを九月七日（日曜）午後と定め、「敢て忠愛至誠なる全県九十万の人士に檄告す」と題する檄を各郡青年会等に飛ばした。時に八月末日。以降、知事派、反知事派の暗躍引くがごとく、小林郡長による妥協懐柔工作もその間に飛びかい、また表立ってはそれぞれ系統の新聞によって言論の前哨戦を展開した。このとき、去る七月三十日に起こった一小事件が国民精神を紊ることの甚だしい秦知事の処置の一例として報道された。つぎのような事件である。明治天皇一周年祭に当るこの日、秋田市所在の県公会堂を県民の遙拝式場にあてる旨、知事はあらかじめ指令を発したが、会堂の収容力に限りあり、また民衆の集合にやや不相応と

思われる美しい建物であるためか、これを避けて市の一端に鎮座する明治天皇ゆかりの八坂神社の境内に人々雲集し、やがてこれが市民の遙拝式に展開した。しかるに遙拝式差止めの命令が突如として知事から発せられ、公設の遙拝会場とは別途にこのような集会を開くのは取締上不都合である、とのことであったという。九月四日付『報知新聞』は、取締りを名として遙拝の誠意を踏みにじる措置としてこの事件を報じ、その間の事情にはふれることなく、直ちに「秦知事の措置や此処に至つて甚だしと云ふべし」と結論して県民に訴えた。

守勢に立った知事派の『秋田時事』は、政友系の弁護士三人の連名になる「遙拝殿問題」と題する論説を掲げ、進藤と小林郡長の行動は始めよりその当を失し、知事側の行動は穏当親切にして不謹慎不敬など重大な悪名を負わしめる点はない、ただ進藤の感情的反撥が累を及ぼし、一派の知事排斥運動に利用されることになったまでだとし、皇室に関する問題を拵えて政治的に用いることに遺憾の意を表明した（九月六日付）。こうした理性的な反論のほかに、「秋田市青年会なるものは齢六十を超えても所謂青年と称する小助川某を始めに市川、皆川、泉谷等の新政党の小走り連タツタ四名の魂胆」（九月六日付）だといった党略的誹謗を加えるのを躊躇しなかった。他方、秋田市青年会へは各地から大会賛成の表明が多数寄せられた。けれども県当局が権力を濫用して大会を阻止せんとの噂が流れたので、各中央新聞記者環視のもとに所信を決行して事実を天下に明らかにすべく、東京の各新聞社に対して記者の特派を懇請すると共に、旧藩主佐竹侯爵家および在京代議士・前代議士、その他の有志に対し出席を要請したのである。知事派との対決のなかで、青年会の幹事でも政友系の者は離脱し、青年会は自ら非政友の色彩を強めたことはいうまでもない（九月五日付『国民新聞』）。

いよいよ九月七日がきた。政友（知事）派は午後の県民大会の前に大会妨害部隊の結集をめざして、同日午前九時、弁護士や『秋田時事』の記者を弁士とする「遙拝殿問題大演説会」を秋田座に開いた。弁士は、知事の行動は法令と学者の所説に適した善良の処置にして、ある一派の唱うるが如き不謹慎の行為は毫末もなし、新政党の一派と国民党一派が名を遙拝所問題に藉りて党争の具となし、知事を排斥せんとしたのは実に不謹慎のことなり、と論じたのは予想されたとおりであった。『秋田時事』は非常の盛会といい、『秋田魁』は聴衆三〇名ばかりと、大差のある報道をしている。事実は参会百数十名であったらしい。

他方、県民大会は市内凱旋座において午後一時から開催される予定であった。各地の青年会代表者や会員その他の来市が前日より踵を接し、当日は十一時頃から傍聴者が陸続として会場に詰めかけ、十二時半頃にはすでに立錐の余地なき有様となった。政友派は選挙等にさいし手足として使っている理髪業者を始め、能代・森岳・土崎・大曲その他より駆り集めた約一〇〇名の無頼漢を秋田座から引きつれてドヤドヤと入場し、演壇の周囲および場内各所に配置して開会を待った。

定刻、市青年会を代表して皆川哲雄壇上に立ち、開会の辞を述べんとするや、演壇の前に配置された『秋田時事』記者大淵某の一隊はこれを罵倒し始め、暴漢隊はこれに唱和して訳もなく騒ぎたてた。突如、正面の聴衆中より『秋田時事』主幹で政友派の秋田市会議員である永井喜久治が現われるとみる間に壇上に駆け上がり、議長の推薦を皆川に迫った。大淵ほかの暴漢もバラバラと駆け上がって、壇上はたちまちこれら暴漢に占拠されてしまった。

警察では多数の正服巡査を派出したほかに、数十名の私服刑事を会場内外に配置して、万全の備えをなしていた。壇上の一方には秋田警察上山署長以下警部・巡査部長なども陣どっていたが、この暴状を制止せず、警察の取締り下に無警察状態が現出した。

そのうち、宗方文三を議長に推薦するとの声があがると、たちまち暴漢らはこれに唱和し、弁護士宗方は演壇に立ってかねて永井の所持せる決議文――決議、本会は遙拝殿問題に関する秦知事の措置を至当なりと認む、大正二年九月七日、秋田県民大会――を一息に朗読した。時や遅し、上山署長は公安に害ありと認め解散を命ず、と宣告したのである。開会よりこの間わずか五分、市青年会のなしえたことは「遙拝殿問題顛末報告書」の配布だけであった。

解散となると、暴漢はテーブルを覆えし、花瓶を投げつけるなど暴行を重ねるも、夥しい数の巡査はただ傍観するのみ。千余の一般聴衆は解散の宣告にもかかわらず帰らず、何故解散したのかと署長に食ってかかる声さえ諸方から起こる始末であった。署長は「職権をもって解散を命じた上は、退散せずば治安警察法を以て処罰するぞ」と叫ぶ。こうして、政友派の暴力と警察の弾圧の挾撃を受けて、県民大会は敢なく潰えたのである。

県民大会解散と共に、各地青年会幹部および会員約一五〇名は期せずして大会事務所の富貴見楼へ集まった。そして各郡市青年会より二名ずつの委員を選任し、左の決議をなした。

一、本会は本県知事秦豊助君が県下峰吉川村進藤繁吉君奉建の明治大帝遙拝殿に対する言動不謹慎にして敬神尊皇の誠心に背戾するものと認む

一、本件の顚末は委員を上京せしめ当局上司に陳情せしむ可し

右決議す　　　以上

大正二年九月七日　　　　県民大会

ついで、午後二時半より同楼大広間にて学術講演会を開いた。遙拝殿問題に関する進藤の詳細な説明のあと、来秋のジャーナリスト福本日南が演壇に現われてまさに演説を始めんとするや、かねて臨席の警官は、治安を害するの虞れあるを以て解散を命ずと宣告した。福本は自分は学術講演をしようとしている。もし話が政治の問題に及んだ時は演説の中止を命じ解散を宣告するもやむをえぬが、演説に先だって解散を命ずるのは不当であると抗弁した。主催者たる青年会幹事もその非を詰責したが、警官は頑として聞かない。止むなく学術講演会はひとまず解散することとし、改めて楼上にて茶話会を開くこととなったが、これまた三度解散を命ぜられるという、執拗な弾圧を蒙ったのである（九月十日付『国民新聞』）。

警察の圧迫はすでに大会の前日あたりから加えられていた。能代その他においては、青年会幹事に一人ずつ私服刑事を尾行させて自由な行動を制約し、また平鹿郡増田町の警察では論客の青年会員佐藤某を召喚抑留して、県民大会に出席することの不利を説き立てるなど、全県的な規模で大会弾圧の手筈がくまれていたのである。

4　政府への陳情と事件の結末

県民大会の決議により、秋田市、県南、県北の三方面から一名ずつ選出された三名の上京委員は、まず九月十

四日進藤に御紋章旗を与えた土方久元邸を訪問して顚末を報告し、知事の更迭を実現するまで一歩も仮借する勿れとの激励を受けた（九月十五日付『報知新聞』）。ついで十五日には首相山本権兵衛（不在のため山之内一次書記官長）、内務大臣原敬、内務次官水野錬太郎、神社局長井上友一を訪い、さらに宮内大臣渡辺千秋、文部大臣奥田義人らをも訪うて陳情した。陳情のために携えた左の覚書には、青年会からみた本件の問題点が尽くされている。

一、本年六月中県下仙北郡峰吉川村進藤繁吉氏ハ明治大帝遙拝殿ヲ奉建シ之ガ式典ヲ挙ゲタルニ対シ、神社法ニ違反スル旨ヲ以テ籬ヲ繞ラシ、村民学生ノ参拝ヲ禁ズベシト命ジタルハ、法規ヲ曲解シ、臣民赤子ノ衷情ヲ沮隔シ、我国民性ニ多大ノ悪影響ヲ及ボスモノ也

二、遙拝殿ニ奉蔵シテ御霊代トセントセシ明治大帝御衣ノ真綿ヲ指シテ毫モ尊崇ノ価ナシト放言セルハ我国古来祭神ノ風ヲ破壊スル危険思想ニアラズヤ

三、土方伯爵ノ遙拝殿御神体トナスベシト進藤氏ニ与ヘタル御紋章旗（明治大帝ノ伯爵ニ賜フトコロ）ニ対シ、何等ノ敬意ヲ払ハザルハ勿論、名尾内務部長及知事ヲ曲庇スル輩ハ、不用ノ物品ナリト放言セルガ如キハ我国風ニ関スル由々敷大事ナリ

四、知事ニ対スル県民ノ批難攻撃漸ク盛ンナラントスルニ及ビ秋田市青年会ハ委員ヲシテ知事ノ自ラ遙拝殿ニ参向シテ平和ノ間ニ解決ヲ与フベシト忠告セルモ、公務ノ多忙ニ言ヲ仮リ却テ冷笑的態度ヲ以テ迎ヘタルハ全ク誠意ノ欠如ヲ表明セルモノナリ

五、九月七日秋田市青年会主催ノ下ニ県民大会ヲ秋田市凱旋座ニ開クヤ、所在警察ヲシテ郡部ノ出席ヲ妨ゲ

シメ、却テ知事曲庇ノ一派ハ多数ノ暴漢ヲ率ヒ来リ主催者ノ「開会之辞」未ダ終ラザルニ壇上ニ躍リ暴行ヲ恣ニスルモ多数臨監ノ警官ハ毫モ制止セズ、寧ロ其暴行ヲ自由ナラシメタル観アリ、会衆ノ攻撃紛擾漸ク盛ンナラントスルヤ秋田署長上山警視ハ突如解散ヲ命ジタリ、之レ自己ノ職責ヲ曠フスルハ勿論、言論集会ノ自由ヲ奪ヒ、唯ダ知事擁護ニ専ラナル非立憲的暴圧ニアラズヤ

六、次デ市青年会員及郡部青年代表者ハ市内富貴見楼（大会準備事務所）ニ会合シ此問題ニ深キ関係アル進藤繁吉氏ヲシテ事件ノ経過及知事トノ交渉顛末ヲ報告セシメシガ、警官ハ之ヲモ公安ヲ害スルモノトシテ集会言論ヲ禁止シタリ

七、列席者ハ更ニ茶話会ヲ開催シ当時来県中ノ福本誠氏ヲ聘シテ一場ノ学術講話ヲ聴カントシ、同氏ハ講壇ニ上ボリ「敬神尊皇ハ建国ノ要素」ナル話題ヲ掲グルヤ、其ノ未ダ一語ヲモ述ベザルニ警官ハ中止ヲ命ジ多数ノ巡査ヲシテ会員ヲ場外ニ散ゼシメタリ

以上ノ事実ハ我国民ノ尊皇愛国ノ精神ヲ沮害シ、風尚教育ノ上ニ恐ルベキ影響ヲ及ボスハ勿論、自己ノ曲非ヲ擁ランガ為メニ猥ニ官権ヲ弄シテ言論集会ノ自由ヲ奪ヒ、却テ兇暴ノ徒ヲシテ白昼公然狼藉ヲ敢テセシム、今ヤ秋田県下ニ於テ本問題ニ関シテハ全ク言議集会ノ自由ヲ得ズ、茲ニ代表者ヲ出京セシメ一県民論ノ存スルトコロヲ陳ゼシメントス

大正二年九月　　秋田県民大会(12)

秋田県の問題はここに政府の処理すべき問題となった。政府は、この知事弾劾の直訴をどうさばき、問題の発

端たる遙拝殿に対していかなる指示をしたであろうか。

内務省は秋田県民大会の陳情対処のため、急ぎ秦知事の上京を命じた。そして九月十五日、水野次官は陳情委員に会った後、知事の報告を聞き、詮議の上内務省の態度をきめることにした。内務省としては紛争の発端はごく簡単な事柄であったとみ、その簡単な事柄が全県を揺がす大紛争に拡大したのは、政党間の争いに転化してしまったからであると判断した。そして、今回の措置によって根本的弊害の剪除を期した[13]と報道されている（九月十七日付『秋田魁』）。その具体的内容は不詳であるが、ただつぎの三点は明らかになっている。

まず、遙拝殿に対する内務省の態度は、すでに去る八月上旬進藤繁吉が憤然上京したさい神社局によって示された。神社にせよ遙拝殿にせよ、これを創立建設する場合には神社法によらなければならないのは勿論ながら、本社にあたる明治神宮がまだ奉建されていない今日においては、遙拝殿として出願するも許可の方途がないゆえ、むしろある時期まで願書の下げ戻しをうけておく方がよいだろう、というのが神社局の見解であった。進藤はこの応答に満足して帰郷し、早速提出ずみの願書の却下を申請したのであった。今回の神社局の態度も基本的には右の姿勢を踏襲していることは、(A)「遙拝殿は本社ありて始めて許否を決すべきもの明治神宮の未だ建設されざる今日其の建設許可されぬものなり」という神社局長の意見に徴して明瞭であるが、さらに(B)「先帝の尊霊遙拝殿の如きは法文に拘泥せず県民の赤誠を察し円満の処置をなすべきなり」（九月十七日付『秋田魁』）とのコメントが付けられている。これは本件の処置法に対する内務省の基本的な考え方を表明するものとして、とくに注目を要する点である。

右の(A)、つまり明治天皇遙拝殿設立に関する内務省の法解釈は、秦知事の進藤村長に対する指示とかなり食い違っている。その分だけ知事の行政指導は誤りをおかしたことになる。また(B)は、八月十八日の秋田市青年会代表との会見において知事が自ら言明したところであるけれども、七月十九日の進藤との会見では、知事が法文に拘泥して県民の至誠を汲まないかの印象を与える態度に出たことは、各新聞によって詳細に報道され、周知の事実になっている。ここにも知事側のミスがあった。さらに、この事件に関連して自由な言論を不当に抑圧したという事実に至っては、よしんば知事自身としては欲するところでなかったとしても、その責任を全く免れうるものではなかったと考えられる。

ここにおいて知事の更迭が話題に上ることが予想されよう。秋田県民大会の陳情の趣旨も詮ずるところ秦知事排斥にあった。また伯爵土方久元も県民大会代表に対して、「かかる知事はひとり秋田県といわず、日本全国何れの県にても知事たらしむるべからず、自分は今は政治上に関係なきも又多少の考えなきに非ず」（九月十五日付『報知新聞』）と強調したことが想起される。しかし、時の内務省は政友会の重鎮である内相原敬と政友会系の次官水野錬太郎のコンビで統轄されていた。ごく些細なミスが地元の政党争いのために大問題となってつまずいた政友系の知事を、どう処置すべきか。満天下の目はここに注がれたことであろう。結局、原内相下では処置が見送られ、翌大正三年四月山本権兵衛に代って大隈重信が組閣した直後の人事異動により、秦は四月二十八日付をもって徳島県知事に転任した。(14) これでは事件の責任を問われたのかどうか判然しないが、小林郡長に明治天皇御衣の真綿を分贈して図らずも事件拡大の種をまいた杉山四五郎が、同日付で内務省衛生局長を依願免本官となった(15)

ことのほうに、今回の人事異動で問題を決着させようとした内務省の意図が推測されるのである。これが第二点である。

明治神宮は先述のごとく大正九年十一月に奉建された。その前後に明治天皇を配祀した神社が外地に続々創建されたことにもふれた。しかるに峰吉川村の遙拝殿は創立を認められなかった。崇敬者側に遠慮という気持もあったと思われるが、県庁の側でも当分の間遠慮させたためであろう、しばらく許可申請すら出されなかったのである。しかし、遙拝殿ではなく神社創建の申請が大正十三年以降提出され始めても、許可は容易に下りなかった。神社創立に対する枠がきびしかったことは事実であるが、村内に一社もないことを顧みるとき、喧嘩両成敗的な措置がなされたことを知ることができる。これが第三点である。

5　明治天皇遙拝殿の変身

大正十三年八月、神社創立許可申請が提出された時、遙拝殿を神社の名称に変えただけではない基本的な手なおしが加えられていた。すなわち申請は、大正二年六月二十五日に遙拝殿に合祀されたことになっている進藤家の氏神神明社（祭神天照大神）を、遙拝殿として設営された場所を用いて公認の神社とし、村社への昇格を乞い、永く村民の鎮守としようとするものであった。遙拝殿といいながらもともと色濃く存した一村鎮守の性格を神明社を前面に出すことにより強調し、明治天皇遙拝殿の性格はこれを潜在せしめるという、手なおしが加えられているのである。しかし、この申請は、神社としての条件を具備していないとの理由で、詮議にならずそのままうち捨ておかれた。

ついで、三年後の昭和二年十一月申請を出したが同様の結末となり、さらに翌昭和三年九月、三度目の申請を提出したが、前二回と同じ結果をみるのみであった。その後長く申請は中断された。

ところが昭和十五年四月に至り、皇紀二六〇〇年記念として村社創建を期し、さきに通牒のあった趣旨に基づいて諸要件を整備することを条件に、村長武藤寅松、例の進藤繁吉(改名して作左衛門を称す)、ほか一三九名の連署をもって申請書を出した。こうした度重なる申請のなかに、神社創立は進藤一個人の宿望たるにとどまらず、進藤を代表者としリーダーとする村民一般の悲願であったことを、察知することができよう。今回の申請はついに許可された。時に昭和十六年二月二十六日、大正二年の遙拝殿創建出願より数えて二八年を経過していた。ただし、村社列格はすぐには認められず、したがって無格社神明社として神社明細帳に登載されたのである。進藤は許可書の届く二日前の三月一日、おそらく公認の速報に満足しながら、七三年の波瀾に富んだ一生を終えた。

それでは、公認をえない二八年の間どうしていたかというと、峰吉川村が刈和野村から分村した五月十三日(16)を例祭日として、毎年祭典を執行し、進藤家の私祭神祠ながら一村鎮守のごとき取扱いであった。のみならず境内の整備も進んだ。まず、大正三年から五年にかけて大正天皇践祚記念として境内の前面が整備造営され、春は桜見、秋は紅葉狩の村民遊園地となった。そして大正四年その一角に峰吉川村独立記念碑が建てられ、同じ日境内の隅に忠魂碑が建立された。記念碑の額は首相大隈重信、撰文は内相大浦兼武、忠魂碑の題字は陸軍大将川村景明のもの、進藤村長の執念や思うべしである。さらに大正七年八月十三日には、かつて進藤に御紋章旗を転贈した伯爵土方久元がこの地を踏んで、昭憲皇太后下賜の磁製御器を明治天皇遙拝殿に親しく奉納するという挙があった（創立許可申請書添付調書）。これらは、進藤の創建した神道的施設が非公認ながらその社会的生命を生成発展せしめていた証左となしえよう。

さて、神社創立の条件を満足させるため、進藤家の私有に属していた境内七六八坪の寄付手続きを了し、四五〇〇円（うち村費負担二〇〇〇円）をもって拝殿ならびに手洗舎を建設し、さらに村費からの寄付をもって基本財産三〇〇〇円を蓄積することにした。実はこの時、既設の本殿（これこそが明治天皇遙拝殿であり、したがって多分に拝殿的であった）を二間四方から二間×四間に増改築して拝殿となし、その後方に新たに七尺四方の本殿を建設したのである。こうして本殿・拝殿・手洗舎・鳥居（既設）・境内・基本財産という、近代の神社法令が規定する要件を具備した神社が出現した（昭和十六年二月着工、五月竣工）。ところで本件神明社の場合注目すべきことは、本殿のさらに後方に一間四方土蔵造りの宝物庫が存することである。この宝物庫は旧本殿の時代からあり、旧本殿をその構造および機能からみて端的に拝殿と規定するなら、それに対してまさに本殿と称すべきものであった。ここに例の（御紋章旗および）磁製御器が奉安されている。したがって、ふつうあるような社殿付設の宝物庫ではない。台帳面の本殿を表向きの本殿とするなら、その奥殿にあたる宝物庫こそ真の本殿といわなければならない。明治天皇遙拝殿がもともと一村鎮守の性格をもち、この性格が強調されて無格社神明社が成立したのであるけれども、なお遙拝殿の性格が根源において維持されているのである。しかも、この二つの性格が矛盾する二面的性格ではなく、何れが前面に出ようとも二にして一のものであることは、真の本殿における明治天皇・昭憲皇太后と、表向きの本殿における天照大神の、神格によって保証されている。ここに、創建当初から問題にされた遙拝殿の概念と神社の概念の未分化（もしくは混乱）が維持されているものとみなしえよう。未分化の状態こそ進藤らによってむしろ庶幾された状態と考えられ、さればこそその維持がはかられて、進藤の私祭に属していた三社のうち、祭神の神格ゆえこの目的を達しやすい神明社が正式に登場することになったのであろう。(17)

昭和十六年三月三日、峰吉川村長は二月二十六日付内務大臣の神明社創立許可書（神祇院一六秋総五号）と同封で秋田県学務部長の指令書（秋収学七九四号）を受けとった。それには、左記の条件を整備した上でさらに稟請したならば、村社昇格の詮議がなされる見込みであると記され、

一、境内および建造物を予定のように整備し、これらを神社財産登録台帳に登録の上、その写しならびに図面もしくは写真を添付すること、

二、基本財産は予定通り金三〇〇〇円以上造成し、神社名義をもって郵便貯金または確実な銀行に預入れ、その現在高証明書を添付すること、

三、創立許可後二カ年度間の社費負担の実績とその資料原本、収支決算書、および昇格実現後の収支予算書写しを添付すること、

四、鎮座地に近接する地域の氏子または崇敬者たるべき二〇〇名以上の者が、将来毎年社費を負担すべき申合書とその徴収方法を添付すること、

の四条件が列記されていた。要するに、創立許可申請書が約束したことが実現されているかどうか（一と二）、許

可後二ヵ年間の財政状態はどうか（三）、昇格後の財政が満足に運営されうる保証があるか（三と四）、以上三点を確認した上で昇格を許可される含みをもって、とりあえず昇格のことは詮議保留となっているのである。

かくて二年余り後の昭和十八年八月二十六日、条件具備を示す証拠書類を揃えて、内務大臣へ村社列格を出願した。そこでは峰吉川村全村戸数二五六をもって氏子戸数としている。そして、神社予算決定後氏子負担額を村民税を基準として各部落に割当て、部落会長は部落常会にはかって各自の割当額を決定し、これに篤志寄付を加え取りまとめて神社に納付する、という徴収方法もみえ、また氏子負担一戸当り一円その計二五六円のほかに、村からの寄付五〇〇円、という収入予算も示されている。かくて翌十九年十一月二十日付をもって村社に列せられた（神祇院一八秋六号）。

村社列格指令書を同封した秋田県内政部長の十二月十三日付通牒（秋収学一三〇五号）は、村社神明社を神饌幣帛料供進社に指定したことを報じた。そして、戦局苛烈の度を加え、物資また欠乏を告げるさ中であったにもかかわらず、本殿の屋根が亜鉛引鉄板（つまりブリキ）葺であるのを檜皮など本殿にふさわしい材料をもって葺きかえることを指示し、加えて、村よりはなるべく多額の公費を供進し、かつ氏子崇敬者からも負担金を奉納させることにより神社経営を一層円滑ならしめ、近い将来には専任神職をも奉仕させて一層神威の発揚を期すべきことを令した。

神饌幣帛料を村から供進しうる神社に知事によって指定されるのは、村社以上の社格を有する一村の中心的な神社にして初めて可能であった。したがってここに至る経過は、もと進藤家の私祭神祠にすぎなかった神明社が、まず公認神社となり、ついで村社列格を許されると共に、かねてからの峰吉川村の鎮守的性格を公認されたことに外ならず、ここに神明社の鎮守成りが完成したということができよう。時に昭和十九年も末に当り、太平洋戦争の敗色すでに濃く、間もなく終戦を迎えることになる。すなわち、近代日本の舞台がまさに暗転しようとしていた時、漸く神明社の鎮守成りが形式を整えたのであった。

一村の鎮守になりえた神明社は、もと明治天皇遙拝殿として奉建された。これは明治末年から大正初期にかけて地方行政の指導理念とされた「神社中心説」を一つの支柱とし、大正元年の初めから澎湃として全国を覆った明治神宮創建の世論をもう一つの支柱として、国家神道の法制的整備がなった時期に出現した。しかし遙拝殿創建が政争の波間に水没するや、遙拝殿のかくれた側面である神明社の公認を求めるという形で運動が展開されたのであった。遙拝殿の性格が神明社の内に温存されたことは前段で指摘したが、公認の後、昭和十八年五月、拝殿の内に進藤家同仁会の寄付金二〇〇円をもって明治天皇遙拝殿が設けられたことは、直接には土方久元が書き与えた扁額の処置法であったが、あわせて潜在的性格の発揚として注目されるのである。なお、進藤なきあと昇格運動等のリーダーシップはその嫡孫によってひきつがれた(18)。そして、小桃院殿独立半仙居士の霊位と化した進藤は、峰吉川駅近くに建てられた半仙神社(19)に祀られている(20)。

四　むすび

秋田県峰吉川村の明治天皇遙拝殿の場合は、県知事を更迭させるまでの全県的問題となったのと、単に住民の「生活の秩序」というにとどまらぬむしろ国民感情とでもいうべき規模の情動性をもったため、政府（内務省）は官僚的形式合理主義を住民感情と妥協させる道を選んだといえる。しかし一般に、神社が地域住民の「生活の秩序」と結びつく程度が大きいだけ、内務官僚の合理主義と食い違い、しばしば拮抗することになった。それは神社祭祀・祭式にも現われている。

国家神道の神社祭祀は、最高の祭司であり現人神でもある天皇の祭祀、つまり皇室祭祀を基準として構成されていた。皇室祭祀の主要な内容と形式は明治四十一年の皇室祭祀令（皇室令一号）で確定し、大正三年に至って神宮祭祀令（勅令九号）と同日付で官国幣社以下神社祭祀令（勅令一〇号）が発せられ、ここに宮中—神宮—官国幣社—府県社以下の祭祀の規模と種類が体系的に確立した。これによると、神社祭祀は大祭・中祭・小祭に分けられ、大祭は祈年祭・新嘗祭・例祭・遷座祭・臨時奉幣祭、中祭は歳旦祭・元始祭・紀元節祭・天長節祭・神社に特別の由緒ある祭祀であり、それ以外の祭祀はすべて小祭とされた。明治神宮の造営が外苑を含めて完成したのを承けて、昭和二年十月には中祭に明治節祭が追加された。かくて全国津々浦々の大小の神社は、十一月三日の一日だけではあるにせよ、明治神宮遙拝殿の機能を与えられた。また神社祭祀令の公布当時から中祭とされた天長節祭は、その日一日だけの今上天皇遙拝殿の機能を神社に与えたことも、併せて注目されてよい。

祭祀の大中小の差は祭式の鄭重度の差を示している。大正三年の官国幣社以下神社祭式（内務省令四号）によれば、小祭には本殿の扉を閉じたまま供饌・祝詞奏上・玉串奉奠・拝礼が行われるのに対して、中祭には本殿の扉を開いて供饌から撤饌までの式を行い、大祭では幣帛供進使による奉幣がこれに加わる。幣帛供進使として、府県社以下の社格により知事、郡市長、町村長が参向した。

集落神社には地域の生活の中から生み出された大小さまざまな祭がある。この中で例祭は大祭に、その他特別に由緒のある祭祀は中祭に位置づけられ、小祭をも加えるなら既存の祭はことごとくその所をえたのであるが、それと引きかえに、これまで全く関係のなかった祭祀がいくつも大祭もしくは中祭として執行を要請されることになった。もし文字通り氏子を集めて祭祀が執行されるのなら、全国神社共通の大祭・中祭の祭日には、上は宮中・神宮から下は全国津々浦々の神社に至るまで同じ祭典が執行されたはずであるが、事実はこのプランと異なって、集落神社では氏子は集まらず、神職だけの祭典となった。

神社の祭祀様式にはもと神社により祭によりそれぞれ特色があったが、祭式が画一的に定められた結果、官製の祭典と固有の習俗的祭典との二重構造ができ上がった。官製の祭祀・祭式によって国家神道の統一的形態は貫徹されたが、反面、氏子の自発的参加を喚起しえない形だけの儀式となったのである。

神社をめぐる住民の「生活の秩序」と神社行政を担当する内務官僚の形式合理主義との背反は、昭和十年代の国家意識が昂揚した承詔必謹の時代には潜在する傾向を示したが、両者の食い違いが根本的に解決されるためには、第二次大戦終結直後のＧＨＱによる「神道指令」と、それにつぐ天皇の「人間宣言」をまたねばならなかった。こうして、神社は官僚的合理主義によって修正を強いられることはなくなった。そして問題の焦点は、新来住者の大量流入による住民感情の分裂という、農・非農混住地域に特徴的な新たな事態へ、また、集落レベルの神道指令というべき「町内会・隣組等による神道の後援及び支持を禁止する通牒」（昭和二十一年十一月）に対する違反事例という、信教の自由に関する問題へと、移ってゆくのである。

註

（1）「生活の秩序」の概念は、一般的用語としては生活構造に相当するが、神社をめぐる地域住民の集合的生活構造の場合には、社会構造の空間的側面よりも、生活暦に代表される時間的側面が重要であると考えられる。しかも、論理的表現としては「生活防衛の論理」が中心となり、むしろ感情的反応に特色があるので、あえて別の用語を用いてみた。

（2）村上重良『国家神道』（岩波新書、昭45）一八二〜一九二頁。

（3）内務省神社局『明治神宮造営誌』昭5。

（4）「神宮建設と基督教徒」『全国神職会々報』一六八号（大1・10）七三〜七四頁。

（5）河野省三「明治神宮に就いて」『会報』一六七号（大1・9）一七〜二五頁。

（6）『秋田県史・資料大正昭和編』（秋田県、昭37）八四三〜八四四頁。

（7）杉山四五郎は旧新発田藩士の出、明治二十七年帝国大学法科大学政治学科卒。高知県知事より大正二年六月一日内務省衛生局長となり、翌大正三年四月二十八日依願免本官、同六年十二月内務省衛生局長に返り咲き、同八年四月新設の関東庁事務総長となり、同十年六月宮崎県知事に転じた（『歴代顕官録』）。

（8）加藤玄智「明治天皇御物奉祀の神宝神社」『明治聖徳記念学会紀要』五二巻（昭14・9）一〜一四頁。

（9）加藤玄智の調査によれば明治天皇の生祠にはつぎのものがあった。

名称	明治神社（私称）		明治遙拝殿			
所在	宮城県石巻小西九兵衛邸内	広島市草津町小泉来兵衛邸内	長野県上伊那郡小野村矢彦神社境内	広島市榎町辻本寅吉邸内	姫路市同心町井口巳之吉邸内	富山県泊町野田健造邸内
生祀年時	明治九年	明治二十年	明治二十六年	明治二十九年	明治三十七年	明治三十七年
縁故	明治九年天皇東北巡幸の砌、松島回覧の御用船を献上し、使用後そのまま下賜された。	明治十八年天皇厳島行幸の途次、小泉邸に休憩。	明治二十四年、矢彦神社建替用材を木曾御料林から伐り出すことを聴許された。	日清戦争で大本営が広島に置かれた頃、大阪から広島へきて昆布商を営み産をなした。	明治三十六年姫路市にて大観兵式あり、井口竜顔を拝す。	
神体	幣束	小石二個	品川弥二郎に下賜の石鏡	御真影掛軸	御真影掛軸	御真影掛軸
形体	小祠	小祠	小祠	邸内神殿	邸内神殿	邸内奉安殿
配祀		皇后		皇后	皇后	皇后
関係高官	高辻修長	土方久元	品川弥二郎、土方久元、丸山作楽			

秋田県下の遙拝殿二件は、右の調査が行われた大正末、昭和初めには峰吉川の遙拝殿のあおりをくって名称を変更したものか、それとも調査漏れを来すような他の事情があったためか、脱落している（加藤玄智『本邦生祠の研究――生祠の史実と其心理分析――』〈明治聖徳記念学会、昭7〉一二一〜四二頁）。

（10）　この扁額は現在、神明社の拝殿内部の祭壇の上に掲げられている。明治天皇遙拝所、大正二年八月九日、八十一翁、正二位久元、と読める。

（11）　辻兵すなわち辻兵吉とは、秋田市の素封家で政友会に所属した。大正二年九月四日付『報知新聞』には、品性上とかくの風評あり、つとに県民一統の顰蹙を買っている人、とのコメントがある。

（12）　目黒雨峯「秋田県の遙拝殿問題」『会報』一七九号（大2・9）一二〜一四頁。

（13）　このさい、事件拡大の因子となった明治天皇御衣の真綿および天皇旗を遙拝殿から進藤の私邸に移すよう、強力な行政指導がなされたと推測される。それはおそらく内務省警保局の手で内密に、しかしあらがいえぬ強権をもって実行されたものと考えられる。以上二点の品が現在進藤家に秘蔵されていることが唯一の物証であるが、そう考えるとき初めて、ほとぼりがさめた大正七年に土方伯が皇太后下賜の磁製御器を遙拝殿に奉納したことや、大正十三年に神明社として神社の創立許可申請を開始したことの意味が、よく理解されるのである。

(14)　秦は翌大正四年一月八日付で休職を命ぜられたが、同年三月の第一二回衆議院総選挙に立候補して当選し、立憲政友会に所属して活躍した。内務官僚としてはケチがついた秦を、政友会総裁となった原が政治家に転身させたのであろう。秦は以後連続七回当選し、昭和六年には犬養内閣の拓務大臣にまでなった。

(15)　杉山のその後の経歴をみると、今回の事件に不幸にして巻き添えになったという認識が、当時の内務省首脳の間にあったことを推測することができる。註(7)を参照せよ。

(16)　実は八月十三日が分村記念日であったが、暑い盛りであるので三月くり上げて五月十三日を例祭日とした（進藤正一郎氏談）。

(17)　神明社の創建が許可されたあと、神託によって同座の天満宮、神明社、竹生島神社を分離することになり、もと小桃山にあった茅葺きの小堂を大正公園の登り口に移して天満宮（天神社）とし、竹生島神社（弁財天）は峰吉川小学校近くの個人所有地に移し、神明社は進藤邸に移して屋敷神としたという（進藤正一郎氏談）。そうすると、神社創立申請書にあるような、進藤家の氏神神明社を公認の神社とするということは表向きの説明に過ぎず、この神明社の正体はまさに（御紋章旗および）磁製御器を神体とするミニ明治神宮であった、といわなければならない。

(18)　進藤の嫡子正は父のあとを襲って村長の任にあったが、進藤よりも早く昭和十年に死亡した。嫡孫正一郎は昭和十八年から村長になった。

(19)　大正七年八月十三日、土方久元が峰吉川の明治天皇遙拝所に照憲皇太后御物を奉納したさい、遙拝所裏手の小高い丘を小桃山と命名した。土方および進藤の意識において、ここは文字通りミニ桃山（御陵）であったのである。進藤はその死の前年（昭和十五年）土方の遺徳を讃える小桃山碑を現地に建て、その周囲に桃の木を植えた。小桃の院殿号は小桃山の名に由来するのであろう。

(20)　進藤の尽力により、昭和五年信号所が昇格して峰吉川停車場（奥羽本線）の新設開業をみたのち、駅前に小さな集落が成長していった。峰吉川から出てきた二三男が多かった。進藤の功労を記念するためその号をとって集落名を半仙とし、また昭和十年頃峰吉川の神明社分霊を勧請して小祠を創建したさい、これを半仙神社（半仙堂ともいう）と名づけた。もちろん非公認社であって、社地は秋田市の資産家辻兵吉の所有である。進藤家では半仙が政治活動に金をつぎこんだため、昭和八年頃山林五〇〇町歩を辻兵吉に売却した。この社地ももと進藤家の所有であったはずである。

〔付記〕　本稿のうち「三　明治天皇遙拝殿問題」は、秋田大学教育学部片野健吉教授のご斡旋により、峰吉川村出身の秋田大学教育学部学生であった佐々木悦子さんの協力をえて資料を集め、『創文』（創文社機関誌）七三、七四、八〇、八一号に昭和四十四年から四十五年にかけて連載したものを骨子とする。そののち文部省科学研究費特定研究『近代化』（代表者唐沢富太郎教授）に参加したさい、本稿の全体を書き上げた。さらに昭和四十七年九月故堀一郎教授を代表者とする総合研究の一環として山形県鶴岡市湯野浜の調査を実施したあと、単身峰吉川を訪れ、進藤半仙翁の嫡孫正一郎氏に面会することができた。神明社、大正公園、小桃山に案内していただいて、新聞の切り抜きで頭に描いてきた現地を具さに踏査することができたのみならず、峰吉川駅から峰吉川への道の傍らにたまたま半仙堂をも見出すことができた。こうして得た現地資料を補充して改訂を加え、成城大学『日本常民文化紀要』二輯（昭50・12）に「神社をめぐる住民感情と官僚的合理主義」の標題で収録されたのが、本稿の原型である。

峰吉川を訪れた四十七年の十月某日、私は正一郎氏から一通の封書を頂戴した。差し上げた『創文』所載拙稿に対する過分の謝辞と、神明社前で撮ったスナップに対するお礼が記され、末尾に、当地駅前進藤果樹園からりんごを送ったとのこと。果樹園は祖父（半仙）の弟の四男のもので、もぎたてのおいしいのをお目にかけたい、と書き添えられていた。私は、進藤家の家風ともいうべき義理がたさに感銘すると共に、研究がとりもつ縁の不思議さを思わずにはおれなかった。

年移って昭和五十四年七月、秋田大学教育学部に出講した機会に進藤邸を訪問し、祖父繁吉翁が土方伯爵から贈られた明治天皇御物、小林郡長から転贈された御衣の真綿を拝見することができた。僅かな訪問時間であったが、長年の知友のような友情に感激したことを今も想い出す。

〈日本宗教史研究叢書〉
近代の集落神社と国家統制（オンデマンド版）
— 明治末期の神社整理 —

Digital Publishing

2017年10月1日　発行

著　者　森《もり》岡《おか》清《きよ》美《み》
発行者　吉川道郎
発行所　株式会社 吉川弘文館
〒113-0033 東京都文京区本郷7丁目2番8号
TEL 03(3813)9151(代表)
URL http://www.yoshikawa-k.co.jp/

印刷・製本　株式会社 デジタルパブリッシングサービス
URL http://www.d-pub.co.jp/

森岡清美（1923～）
ISBN978-4-642-76711-8

近代の集落神社と国家統制
―明治末期の神社整理―

昭和六十二年五月 十 日 第一刷印刷
昭和六十二年五月二十日 第一刷発行

著者 森《もり》岡《おか》清美《きよみ》

日本宗教史研究叢書
検印省略

著者略歴
一九二三年 三重県生れ
現　在 成城大学文芸学部教授・文学博士

主要著書
真宗教団と「家」制度（一九六二年・創文社）
Religion in Changing Japanese Society (University of Tokyo Press, 1975.)
真宗教団における家の構造（一九七八年・御茶の水書房）
家の変貌と先祖の祭（一九八四年・日本基督教団出版局）

発行所 吉川弘文館
（郵便番号一一三）
東京都文京区本郷七丁目二番八号
振替口座東京〇―二四四番
電話八一三―九一五一〈代表〉
発行者 吉川圭三
印刷＝明和印刷
製本＝誠製本

刊行の辞

四半世紀の戦後の歴史のなかで、学問の世界が生んだ成果は大きい。それは、日本宗教史の分野においても例外ではない。そうした日本宗教史研究の成果は、多種多様な場において発表されており、それらの成果のすべてを手に入れることは極めて困難である。そうしたところに、研究成果を一冊にまとめることへの要望がたかまって来たのも故なしとしない。それだけでなく、各研究者自身にとっても、永年の研究成果を、あるいは最新の業績を、一つの体系にまとめあげることは、今後の研究進展のためにも重要な課題であろう。

このような要望にこたえて企画されたのが、この「日本宗教史研究叢書」である。なお、ここにとりあげた時代は、古代・中世・近世・近代・現代にわたり、内容は道教・仏教・教派神道・キリスト教・民間信仰・戦後の新宗教など、日本の宗教の全分野におよんでいる。また、問題意識の面でも、思想的・社会的・政治的等々の背景との密接な関連をふまえ、それぞれの宗教の本質を多角的視野にたって究明するという態度をとっている。さらに、全執筆者による研究会のつみかさねのなかに、一冊一冊が生みだされてゆくといった方法をとったことも、この叢書の一つの特色といってよかろう。

以上の意図と方法をふまえて生まれたこの叢書が、今後の日本宗教史研究はもちろん、歴史研究全般にわたって寄与するであろうことを期待してやまない。記して刊行の言葉とする次第である。

昭和四十七年十月一日

笠原一男

索　　引

1　項目を(A)事項，(B)人名，(C)地名，(D)神社名，の4類に分けた。
2　(A)事項については，
　(1)　下位概念はなるべく上位概念とともに一括掲出した。
　(2)　文献は『　』で囲んだ。
　(3)　同義の別称である事項や，関連する事項を→印で案内した。
3　(B)人名については，明らかにペンネームと判定しうるものは掲出を控えた。
4　(C)地名については，
　(1)　北から道府県別に掲げ，大字名が判名している場合でも町村名までに止めた。
　(2)　呼称が変っているものは，判明する限り（　）内に現在の地名を添書した。
5　(D)神社名については，
　(1)　旧社格が郷社以上のものに限って掲出した。ただし，国外はこの限りでない。
　(2)　北から府県別に掲げ，（　）内に現在の所在地名と旧社格を添書した。官大，官中，国小，別官は，それぞれ官幣大社，官幣中社，国幣小社，別格官幣社の略称である。
　(3)　国外神社はすでに存在しないので，その所在地は旧称のままとした。

(A)　事　　項

あ　行

か　行

さ　行

た　行

な 行

は 行

ま 行

や 行

(B) 人　名

あ 行

か 行

さ 行

た 行

な　行

は　行

ま　行

や　行

わ　行

(C) 地　名

(D) 神社名